ESSAI
SUR
LA LANGUE ET LA PHILOSOPHIE
DES INDIENS,

TRADUIT DE L'ALLEMAND

DE

Frédéric Schlegel ;

ET SUIVI

D'UN APPENDICE CONTENANT UNE DISSERTATION SUR LA PHILOSOPHIE DES
TEMPS PRIMITIFS, DANS LAQUELLE SONT CONTROVERSÉS PLUSIEURS POINTS
DE LA PARTIE DU LIVRE DE SCHLEGEL QUI TRAITE DE LA PHILOSOPHIE DE
L'INDE,

PAR M. A. MAZURE,

PROFESSEUR DE PHILOSOPHIE.

PARIS,

Parent-Desbarres, Éditeur,

RUE DE SEINE-S.-G., 19, A PARIS.

1837.

à conserver.

ESSAI

sur

LA LANGUE ET LA PHILOSOPHIE DES INDIENS.

POITIERS. — IMPRIMERIE DE F.-A. SAURIN.

ESSAI
SUR
LA LANGUE ET LA PHILOSOPHIE
DES INDIENS,

TRADUIT DE L'ALLEMAND

DE

Frédéric Schlegel ;

ET SUIVI

D'UN APPENDICE CONTENANT UNE DISSERTATION SUR LA PHILOSOPHIE DES TEMPS PRIMITIFS, DANS LAQUELLE SONT CONTROVERSÉS PLUSIEURS POINTS DE LA PARTIE DU LIVRE DE SCHLEGEL QUI TRAITE DE LA PHILOSOPHIE DE L'INDE.

PAR M. A. MAZURE,

PROFESSEUR DE PHILOSOPHIE.

PARIS,
Parent-Desbarres, Éditeur,
RUE DE SEINE-St-G., 48, A PARIS.

1837.

PRÉFACE DU TRADUCTEUR.

Nous passerons tour à tour en revue les quatre livres qui composent l'ouvrage de Frédéric Schlegel dont nous publions ici la traduction, et nous donnerons sur le contenu de chacun de ces livres divers éclaircissements. Trois motifs nous ont engagé à écrire cette longue préface : il fallait éclaircir la suite des idées de notre auteur ; puis rétablir, par voie de critique, ou du moins par de rapides controverses, les points dans lesquels les idées émises par l'auteur nous semblent devoir être contredites par les résultats de la science les mieux accrédités jusqu'à ce jour ; enfin recueillir brièvement ces mêmes résultats, et les mettre en rapport avec le livre de Schlegel, afin de montrer quel intérêt peut s'attacher à cet auteur, et de marquer les parties sur lesquelles la science est demeurée au point de vue qu'il indiquait il y a déjà bien des années.

I.

Aucun genre d'études n'a pris dans notre époque un essor aussi remarquable que l'étude des langues et des explorations historiques qui s'y rattachent. C'est un beau spectacle que de voir la grande impulsion qui, depuis quarante années, a été communiquée à cette science vraiment nouvelle par les savants nationaux et étrangers. Comme la direction la plus générale des études de ce siècle a été l'histoire, mais l'histoire vue en grand, dans tous les éléments qui tiennent à ses origines, à sa philosophie, à sa civilisation, l'étude des langues a dû se subordonner à ce vaste point de vue; elle a dû servir d'instrument pour reconnaître les diverses circonstances de la migration des peuples, de leur caractère et de leur berceau. De là la formation d'une science qui, sous le nom d'ethnographie, a voulu retrouver les titres des nations; comme à l'aide de monnaies frustes et grossières on pourrait remonter à l'histoire des temps et des peuples dont elles sont l'empreinte. L'ethnographie, dont tous les éléments existaient sans doute épars dans les travaux des devanciers, est arrivée à l'état de science; elle a été constituée dans notre siècle, et maintenant, bien que jeune encore, mais progressive qu'elle est et croissante, elle s'est partagée surtout entre les naturalistes et les linguistes : et tandis que les Blumenbach et les Milne Edwards, s'attachant à chercher les affinités et les diversités physiques qui existent entre les races humaines répandues sur la surface du sol, en tiraient des inductions dont l'histoire aussi pouvait s'enrichir, par rapport aux filiations et aux divisions des familles de peuples; les Adelung, les Vater, les Grimm, d'un autre côté et dans une autre carrière, plus tard, les frères Schlegel et Bopp; en Allemagne, remontant le long cours des siècles, retrouvaient les idiomes oubliés ou égarés à travers les temps, et, les comparant aux monuments qui existaient, aux langues dès longtemps explorées, ils en formaient des familles et des genres dont les traits de filiation ou de consanguinité ne pouvaient être méconnus. Telle a été la direction de la science européenne, on peut même dire de la science allemande, surtout depuis la publication du *Mithridates* d'Adelung, véritable Mithridate en effet, réunissant dans sa vaste compréhension cette universalité des langues qui, selon l'antiquité, faisait la principale vertu du formidable ennemi des Romains qui porte ce nom.

Comme les recherches sur les langues se sont particulièrement dirigées vers l'exploration de l'histoire, dans ses époques antérieures et obscures, on a dû nécessairement étudier les idiomes de l'Orient, langues vénérables qui brillent au premier rang et qui furent parlées par les peuples chez qui d'universelles traditions placent le berceau de l'univers.

Sans doute, dans le dix-septième siècle, temps de laborieuse et infatigable érudition, de grands travaux avaient été entrepris pour appliquer l'étude des langues de l'Orient à l'exégèse biblique, c'est-à-dire au seul monument que l'on possédât alors relativement aux origines des nations; et la science ne saurait être trop reconnaissante aux patients travaux des Bochart, des Pezron, des Thomassin et de tant d'autres savants hommes qui ont élevé ces montagnes de faits entassés dont nous admirons encore la masse imposante, lors même que nous les trouvons abruptes, inaccessibles, et que le sentier nous manque pour nous diriger jusqu'à leur sommet, à travers la forêt luxuriante et sans jour qui couvre leur flanc ténébreux. D'ailleurs, ces savants, en général, ne savaient que l'hébreu, ne voyaient que cette langue, et, procédant par la voie de synthèses aventureuses, ils cherchaient à ramener forcément toutes les racines des langues qu'ils connaissaient à la seule langue hébraïque, posée par eux comme étant la première, la plus ancienne, enfin cette langue primitive dont la chimère était le but de tous les efforts.

Cependant, au siècle qui suivit, la conception linguistique s'agrandit; on pensa à parcourir le cercle des langues; il se trouva des enthousiastes qui se passionnèrent pour tel ou tel idiome, autre que l'hébreu, et auquel ils voulurent ramener toutes les langues de l'univers. C'était là un progrès sans doute, car du moins le champ était dilaté; on cessait de se préoccuper d'une langue exclusive comme si elle eût existé seule. Mais que d'extravagances l'esprit de système et l'esprit de nation n'ont-ils pas fait débiter, dans de volumineux ouvrages, pour établir, par exemple, au gré de chaque national, sa propre langue comme la mère de toutes les autres! Ainsi, tandis qu'un Danois, un Slave, un Anglais, un Basque, réclamaient pour leur propre idiome la prérogative de la langue des premiers temps, nous eûmes surtout notre école de celtistes, lesquels, depuis les rêveries historiques de Pezron jusqu'aux travaux entassés et mal digérés de Bullet et de la Tour-d'Auvergne, nous ont donné la langue bretonne pour la mère et l'institutrice de toutes les langues que parle le genre humain.

D'un autre côté, dans ce même siècle, il se

forma de grands systèmes, aspirant à généraliser par des théories la synthèse que les linguistes essayaient de produire dans ses détails étymologiques; ceux-là furent les grammairiens. Sous l'influence de la philosophie sensualiste établie par Condillac, ces mêmes grammairiens mettaient au jour des systèmes dans lesquels se retrouvait l'empreinte du maître, et où l'on voyait, comme dans les travaux du président Desbrosses, l'espèce humaine, d'abord brute, arrivant à force d'efforts et de luttes constantes au sein de ses forêts, à former, à créer pour son usage ce qu'ils appelaient la mécanique du langage : philosophes impuissants qui, pour la production de l'œuvre divine de la parole, n'oubliaient qu'un seul élément, savoir, la main divine du formateur.

Cependant la philosophie des sens n'absorba point tout le développement grammatical de l'époque. Court de Gébelin, élevant, dans son Monde primitif, le plus vaste monument d'érudition que le xviii° siècle eût pu recueillir comme héritier du précédent, fonda un système général d'étymologie distinct de tous ceux qui avaient été produits jusque-là. Dans le dessein de concilier l'expression de la pensée avec les éléments du son que donne l'instrument vocal, il analysa les sons des voyelles et ceux des consonnes avec leurs combinaisons unisyllabiques, et attribua à chacun de ces sons une signification abstraite, idéale, primitive, généralement onomatopée. Il croyait, d'après cette systématisation dont la plus grande partie est profondément arbitraire, pouvoir subordonner tous les mots, tant racines que dérivés, aux éléments vocaux déterminés d'une manière abstraite. Or, ces éléments qui dans le fait ne sont aucune langue, il les donne comme la langue primitive, naturelle, qui dut être enseignée à l'homme dès son premier berceau, et dont ensuite se seraient formées naturellement toutes les langues qui furent parlées par les diverses branches de sa postérité.

Il faut en convenir, ce système, soutenu avec puissance, avec esprit et avec érudition, quoique borné au cercle assez étroit des idiomes que l'on étudiait alors, ne manquait pas de grandeur. Il essayait d'échapper aux systèmes désastreux des métaphysiciens sur l'origine matérielle du langage ; mais, par sa tendance à ramener tout à l'onomatopée, il retombe dans ce cercle étroit duquel il voulait échapper. Puis, il suffit d'ouvrir les dictionnaires qu'il a publiés pour voir combien ces classifications et le sens de ces radicaux sont arbitraires et souvent ses dérivations forcées, bien que l'ensemble de son système soit ingénieux et qu'il y ait certaines vérités de détail.

Deux autres grammairiens qui, dans ce même xviii⁰ siècle, ne suivirent point les errements du matérialisme et écrivirent dans une direction d'esprit différente de celle qui régnait dans la philosophie d'alors, furent Beauzée, bien connu en France sous ce rapport, et Harris qui, malgré la vogue du système de Locke, publia son Hermès, le plus beau traité de grammaire générale que nous connaissions. Cet ouvrage est très-répandu en France par la traduction de M. Thurot, excellent livre, à cela près que l'éditeur, partant d'un point de vue tout opposé, a retranché de son travail les meilleures pages de son original, s'applaudissant de faire grâce à son lecteur de beaucoup de détails qui, selon lui, ont leur source dans les rêveries platoniciennes dont l'auteur était pénétré.

La science du xix⁰ siècle, en se livrant aussi elle à l'étude des langues, n'a point dû rester aux impuissantes et fragiles constructions du siècle précédent; elle a dû les briser et prendre de nouvelles méthodes pour arriver à couvrir de nouveau le terrain, après l'avoir déblayé.

L'introduction des connaissances sur l'Inde, opérée en Europe vers le milieu du dernier siècle, a été l'instrument principal de cette réaction. Une langue, admirable par sa formation, par sa grammaire, par la richesse de sa structure, par la flexibilité de ses racines et de leur composition, est apparue tout d'un coup dans le domaine de la science, et alors ce champ a dû considérablement s'élargir en raison de la semence nouvelle qu'il fallait faire croître et mûrir et récolter. C'est aussi par l'étude de la littérature sanscrite que les problèmes de la linguistique sont devenus beaucoup plus sensés et plus prudents. Une moisson si riche et si nouvelle était fournie par ces langues et ces littératures, il fallut bien suspendre cette ardeur synthétique qui portait tous les savants à la recherche de questions incertaines et toujours téméraires lorsqu'on les aborde avant d'avoir recueilli les matériaux qui leur appartiennent. Ajoutez à cela que les voyages et les expéditions portèrent les regards de la science vers bien d'autres idiomes qui étaient fort peu entrés dans le cercle laborieux des devanciers. L'héritage des missionnaires sur la science chinoise fut recueilli; et l'expédition d'Egypte, à la suite de ses merveilles d'explorations, et, comme par un contrecoup lointain, suscitant les travaux d'un Champollion et d'un Rosellini, attira les regards sur la langue égyptienne et sur cette langue des hiéroglyphes si longtemps muette sur les murailles des temples, si longtemps ensevelie sous les bandelettes sacrées et les papyrus des momies; et qui était restée impénétrable aux méditations des Zoéga et des Jablonski.

Cependant l'étude des langues nouvelles, et particulièrement du sanscrit, a bien pu conduire à quelques excès analogues à ceux qui avaient égaré la science dans l'époque antérieure. Des savants enthousiastes se firent indianistes avec la même passion que les précédents avaient été hébraïsants, chinois et celto-bretons. De l'Inde aussi on voulut voir dériver langues, mœurs, idiomes, religions, en un mot tous les éléments de la culture intellectuelle du genre humain. Mais bientôt cette effervescence se calma; et comme la science s'attachait bien plus au positif qu'aux théories, comme il y avait là un vaste champ à défricher, et qui le fut en effet dans les grands travaux de la Société de Calcutta, l'essor systématique fut beaucoup plus borné. On peut voir, dans la première partie du livre de Schlegel sur les Indiens, l'état général où en était la science de son temps, et cet état a peu changé depuis lui. Ce n'est pas qu'il se défende de prévention en faveur de l'idiome dont il veut répandre le goût et recommander l'étude; mais la science dès lors tendait à considérer les langues comme des individus appartenant à des classes, lesquelles classes se subordonnaient à des genres ou grandes familles qui les comprenaient toutes dans leur sein.

Il y avait deux points de vue divers pour établir l'affinité des langues d'une même famille : d'abord l'analogie de la racine, en suivant les séries de lettres faites pour s'échanger mutuellement, ou bien en marquant certaines mutations hors de règle et particulières à certaines langues ; ensuite il fallait observer la structure grammaticale qui joue un si grand rôle et si peu contesté dans l'enchaînement et la formation des langues, soit que ces langues aient ou n'aient pas d'affixes, qu'elles aient ou n'aient pas de flexions, que leurs syntaxes soient plus ou moins régulières et analogiques, que leurs conjugaisons soient plus ou moins riches, complètes, nuancées, répondant à tous les besoins de la conception. Or, c'est là ce qui se trouve dans la première partie du livre de Schlegel. Nous ne parlerons pas de quelques erreurs de détail que nous avons observées, que le lecteur relèvera mieux que nous ; mais, quant au point de vue général, il n'a point changé dans la science depuis notre auteur : l'indien ou le sanscrit est toujours regardé comme à la tête d'une famille nombreuse de langues connues plus récemment sous le nom de famille indo-germanique, parce qu'ayant son point de départ à l'extrémité de la presqu'île des Indes, elle s'étend, par une trace incontestée, en remontant la haute Asie, traversant la Perse, la Phrygie, la Grèce, l'Italie, toutes les nations septentrionales, et vient s'arrêter à la limite même des nations germaniques, si même, comme tendent à l'établir les récents travaux de M. Pictet de Genève, elle ne s'assimile pas aussi les langues celtiques que parlaient nos aïeux.

Nous n'avons point le bonheur d'être initié à ces langues de l'Orient, si belles, si fécondes en résultats historiques, si riches pour l'imagination; mais nous écoutons attentivement l'écho de cette belle linguistique qui se poursuit maintenant par toute l'Europe. Nous trouvons beau surtout que les savants résistent aux charmes des hypothèses, afin d'analyser patiemment le champ de la science, de s'en partager les fragments, et de le fertiliser avec un courage intrépide. Nous approuvons la tendance de cette science à diviser les familles de langues, en procédant par la méthode observatrice de Linnée, et en classant ces plantes si intéressantes par familles et selon leurs caractères essentiels.

C'est ainsi qu'après avoir défriché le champ intérieur, la vertu des analogies sera si grande que l'on pourra reconstruire à l'aide de quelques éléments une langue entière, de même que la découverte de races animales effacées de l'univers permettait au grand Cuvier de spécifier l'espèce à laquelle appartenait l'individu dont on ne lui montrait que le débris le plus simple et le plus indifférent.

C'est parce que nous avons trouvé dans l'ouvrage de F. Schlegel les points de vue que la science a encore conservés, attendu qu'en tout genre d'étude, ce qui tient à l'idée générale est promptement atteint, et qu'ensuite un long temps se passe à défricher le champ intérieur ; c'est pour cela que nous attachons un intérêt véritable à son travail sur la langue antique des Indiens.

Cependant, et afin d'établir ici avec clarté les diverses phases de la question linguistique et son état actuel, il faut observer que, malgré la sage direction qu'elle a prise, elle n'a point cependant abandonné tout le terrain qu'elle avait si longtemps défendu. Les questions de la filiation des langues, de leur parenté universelle, n'ont point été mises en oubli ; seulement on y est revenu avec une analyse plus féconde, avec des connaissances plus étendues et un dépouillement plus général des langues. Il s'en rencontre encore qui, subordonnant toute la linguistique au même point de vue que les linguistes du xviie siècle, s'occupent exclusivement de l'étymologie et de l'invariable transmission des mêmes pensées, par le moyen de racines demeurées immuables en traversant tant de siècles et tant de générations. M. de Mérian, avec M. Klaproth, deux orientalistes morts depuis peu d'années, ont fait tourner leurs travaux vers cette direction. Le premier a émis ses principes en tête d'un vocabulaire fort curieux publié après sa mort, et qui s'est agrandi depuis peu par d'autres travaux; il a établi que tout consistait dans un petit nombre d'idées générales et physiques, telles que celles-ci: mouvement, repos, union, séparation, couverture, cavité, etc.; que les rapports les plus éloignés en apparence, soit de l'ordre moral, intellectuel ou physique, se rapportaient à ce petit nombre d'idées matérielles, généralement onomatopées; et que, pour rendre ces diverses idées, il suffisait d'un nombre très-borné de racines réunissant l'idée à la forme, le sens au son, lesquelles se trouvaient uniformément dans toutes les langues, et correspondaient à toutes les idées qui se trouvaient dans l'entendement.

La question de la parenté universelle des langues par la ressemblance des racines, et indépendamment des familles spéciales, est une question intéressante sans doute, et qui ne manquera pas de séduire l'imagination. Elle concourt à démontrer la thèse philosophique de l'unité du langage et de l'unité de la race humaine; mais en même temps elle est bornée, et contient peu de résultats pour l'histoire, que souvent même elle dédaigne. M. de Mérian, qui s'est appliqué à cette question bien plus qu'à toute autre, avoue qu'elle ne peut jeter aucune espèce de lumière sur l'étymologie, qu'elle est tout-à-fait inhabile à rendre clair le chaos des origines historiques de tous les peuples, en établissant la distinction linguistique des races. C'est sous le point de vue de l'affinité des langues, plus que sous celui de leur parenté universelle, que s'est placé F. Schlegel. Dans la première partie de son ouvrage, il s'attache à la ressemblance et à la dissemblance des formes grammaticales, problème auquel les étymologistes purs accordent trop peu d'importance, qu'ils regardent même comme stérile, se privant ainsi de ce qu'il y a de plus essentiel peut-être, je veux dire le spectacle du mécanisme par lequel la pensée s'est créé dans la grammaire un moule qu'elle a ensuite façonné, plié à sa volonté, conformément au génie des peuples, dont l'individualité fait la loi. Dans les formes si complexes, toutes plus ou moins riches ou pauvres, simples ou multiples, uniformes ou nuancées de la grammaire des peuples, on voit se refléter leur caractère, leur génie, toute leur empreinte, et par suite leur mutuelle parenté, et aussi leur diversité comme famille. Car, si en matière de linguistique, les mots déterminent la ressemblance, la grammaire marque la dissemblance des langues entre elles; et en toute branche de savoir, ce sont les dissemblances qu'il faut regarder comme le fondement de la classification des espèces et des genres ; elles sont l'élément scientifique par excellence.

II.

C'est ce second livre qui, par rapport à la spécialité de mes études, m'a amené à entreprendre la traduction de l'ouvrage de Schlegel ; c'est aussi pour opposer à la doctrine de cet auteur sur la marche successive de la pensée dans l'Orient, un système différent en quelques points, que j'ai placé à la fin de ce volume l'appendice qui s'y trouve, et qui lui-même est l'introduction d'un plus grand travail sur la philosophie des cosmogonies de l'antiquité. C'est pourquoi je vais me livrer ici à une analyse qui sera en même temps une critique rapide de cette même partie du livre de Schlegel.

L'auteur annonce qu'il veut envisager du haut d'une synthèse générale, non pas tout le détail mythologique, mais les époques de la pensée, les degrés les plus importants dans la marche de l'esprit oriental. Le premier point de vue qui lui paraît se rencontrer comme philosophie antique, c'est le système de l'émanation et de la transmigration des âmes, deux idées dont il fait voir la coïncidence en même temps qu'il tâche d'établir une différence radicale entre l'émanation et le panthéisme. Si nous pouvions nous livrer à une discussion prématurée sur ce sujet, nous dirions qu'une ligne idéale et peu profonde distingue ces deux systèmes, plutôt quant à leur énoncé que par rapport à leur fond. En établissant que le monde est mauvais, qu'il est corrompu dans sa racine, parce que tout n'est qu'une lamentable dégradation de l'être éternel, Schlegel fait assez voir que primitivement si tout est émané de Dieu, tout par conséquent est nature divine, tout est la substance de Dieu irradiant hors de soi, sans volonté et sans création; et le mal lui-même, n'étant que l'irradiation lancée à la plus extrême distance de la source universelle, ne saurait se distinguer par les principes de cette même origine. Quoi qu'il en soit, l'auteur fait parfaitement voir, d'après un texte de Manou, la tristesse déplorable qui est au fond de ce système, ainsi que l'idéalisme ténébreux qui résulte de la haute théologie indienne, et particulièrement du mythe de Brahma.

Ici nous pourrions relever des assertions toutes dénuées de preuves et peut-être de solidité. Nous soutiendrions volontiers que les systèmes idéalistes ne se trouvent pas au berceau de la philosophie dans les sociétés ; tout porte à penser, au contraire, et sur ce point sont d'accord les inductions de la raison et celles de l'histoire, que l'esprit humain a débuté par le culte de la nature matérielle ; et même dans l'Inde il paraît reconnu que le plus ancien culte de ce pays n'est point celui de Brahma, le représentant de l'idéalisme indien. Le culte primitif est plutôt celui de Sivah, dieu du feu, dieu matériel, dieu destructeur ; c'est lui qui fut l'objet de l'adoration des premiers peuples de l'Inde, avant qu'une race de brahmanes eût apporté des environs du Caucase le culte plus pur de Brahma. Nous avons l'espérance d'éclaircir plus tard quelques-uns de ces points et de relever ce que la pensée de Schlegel a d'inexact et de confus, dans l'ouvrage que nous préparons sur les cosmogonies antiques. Par la même raison, nous n'admettons point l'opinion encore plus hasardée que les plus anciens habitants de l'Inde auraient eu la connaissance du vrai Dieu.

Afin d'établir cette dernière assertion, notre auteur se livre à une discussion, rapide il est vrai, dans laquelle il combat tour à tour la preuve de Dieu selon les syllogismes de l'école, puis la preuve cartésienne, et en troisième lieu le système de Kant, système qui, ainsi que personne ne l'ignore, appartient autant au scepticisme qu'à l'idéalisme, et qui ne contient point en lui l'existence réelle de Dieu. L'auteur substitue ici une preuve assez incertaine, assez conforme au vieux système des sentiments innés, de la réminiscence platonicienne, et aux idées alors en vogue de M. de Bonald sur la révélation des premières vérités faite à l'homme d'une manière permanente par l'indéfectible transmission du langage. Il explique aussi comment la doctrine altérée de la croyance en Dieu et de l'immortalité de l'âme est devenue dans l'Inde la doctrine de l'émanation. Selon les idées de Schlegel, le naturalisme a succédé à la vérité antique effacée par la suite des siècles; la première époque a donc été idéaliste. Nous pensons différemment : sans doute cette révélation primitive est bien demeurée obscurément dans les esprits, mais elle ne s'est fait jour que plus tard. L'idéalisme panthéistique dont l'émanation, quoi qu'en dise Schlegel, n'est qu'une forme ou un point de vue, n'est pas non plus, comme il le veut, le point de départ de la pensée orientale ; nous ne le trouvons qu'aux époques avancées, lorsqu'il a triomphé du naturalisme primitif, dans tous les sanctuaires de l'Orient.

Il n'y a rien à dire sur la manière dont il explique comment l'apothéose a pu se mêler dès les premiers temps au système le plus ancien; il y a là des nuances finement observées relativement au cercle des idées qui se lient à celles de l'émanation. Schlegel est excellent pour éveiller l'esprit et remuer les idées, mais il ne sait point les diriger, et il abandonne la chaîne presque aussitôt qu'il l'a saisie.

Le second système que Schlegel regarde comme une seconde phase de la philosophie orientale, indienne en particulier, c'est le sabéisme, le culte sauvage de la nature, le matérialisme en un mot. Après avoir considéré de nouveau le système de l'émanation sous le rapport du fatalisme, l'un de ses points de vue les plus frappants et que l'on ne saurait contester, il voit dans le matérialisme des anciens l'élément philosophique des temps les plus reculés, ce qui nous paraît à nous être l'élément spontané, primitif, en attendant le jour de la philosophie; du reste, il montre fort bien le caractère et la généralité de ce culte matériel mêlé à toutes les religions antiques, et dont l'élément est parfaitement facile à distinguer. Il marque aussi les causes du caractère redoutable que le matérialisme a revêtu dans la haute antiquité, et dont l'empreinte est si fortement conservée dans les grands débris de l'art antique qui subsistent encore en diverses contrées de cet Orient. On ne saurait dire en effet quelle inspiration sauvage, irrésistible, est la source de ces créations effrayantes de la fable et de la poésie des premiers temps, expression du matérialisme oriental. Schlegel, avec sa légèreté vagabonde, se contente ici d'éveiller les difficultés, sans entreprendre de les résoudre. La part que l'apothéose a pu exercer dans le naturalisme, comme précédemment dans l'émanation, est encore ici ingénieusement observée; mais ce qu'il avance à cet égard ne saurait être jamais que fort conjectural.

Le troisième système est le dualisme ou la doctrine des deux principes, traitée par le philosophe avec la plus grande faveur. Il considère le dualisme particulièrement dans la réforme de Zoroastre, dans la subordination des deux principes opposés à un Dieu suprême, et dans la lutte longue mais temporelle dans laquelle le mauvais principe doit finir par être vaincu. Ce dogme, ainsi réformé, est très-voisin de l'orthodoxie : l'opposition dualiste se ramène pour ainsi dire au symbolisme moral; il représente la vertu la plus haute de la vie, la plus énergique de l'humanité. Mais Schlegel n'a pas assez considéré le dualisme absolu, qui est bien pourtant l'idée propre du dualisme, et qui, à ce titre seulement, doit être regardé comme l'une des phases primitives de la philosophie; bien plus tard il s'est amélioré, mais aussi il s'est dénaturé, il est sorti de sa nature propre en se laissant avouer par la raison. Il fallait donc le prendre tel qu'il fut dans les origines cosmogoniques de la religion d'Iran, tel qu'il se montra plus tard sous les Sassanides à l'époque du manichéisme, alors qu'il retourna aux tendances idolâtriques qui avaient présidé à son berceau.

Quoi qu'il en soit, après avoir comparé le dualisme avec l'idéalisme européen, et en particulier celui de Kant, dans lequel en effet la personnalité du moi est tout et finit par absorber tout ce qui n'est pas elle, il trouve des traces du dualisme ainsi réformé dans la mythologie indienne, qu'il développe avec des détails qui sont pleins d'élégance et d'enchaînement. Dans la religion indienne comme dans celle des Perses, le dualisme représente le progrès moral de la pensée; et c'est l'introduction plus récente du mythe de Wichnou dans la Trimourti de l'Inde, qui lui paraît marquer l'époque où s'introduit dans la religion cet élément du dualisme rationnel. Sivah et Wichnou sont des divinités opposées, comme Ormuzd et Arhiman chez les Persans; elles sont soumises aussi à une divinité souveraine et indéterminée, qui est Brahm. Tout cela peut être ainsi; mais, nous le répétons, l'auteur écarte trop légèrement la possibilité que le dualisme absolu ait existé réellement et comme élément constitutif, dans les écoles ou les sanctuaires de l'antiquité primitive, dans la Perse et dans l'Inde.

Ensuite survient une question de critique qui ne doit pas nous occuper, celle de savoir lesquels, des Indiens ou des Persans, se sont emprunté les premiers cette même doctrine; il faudrait savoir si la philosophie niaya avec la mimansa, qui sont les plus anciennes, renferment les éléments d'un dualisme caractérisé. Les Pouranas, qui contiennent le dogme de Vichnou, offrent des coïncidences avec l'Ecriture sainte qui font voir qu'il y a eu plus de rapports primitifs qu'on n'a coutume de le supposer entre les Hébreux, les Persans et les Indiens. Mais auquel de ces pays appartient la priorité pour les doctrines? C'est une question soulevée qui n'est pas résolue.

Là se trouve une fort belle interprétation de l'horreur que les Persans avaient pour les cadavres, sentiment qui subsiste encore chez les Indiens. La mort c'est le mal; et une fois que la vie s'est retirée, le corps appartient au mauvais principe, il ne doit entrer en contact avec aucune vie; car la vie, à quelque degré qu'elle se manifeste, c'est le bien, c'est le symbole d'Ormuzd. La seule restriction que notre auteur ajoute à l'éloge qu'il fait de la religion de la lumière, c'est qu'elle a donné lieu à ces sociétés secrètes dans lesquelles l'orgueil exclusif des initiés prétend s'arroger à lui seul la manifestation de la lumière et le privilége de la vérité.

La quatrième phase de la pensée antique, indienne en particulier, reconnue par Schlegel, c'est le panthéisme. L'émanation a été le premier système, le panthéisme est le dernier. Il nous a semblé, comme nous l'avons dit, que ces deux doctrines ne pouvaient être séparées, et que, réunies, elles occupaient le second rang dans les quatre évolutions de l'esprit oriental. Leur manifestation en effet se rapporte à l'influence des prêtres dépositaires des traditions, alors que, survenus après le naturalisme des peuplades naissantes, ces hommes inspirés ont jeté à travers les misères du monde primitif une pensée meilleure, un souvenir évoqué, mais bien confus encore, et trop bien associé aux ombres du principe matériel.

Du reste, le panthéisme est bien caractérisé dans ce chapitre. Quant à ce qui regarde l'Inde, Schlegel a le tort de ne pas voir assez le panthéisme dans le brahmisme du livre de Manou; il le voit surtout dans le bouddhisme ou dans la religion de Fo, à laquelle il attribue très-formellement la formule que tout n'est rien : car, dit-il, on arrive bientôt à cette limite suprême de la pensée, dès que l'on établit pour son point de départ que tout est un. A ce sujet, on trouve dans ce chapitre des détails recueillis avec soin sur le panthéisme de la philosophie chinoise, particulièrement de la philosophie numérale, telle qu'elle est rapportée dans l'Y-king ou le livre de l'unité. Dans l'Inde, c'est surtout la philosophie sankya qui renferme l'expression du panthéisme; c'est à elle que s'en réfère le Bhagavatgita, monument que l'on sait être panthéiste au suprême degré. Vyasa, l'auteur présumé du Bhagavat, passe aussi pour l'auteur de la philosophie védanta ou mimansa, dans laquelle le panthéisme est dominant : toutes choses qui montrent bien quelle influence ce principe inflexible exerce sur toutes les parties de l'esprit indien.

Ces observations de Schlegel sur la philosophie des Indiens sont vraies généralement, mais incertaines et flottantes. Quelle différence entre ces ébauches de si peu de consistance et les grands travaux accomplis depuis, soit dans les recherches curieuses et profondes de Vindischmann, tomes 2 et 3 de son Histoire de la philosophie, soit dans les admirables Mémoires de Colebrooke, travail si didactique et si complet sur ces mêmes systèmes, que Schlegel n'avait pas lus sans doute! Il est certain que les idées qu'il a et qu'il donne des systèmes indiens sont fort confuses; et, par exemple, son erreur est grande au sujet de la sankya, lorsqu'il distingue si peu les diverses philosophies contenues sous ce nom général. Les opinions de Kapila, dans la sankya, sont le plus souvent d'une portée toute matérialiste, et représentent la pluralité corpusculaire, plutôt que l'indiscernable unité de la pensée panthéistique; puis toutes les sectes coexistent dans le vaste corps qui porte le nom de philosophie sankya. On peut voir à ce sujet les Essais de Colebrooke, traduits en français, avec de savants commentaires, par M. H.-T. Pauthier, habile orientaliste, pour qui la philosophie la plus abstraite des Indiens et des Chinois ne paraît pas avoir plus de secrets que les langues mêmes de l'Orient.

Cette partie du travail de Schlegel finit par une division des divers âges de la littérature indienne; on peut la croire assez exacte, du moins le point de vue sous ce rapport ne paraît point changé. Je la trouve maintenue dans le travail de M. Eichoff dont j'ai parlé, travail si distingué sous tous les rapports qui font la supériorité d'une œuvre destinée non-seulement à avancer, mais à populariser la science.

III.

Sous le titre d'idées historiques, Frédéric Schlegel entreprend de nous donner quelques inductions relatives à l'ethnographie et à la manière dont il suppose qu'ont pu s'établir les colonies indiennes à travers le monde. Après avoir caractérisé les rapports que lui paraissent avoir la langue et la philosophie des Indiens avec les mêmes objets dans les autres nations antiques, il expose, ou plutôt il indique seulement, et selon sa coutume, les résultats qui peuvent être puisés par l'histoire dans les relations incontestées qui ont eu lieu entre les plus anciens peuples du haut Orient.

On trouve ici un excellent aperçu concernant l'origine de la poésie et de celle des Indiens et des Grecs en particulier, et par suite sur les caractères de l'art plastique en Orient. Je pourrai revenir sur ces observations, et en prendre l'occasion de développer quelques idées esthétiques analogues à celles qui sont indiquées ici par Schlegel. Dans les deux chapitres qui suivent, ayant pour objet les plus anciennes migrations des peuples, et des remarques sur les colonies et la constitution des Indiens, vous trouvez un grand nombre de conjectures plus ou moins solides, empruntées à tous les genres d'inductions, pour expliquer comment, à une époque très-reculée, des colonies indiennes, soit pacifiques, soit guerrières, ont pu répandre leurs établissements dans tous les lieux où maintenant subsistent encore, au moins dans les langues, des souvenirs de parenté avec la race des Indiens. Il démêle tous les motifs physiques et moraux qui ont pu concourir aux premières migrations, et il rattache ces motifs à l'instinct sauvage qui dut agiter les races humaines et les poursuivre, fugitives, loin du séjour qui avait été leur berceau. Alors, s'arrêtant aux causes qui proviennent de la nature même de la constitution, il veut expliquer la possibilité des migrations de l'Inde dans beaucoup de pays, par des troubles dans l'intérieur de la constitution, non pas de manière à la détruire, comme il est arrivé à l'égard des bouddhistes, mais par des guerres intestines et multipliées. Par exemple, des branches de Tchatryas ont pu être forcées d'émigrer; et il rappelle, en relevant quelques dénominations indiennes de divers peuples épars en différentes régions, que sans doute des races de ce pays sont venues, à des époques très-lointaines, s'établir dans ces mêmes contrées.

Il y a un mot sur les Pélasges ; Schlegel pense qu'ils ont peuplé la Grèce en passant la Méditerranée et l'abordant du côté du sud-est. Mais cela est contredit par l'existence des races sémitiques qui opposent là, comme une barrière, leur Chaldée et tout leur littoral phénicien. Une opinion mieux accréditée est que les Pélasges ont passé par la

Thrace et ont peuplé la Grèce par le nord; c'est ainsi du moins que l'on peut suivre sans aucune interruption la chaîne indo-germanique dans son immense étendue depuis l'Océan indien jusqu'aux extrémités septentrionales de l'Europe, en traversant les régions du Caucase, la Perse, la Phrygie, la Thrace, enfin les nations slaves et germaniques. C'est aussi l'opinion d'Ottfried Muller, dans son ouvrage sur les Myniens, le même qui, dans un ouvrage plus connu, contredit aussi l'opinion de son compatriote sur l'origine des Etrusques qu'il fait passer par le nord et non par le midi et par la mer.

Au reste, toutes ces questions d'histoire primitive, soulevées ici par notre auteur, ont fait beaucoup de progrès depuis ce savant. C'est de ce côté que les travaux réunis des linguistes et des historiens, Niebhur, Adelung, Vater, Rask, Schlosser, ont fait converger tous les travaux de la science moderne. Cependant la marche ethnographique, dans la plupart de ces écrivains, a été plus libre de préjugé qu'elle ne le paraît ici. La nation indienne a été prise en haute considération pour tous les mérites qui se rattachent à son antiquité; mais on s'est défendu de la préoccupation exclusive par laquelle les premiers indianistes voulaient faire tout provenir de l'Inde, terre conquise qui ne pouvait pas être trop exaltée pour agrandir le trésor de ces nouveaux conquérants. Beaucoup de savants historiens se sont renfermés dans l'enceinte d'une monographie nationale, et se sont attachés à explorer l'histoire primitive de chaque nation, surtout par l'exploration des langues mortes, de ces monnaies effacées qui eurent cours autrefois, et maintenant qui ne sont rien que le fruste débris d'une civilisation qui n'est plus. La France, sous ce rapport, n'est pas demeurée en arrière; ainsi, Rémusat, en étudiant les langues tartares, a déterminé les familles de peuples répandues sur l'immense plateau asiatique qui s'étend depuis le golfe Persique jusqu'à l'Imaüs et l'Altaï; il a soupçonné l'histoire primitive des peuplades qui sillonnent encore de leurs hordes errantes ces immenses régions.

D'autres savants se sont partagé les diverses contrées de cet Orient si fertile. On sait par quels travaux dans ce siècle on a exploré l'histoire de l'ancienne Égypte; mais, dans ce moment, la science semble demeurer incertaine et suspendre son arrêt. On ne saurait dire si vraiment la baguette magique de Champollion a éveillé de son sommeil séculaire le Sphinx égyptien, ou bien si ce réveil n'a été qu'illusoire et si le voile doit couvrir toujours la déesse que l'on adorait dans le sanctuaire de Saïs; c'est là ce qu'il faut encore un peu de temps pour nous apprendre. Combien d'orientalistes que notre siècle a connus et que nous ne pouvons citer, les uns qui ont disparu dans ces dernières années, d'autres qui vivent et éclairent la science, d'autres, plus jeunes, qui croissent et qui préludent à la célébrité! Ceux-ci résoudront, n'en doutons pas, beaucoup de ces questions difficiles, toujours vives et pleines d'intérêt, sur les origines des nations humaines, sur leurs affinités mutuelles dans la grande famille qui s'appelle l'humanité, et qui n'a eu qu'un berceau comme elle n'a eu qu'un créateur.

Que de choses sont à accomplir dans cette route! Combien de nations verront leurs origines soudainement éclairées, quand la plupart des idées mises en avant par Schlegel il y a déjà trente ans, auront eu leur développement intégral! Que de grands problèmes n'ont pas encore paru au jour et se méditent peut-être avec persévérance et en secret! Par exemple, combien il serait curieux, en suivant quelques données indiquées par Malte-Brun dans sa Géographie, de tâcher de découvrir dans les montagnes de l'ancienne Epire, dans l'idiome des Arnautes et des Albanais, s'il ne se trouverait pas un plus ou moins grand nombre de débris de l'ancienne langue des Pélasges, telle que la parlaient les ancêtres ou les devanciers des Hellènes! Il y avait là, en effet, une langue des dieux, comme l'appelle Homère, antérieure à celle des hommes, et dont le sol grec tout entier, avec les accidents géographiques qui le découpent, avec son Olympe et les noms des dieux dont il est peuplé, porte l'empreinte inconnue des Grecs eux-mêmes. Il serait beau de dévoiler le mystère des origines grecques, et d'effacer le nuage épais qui par intervalles dérobe aux regards de la science plusieurs anneaux de la chaîne par laquelle le monde pélasgique se rattache à l'Asie, au monde oriental.

Et l'Italie, ce sol antique toujours si ignoré de ceux qui en furent les puissants dominateurs; cette Italie sur laquelle Virgile débite tant de pauvres traditions, avec sa terre d'Albe du nom d'une truie blanche, et son Latium du nom de la retraite de Saturne; quand parviendra-t-on à dévoiler l'énigme de son berceau? Ce sont là les origines consacrées et recueillies d'abord par des antiquaires tels que Denys d'Halicarnasse, contemporain de Virgile et de Tite-Live, dont ceux-ci peut-être consultaient l'érudition; et c'est sur de semblables traditions que tous les chroniqueurs ont vécu jusque près de notre siècle. Mais depuis que Niebhur a profondément éclairé l'Italie et jeté sur ces époques lointaines une lumière qui nécessairement est parfois douteuse, mais qui ne trompe pas toujours, l'antique Italie a pu voir éclaircir son histoire naissante; et maintenant que l'on peut regarder comme certain que l'élément celtique domine à un haut degré dans le Latium et dans tout le pays où Rome étendit sa première conquête, et que cet élément explique un grand nombre des noms sur lesquels les anciens racontaient tant de fables, il est clair que le temps doit amener, en suivant cette voie, des découvertes dont l'histoire fera son profit. Quant à la question des Étrusques, la plus curieuse de toutes celles qui regardent l'Italie, c'est lorsque l'on aura interprété les inscriptions étrusques et les tables eugubiennes que la science pourra arriver à des résultats plus sûrs à l'égard des origines de cette antique et mystérieuse nation. Bien des choses, sous ce rapport, restent encore à expliquer, après les grands travaux de MM. Micali et Ottfried Muller, dont les ouvrages d'ailleurs si précieux sur l'histoire, les mœurs et la première civilisation des Étrusques, sont en même temps si complets, du moins dans la dernière édition du livre de Micali, par rapport à l'art du peuple toscan.

Ce mouvement de recherches sur les langues et sur les histoires primitives regarde aussi notre nation et l'étude de nos propres origines; nous avons deux langues antiques à explorer sur lesquelles il y a eu bien des erreurs, et qui pourtant sont nos titres nobiliaires au droit d'avoir été aussi un peuple ancien : je veux parler du basque mais surtout du breton. Il faudrait pour cela reprendre en partie ces questions agitées par les hommes qui, dans le dernier siècle, ont fait de la langue bretonne l'objet de leurs investigations, et fonder avec les matériaux amassés par leurs soins de nouvelles constructions destinées à faire reposer la science sur une base plus durable; car le sentiment de la patrie, qui seul pouvait les exciter à des travaux inconnus jusqu'à eux et soutenir leur courage, les a, par une illusion pour laquelle il faut être indulgent, entraînés au-delà des limites de la réalité.

Au sein d'une retraite ignorée où nous voyons chaque jour grossir le trésor philologique qu'il diffère à publier, M. J. Cardin s'est chargé de cette tâche laborieuse et si importante pour nos origines. Laissant aux travaux de M. Pictet, de Genève, le soin de chercher les affinités qui existent entre les langues celtiques et la famille indienne, il s'attache à retrouver dans les dialectes kymris et gaéliques parlés encore en France et dans les Iles-Britanniques, notre première existence en qualité de peuple gaulois, et, par suite, à déterminer la succession des races qui ont pu s'établir primitivement sur notre sol. Appuyé sur une foule de faits vérifiés d'après toutes les lois de la grammaire et de l'étymologie, soumettant au contrôle sévère et continu de l'histoire les altérations qu'ont subies avant d'arriver jusqu'à nous les noms de lieux et les expressions que nous ont léguées nos idiomes antiques, il s'efforce de découvrir les détails les plus locaux de notre géographie, une plus grande partie qu'on ne le suppose de notre vocabulaire régulier, ainsi que le plus grand nombre de nos mots provinciaux que la langue régulière et commune n'a point effacés, et sous lesquels se réfléchissent les usages traditionnels les plus intéressants qui ont survécu à tant de siècles, dans plusieurs de nos provinces. Mais il faut bien se garder de la chimère des anciens celtistes qui voyaient dans leur universel breton tous les idiomes celtiques, avec lesquels ils identifiaient d'ailleurs bien d'autres langues, notamment celles de la Germanie. Ainsi la langue bretonne, ramenée au lit qui lui appartient, retrouverait par là sa véritable et plus sûre importance, à l'aide de travaux analogues à ceux que le temps n'a pas permis à M. de Humbold d'accomplir sur la langue des Basques et sur l'origine ibérique de cette portion de notre pays.

Tout ce que je viens de dire dans ces dernières pages, où j'ai paru revenir sur le premier objet traité par Schlegel, est pour montrer que la science n'a point à se détourner de la route historique qui lui est ouverte depuis un demi-siècle, particulièrement dans la connaissance des idiomes. Il y a surtout un résultat qu'il faut bien se garder de négliger; en histoire, ainsi que nous l'observions tout à l'heure en matière de langue, il est nécessaire de s'abstenir de tout point de vue exclusif. Ce n'est pas précisément la filiation directe des peuples et leur sortie d'un seul peuple qu'il faut chercher, ce sont plutôt les rapports de parenté, les routes des nations, simultanées ou parallèles, à travers le monde antique. Il ne faut pas imiter notre Frédéric, trop indianiste qu'il était, et choisir un peuple primitif, souche unique de laquelle seraient descendues toutes les nations, lorsqu'au sortir de la plaine de Sennaar, elles ont couvert le monde, et se sont reformées sous le souffle divin. Il n'y a que des sœurs parmi les nations; ces sœurs ont été créées le jour qui confondit les hommes et dispersa les peuples par groupes choisis, à travers l'immense forêt laissée par le déluge. La nation mère est inconnue; disons mieux, elle n'exista jamais.

Dans un dernier chapitre assez substantiel, notre auteur considère en peu de mots l'influence que la philosophie de l'Orient, dont il regarde la plus grande et la meilleure partie comme indienne, a exercée sur la philosophie de l'Europe : c'est une question très-curieuse, immense même, qui se rattache à l'objet du second livre, et sur laquelle notre auteur, conformément à son ouvrage, ne fait guère que de remuer les difficultés.

On y trouve cette observation, qui a aussi été développée de nos jours et parmi nous, des différentes phases philosophiques, lorsque l'esprit, à force de s'égarer dans l'idéalisme, chancelle et tombe dans le doute absolu, dernier état de l'intelligence, état désespéré dans lequel un penseur en qui la pensée n'est pas morte encore ne saurait se tenir; il faut qu'il en sorte, qu'il quitte la région des ténèbres où il se débat sans puissance et sans vertu; et alors il arrive que ce penseur se cherche une voie de retour à une philosophie meilleure et plus assurée. Il la trouvera, cette voie, s'il le veut sérieusement; et ici Frédéric entend parler de la chaîne des traditions qui ramènent à la vérité en captivant l'esprit, en l'empêchant de se complaire dans sa ruine, ou de s'anéantir dans son désespoir.

La question de l'influence de la philosophie orientale sur celle des Grecs n'est guère ici qu'indiquée.

En général, la question du passage de la philosophie de l'Orient à celle de la Grèce a jusqu'ici manqué d'explorateur. Que savons-nous en effet de la science orientale, nous autres modernes Européens, si ce n'est par la communication des Grecs?

Cependant on ne s'est pas assez demandé, en examinant les textes en petit nombre les plus justement accrédités dans lesquels l'esprit de l'Orient se trouve contenu, comment l'éducation de la philosophie grecque s'était formée d'une manière successive ; de sorte qu'à chaque sanctuaire antique pût correspondre comme un écho lointain une école grecque, considérée dans les textes qu'elle-même a produits. Les matériaux, du reste, sont bien recueillis ; les Allemands n'ont pas manqué à cette œuvre plus qu'à toute autre, surtout Vindischmann, dans son grand Tableau des progrès de l'histoire de la philosophie. Ce serait là une tâche immense à laquelle convergerait tout ce que l'on sait sur les langues, sur les arts, sur les mythologies et sur tous les éléments de la civilisation. Je serais heureux qu'il m'eût été permis de soulever un faible coin de ce tableau, par la conférence de quelques textes cosmogoniques émanés du haut Orient avec les connaissances plus certaines que nous avons de la philosophie grecque, et d'appeler ainsi à une investigation vraiment profonde les esprits puissants, nourris de science, à qui de tels travaux appartiennent.

En nous résumant sur Frédéric Schlegel et sur l'ouvrage que nous publions, il nous paraît tenir un drapeau qu'il agite d'une main indécise ; lui-même s'est peu avancé dans la mêlée, mais il n'a cessé de suivre les travailleurs, de les encourager du geste et du regard. Dès l'époque déjà ancienne à laquelle il a composé ce petit ouvrage, il a eu la gloire d'indiquer toutes les routes, de montrer du doigt, parmi les nuages à l'horizon, bien des avenues dont plusieurs ont été parcourues depuis, mais dont plus d'une aussi est demeurée inexplorée, circonstance qui donne à son ouvrage un intérêt qui n'est point détruit.

IV.

L'objet du quatrième livre de Schlegel est celui qui éveillera peut-être le plus d'intérêt auprès de la plus grande généralité des lecteurs. Après des explications curieuses sur le système de la poésie indienne, il contient quelques morceaux choisis parmi les poëmes les plus célèbres de cette littérature orientale, traduits en vers allemands par Schlegel, qui a conservé exactement la forme de versification des textes originaux. Ces extraits sont au nombre de quatre; le premier, et le plus curieux par son caractère étrange, imposant, solennel, par le souffle poétique et à la fois religieux qui l'inspire, est le commencement du Ramayana, célèbre poëme qui, avec le Mahabharat, est regardé comme l'un de ces grands monuments par lesquels le génie de l'Inde n'a rien à envier à la nation qui produisit Hésiode et Homère.

Vous aimerez, j'en suis sûr, l'étrange mais admirable conception par laquelle on explique dans le Ramayana l'origine de la poésie. Le prophète Valmiki trouve la poésie involontairement, lorsqu'il est témoin d'un meurtre cruel qui lui déchire l'âme, et fait jaillir sa douleur sous des formes métriques dont il s'étonne, et qui lui révèlent une haute destination. Ainsi, la poésie est née de l'âme émue par les souffrances des malheureux, ce qui relève dignement l'origine de ce noble instrument des joies comme des peines de l'humanité. Brahma a lui-même suscité les plaintes métriques dans l'âme du poëte, afin de se préparer un digne adorateur, un chantre qui saura célébrer les exploits de Rama.

Toutefois, nous avouons qu'on ne lira pas sans quelque fatigue notre traduction des fragments du Ramayana, d'après celle de Schlegel. Il y a dans le texte, ou du moins dans la version allemande qui paraît en être une empreinte, une telle profusion de noms propres, au son monotone, de tours répétés et diffus, d'épithètes plus qu'homériques, que si le caractère primitif se décèle dans ces fragments d'une manière assurément très-sensible, la fidélité du traducteur a dû se trouver captive, embarrassée dans les mille replis de la période poétique du poëme indien.

Puis vient la cosmogonie de Manou, extraite du premier livre du code de lois qui porte le nom de cet ancien sage. Cette cosmogonie, si importante pour tous ceux qui s'occupent d'étudier les langues et les doctrines orientales, importante surtout relativement au second livre de l'ouvrage de Schlegel, a été traduite avec le livre des lois en entier par M. Loiseleur des Longs-Champs, dont la belle version est plus claire, plus liée, jette un peu plus de jour à travers la pensée primordiale, et rend un peu plus visibles que ne le fait la traduction de Schlegel, les ténèbres épaisses de cette cosmogonie.

Des huit premières lectures du Bhagavatgita, Frédéric a extrait un choix de sentences et de passages les plus intéressants pour la morale et pour la pensée qui s'y trouve contenue. Ce poëme philosophique, extrait lui-même du Mahabharat, et si célèbre pour la notion parfaite qu'il donne du panthéisme idéaliste en Orient, et dans l'Inde en particulier, a été traduit sur l'excellente traduction de Wilkins, dans un livre probablement assez rare, et imprimé à Londres sous les yeux du traducteur anglais, par M. Parraud, de l'académie des Arcades de Rome; j'ai fait usage en plusieurs rencontres de cette version, fort bonne et assez conforme à la version allemande pour faire croire que l'auteur de cette dernière n'a point négligé d'avoir sous les yeux celle de Wilkins.

Le dernier morceau est inconnu en France, où nous avons deux traductions du célèbre drame de Kalidas, celle de Bruguère traduite de Williams Jones, et une autre bien autrement autorisée, puisqu'elle est de l'illustre indianiste Chézy, le premier qui, en France, se soit livré avec une vraie persévérance à l'étude du sanscrit; il a aussi laissé quelques fragments des autres grands poëmes de l'Inde. Mais on ne connait pas en France le poëme d'où a été tiré postérieurement le drame de Sacontala; et c'est de ce poëme, respirant un caractère antique et primitif, qu'ont été tirés les deux fragments qui nous sont donnés par Schlegel, et dont le second surtout, il faut le dire, est d'une ravissante inspiration.

En général il est à regretter que nos indianistes se soient trop peu attachés à nous faire connaître les beautés de la poésie indienne. Le petit nombre de ceux qui travaillent sur le sanscrit s'occupent de matières moins attrayantes, plus sévères, et se concentrent d'une manière plus spéciale dans l'exploration des dialectes et des débris historiques: il faut les en louer; mais le goût de la langue et de la littérature des Indiens se propagerait davantage si leurs monuments poétiques étaient plus répandus. On nous donne seulement de temps en temps, comme nous le faisons nous-même ici, des versions de versions, dont il faut se contenter faute de mieux. Sous ce rapport, les chefs-d'œuvre du théâtre indien, traduits de l'anglais de Wilson par M. A. Langlois, auteur des Monuments littéraires de l'Inde, sont une précieuse publication qui nous fait parfaitement connaître le génie dramatique de ce peuple si poétique et si ingénieux ; mais ce n'est encore qu'une traduction de seconde main.

M. Bopp, à la suite de sa grammaire sur la conjugaison indienne comparée, a placé de très-beaux fragments des grands poëmes de l'Inde, traduits aussi en vers allemands avec la forme indienne, dans le genre du travail de notre Schlegel. Le principal de ces fragments a pour objet les pénitences de Viswamitra ; c'est l'histoire d'un gouverneur de Rama, un tchatrya qui devient brahmane, en vertu de ses saintes et merveilleuses expiations. C'est aussi le même dont la faiblesse est racontée dans le fragment de Sacontala, traduit par Schlegel. Il y a encore dans M. Bopp d'autres fragments, généralement traduits d'après des traductions de Colebrooke, tels que le combat des Géants, et des extraits en prose des Védas, parmi lesquels il y a une hymne au soleil qui est de la plus grande élévation.

Au reste, si l'on veut connaître un excellent compte rendu du progrès et de l'état actuel de la science indienne en Europe, et en particulier une notice des principales traductions des poëtes indiens qui ont pu être faites en Allemagne et en Angleterre, il faut lire un excellent écrit publié, en 1832, en langue française, sous le titre de « Réflexions sur l'étude des langues asiatiques, adressées à sir Mackintosh, par M. Wilhem Schlegel. » Cet écrivain est le frère de celui dont nous publions le présent ouvrage; il a suivi la même carrière que son frère, et s'est avancé bien plus loin dans l'étude du sanscrit, auquel il a fini par se consacrer presque entièrement, tandis que Frédéric, jusqu'à sa mort encore récente, s'était surtout tourné vers les études philosophiques dans leur application aux matières générales d'histoire, de littérature et d'art.

Nous n'avons plus qu'à faire connaître quelques détails relatifs au travail même de notre traduction. Bien que le livre de Frédéric Schlegel ne fût pas encore traduit en français, il en existait des fragments que je vais mentionner. D'abord, à la suite d'une traduction de l'essai d'Adam Smith sur la première formation des langues, un petit volume in-12, par M. Manget, imprimé à Genève en 1809, on trouve la traduction de la partie linguistique du livre de Schlegel. Cette version, d'ailleurs fidèle, est tronquée en divers endroits, et on a particulièrement supprimé tous les curieux détails relatifs à la conférence de l'indien et du persan. Nous avons eu cette traduction sous les yeux, en ne cessant de la modifier et d'en changer totalement les formes.

J'ai parlé précédemment de la traduction des lois de Manou par un savant français, traduction qui s'écarte trop de celle de Schlegel pour avoir pu nous servir. Il n'en est pas de même de celle du Bhagavatgita dont j'ai parlé plus haut, traduction faite d'après Wilkins, et assez conforme à celle de Schlegel pour faire croire que celui-ci avait dû suivre d'assez près le traducteur anglais.

Du reste, je me hâte d'avouer que n'ayant jamais voyagé en Allemagne, et malgré une étude assez longue de la langue de ce pays, je me serais trop défié de mon propre travail pour me passer d'un contrôle bien autorisé; je n'aurais pas cru pouvoir publier cette traduction (et ce sera ma règle aussi, dans le cas où plus tard j'entreprendrais quelque autre publication du même genre et non moins utile) sans emprunter un secours soit de préparation, soit de révision, auprès de quelque étranger qui se serait pénétré de cette langue si difficile, dans une longue fréquentation des universités de l'Allemagne. Ici je me plais à remercier M. Thomas Odynecky, jeune réfugié plein de mérite, et à qui je présagerais de l'avenir, si l'on pouvait former des espérances aussi aisément que des vœux pour sa noble et malheureuse patrie.

Il me faut encore faire une observation; elle est relative à la variété, à l'indécision trop fréquente avec laquelle les noms indiens se trouvent écrits dans ma traduction. Évidemment une pareille publication ne doit rien apprendre à ceux qui sont versés dans les langues indiennes; et si j'avais moi-même ce bonheur, j'aurais pu entreprendre autre chose que le modeste travail que j'offre ici aux amis de l'étude en général. Aussi puis-je avouer que je n'avais aucun système sur l'orthographe des noms indiens. Dans la première partie j'ai suivi fidèlement celle indiquée par Schlegel; ce qui caractérise particulièrement cette orthographe, c'est de voir l'*o* dominer presque exclusivement dans le système des voyelles. Mais plus loin, en avançant dans le volume, ce système, malgré la justification que l'auteur en fait dans la préface des poésies, m'a semblé tellement contraire à l'usage adopté par tous les indianistes, qui mettent l'*a* presque partout où Schlegel met l'*o*; et ce même système d'orthographe ou de prononciation devient d'ailleurs si étrange, lorsqu'il s'agit des noms désormais fort connus des dieux ou des personnages qui remplissent chaque ligne des poésies, qu'il m'est arrivé insensiblement à moi-même de changer le système que j'avais reçu au commencement, et de réformer, au moins pour les noms historiques, l'orthographe de mon auteur.

Je ne parle point de l'appendice qui termine cet ouvrage; le lecteur jugera s'il est de quelque intérêt et jette quelques lueurs sur les points de philosophie orientale abordés par Schlegel. Nous le répétons, la philosophie du livre de Schlegel est l'objet spécial qui a engagé à le publier. L'éditeur est un homme livré à une très-longue pratique de l'étude et de l'enseignement de la philosophie; il désirerait que son travail ne fût point stérile, soit pour les études classiques, soit pour ceux qui conservent dans le monde le goût des choses sérieuses et des hautes spéculations de l'esprit.

PRÉFACE DE L'AUTEUR.

Après les connaissances sur l'Inde que les travaux de Wilkins et de William Jones avaient répandues, les amis de l'antiquité attendaient de cette contrée la lumière qui éclaircirait l'histoire si longtemps obscure du monde primitif. Depuis la publication de Sacontala surtout, ceux qui ont le sentiment et le goût de la poésie pensaient qu'ils verraient paraître beaucoup de productions semblables, écloses, comme ce chef-d'œuvre, de l'imagination asiatique, et animées, comme lui, de grâce et d'amour.

C'est pour moi une raison de plus d'espérer que le public prendra quelque intérêt à la publication de cet ouvrage, qui contient le fruit de mes travaux sur la langue sanscrite et sur les antiquités de l'Indostan, depuis l'année 1803. Les connaissances que j'ai pu acquérir pour l'objet de ce livre, je les dois surtout à l'amitié de M. Alexandre Hamilton (membre de la Société de Calcutta, maintenant professeur de persan et d'indien en Angleterre), dont j'ai recueilli les entretiens depuis le printemps de 1803 jusqu'à celui de 1804. Ensuite, tous les moyens pour l'avancement de mon projet se sont trouvés pour moi dans l'active bienveillance avec laquelle M. Langlès, conservateur des manuscrits orientaux à la bibliothèque impériale, et directeur de l'école spéciale des langues orientales vivantes, à Paris, homme si connu dans tout le monde savant par ses importants travaux, m'a communiqué non-seulement les trésors de la bibliothèque publique, mais ceux encore de sa propre collection, rassemblée avec non moins de discernement que de goût.

Pour la partie de mon ouvrage qui regarde la langue indienne, outre les entretiens des deux savants dont je viens de faire mention, j'ai fait usage d'un manuscrit de la bibliothèque impériale, n° 283 du catalogue imprimé. Ce manuscrit, rédigé par un missionnaire dont le nom est inconnu, contient : 1° une courte grammaire de la langue sanscrite, d'après le *Mugdhobodho* de *Bopodevo*; 2° l'*Omorokosha*, lexique d'*Omorosinho* avec une interprétation latine; 3 un vocabulaire des mots-racines, *Kovikolpodruma*, c'est-à-dire l'arbre du trésor poétique. L'écriture est fort lisible dans la totalité du manuscrit; l'indien est en caractères bengalis. Pour les mots où le terme latin correspondant vient à manquer, il arrive, mais cela est assez rare, que le portugais et le français sont appelés au secours du traducteur. Les fautes de copiste, qui étaient inévitables dans la première exécution d'un ouvrage de si longue haleine, sont en assez petit nombre; on peut s'en assurer en consultant le dictionnaire des radicaux, que M. Alexandre Hamilton a eu la bonté de revoir, sur une copie que je lui avais adressée. Le même savant a bien voulu aussi me désigner quelques fautes à corriger. Néanmoins, il est vrai de dire que l'interprétation latine des mots indiens dans les deux lexiques est beaucoup trop courte, et par là fort insuffisante, du moins pour les commençants.

Mon désir, à proprement parler, était de publier une chrestomathie indienne, traduite en latin, avec le texte original en regard; outre les éléments de la grammaire, cet ouvrage aurait contenu un recueil de morceaux indiens, appropriés à mon but, avec une paraphrase latine, des notes et un glossaire. J'avais tout disposé pour cette entreprise; j'avais déjà, indépendamment de la grammaire et des deux lexiques, copié en caractères originaux une provision assez considérable et plus que suffisante de ces fragments. Avec les morceaux extraits du *Bhogovotgita*, du *Ramayau*, et du Code de *Monou*, que j'ai placés en appendice dans ce livre, je possède encore une copie du premier acte de *Sakuntala*, drame de *Kalidas*, d'après un manuscrit élégant et correct, en caractères bengalis, et avec des scholies dans lesquelles le prakrit du texte est traduit en sanscrit. J'ai aussi une partie de *l'Hitopadesa*, ouvrage surtout utile aux commençants. L'exemplaire de Paris n'est pas très-correct, il offre souvent d'assez grandes différences avec celui que Wilkins a eu sous les yeux pour sa traduction. Quant à l'édition imprimée à Calcutta, je ne l'ai jamais vue.

En transcrivant avec tout le soin possible de beaux manuscrits tant en devonagori qu'en bengali, j'avais entrepris de fournir de bons modèles à un fondeur de caractères; mais la fabrication de types indiens aurait demandé des ressources qui m'ont toujours manqué. Le sacrifice des intérêts propres à un but simplement scientifique trouve en lui-même sa récompense, je le sais; cependant, si le but est de telle nature qu'il ne puisse être atteint sans un secours étranger, il est pénible d'être obligé de s'arrêter à moitié chemin, dans une carrière que l'on aurait voulu parcourir jusqu'au bout.

Et ainsi ai-je dû me borner à mon premier plan, qui était de fournir, par l'essai que je publie aujourd'hui, une nouvelle preuve que l'étude de l'indien pouvait être un jour bien fertile en résultats pour la science entière. Je l'ai entrepris, cet essai, afin de répandre la conviction qu'il y a là, sous cette langue et cette civilisation indiennes, de riches trésors cachés; puis, afin d'inspirer en Allemagne quelque amour pour cette étude, en faisant pressentir son utilité : enfin, j'ai voulu établir, pour le point de vue le plus général de cette même étude, un fondement solide, et sur lequel, un peu plus tard, on pût construire l'édifice avec toute sûreté. La traduction en vers des poésies indiennes que je publie à la suite de ce livre, sera peut-être reçue des amis de la poésie comme un appendice agréable, comme le premier essai de cette nature, et, sous ce rapport, comme un peu digne de l'indulgence du lecteur.

Puisse l'étude de la langue indienne trouver seulement quelques hommes pour la cultiver, pour l'encourager! Ainsi, en Italie et en Allemagne, au 15e et au 16e siècle, on vit éclater tout d'un coup et en bien peu de temps un ardent amour pour les lettres grecques et latines, alors que, par la connaissance retrouvée de l'antiquité, l'aspect de la science, disons mieux, l'aspect du monde se trouva changé et comme rajeuni. Non moins grand, non moins général, nous osons l'affirmer, serait le résultat des études indiennes, si on s'y livrait avec une ardeur égale, si elles étaient introduites dans le cercle des connaissances classiques en Europe. Et pourquoi ne serait-ce pas ainsi? L'époque si renommée des Médicis, ce temps où les lettres fleurirent avec tant d'éclat, fut bien aussi un temps de troubles, de guerres, de réactions ; et cependant il appartint au zèle d'un petit nombre d'hommes de produire les merveilles qui se virent alors ; l'ardeur fut grande, mais elle trouva dans la grandeur correspondante des institutions publiques, dans la noble émulation des princes, l'appui et la faveur dont ces études ne pouvaient se passer, au premier moment de leur renaissance.

Je vais citer les Allemands qui me sont connus pour s'être appliqués d'une manière sérieuse à l'ancienne langue de l'Inde. Le premier dont je trouve le nom est le missionnaire Henri Roth, qui, dans l'année 1664, apprit la langue sanscrite, pour être en état de disputer avec les brahmines. Le jésuite Hanxleben s'acquit aussi une grande renommée en cette matière ; ce religieux qui, pendant plus de trente ans, de 1699 à 1732, époque de sa mort, exerça son ministère dans la mission du Malabare, a laissé, 1° de nombreux écrits tant en prose qu'en vers, soit dans l'ancienne langue indienne (gronthon), soit en malabare qui est la langue vulgaire du pays; 2° des grammaires et des lexiques de l'une et de l'autre langue. Ces divers travaux sont à Rome; le nombre en est considérable, et leur importance est sans doute fort grande. Paulin de St-Barthélemy, auteur de nombreux et savants écrits sur l'antiquité indienne, cite fréquemment Hanxleben, et s'en réfère volontiers à ses travaux et à ses manuscrits.

Le capitaine Wilford, Allemand d'origine, au service de l'Angleterre, est généralement connu par ses écrits sur l'Inde; ils se trouvent dans la collection des mémoires de la Société de Calcutta.

Je rappellerai aussi que mon frère aîné Charles-Auguste Schlegel, mort à Madras en 1789, s'était livré, dans les dernières années de sa vie, au moyen de ses voyages, et par des relations assidues avec les indigènes, à l'étude du pays, de la constitution et de l'esprit des Indiens, étude inachevée, qui fut trop vite interrompue par sa mort.

PREMIER LIVRE.

SUR LA LANGUE DES INDIENS.

CHAPITRE PREMIER.

GÉNÉRALITÉS SUR LA LANGUE INDIENNE.

L'ancienne langue de l'Inde, appelée par les habitants *sanskrito*, c'est-à-dire la langue polie ou parfaite, et qu'on appelle aussi *gronthon*, ce qui signifie la langue des écrits ou des livres, offre la plus parfaite affinité avec les langues romaine et grecque, aussi bien qu'avec les langues germanique et persane. La ressemblance se trouve non-seulement dans un grand nombre de racines communes, mais encore elle s'étend jusqu'à la structure intérieure de ces langues, et jusqu'à la grammaire. Ce n'est donc point ici une conformité accidentelle, qui puisse s'expliquer par un mélange; c'est une conformité essentielle, fondamentale, qui décèle une origine commune.

De la comparaison de ces langues résulte, en outre, que la langue indienne est la plus ancienne, que les autres sont plus modernes et dérivées de la première.

L'affinité de l'indien avec les langues arménienne, slave et celtique, est peu considérable; du moins elle ne peut se comparer à la grande conformité de l'indien avec les langues que nous avons citées plus haut, et que nous en faisons dériver. Cependant cette affinité, quoique peu remarquable, ne doit pas être négligée; car, si l'on prend ces langues dans l'ordre selon lequel je viens de les nommer, elle se fait apercevoir au moins dans quelques formes grammaticales, dans les éléments, qui ne peuvent pas être rangés parmi les parties accidentelles des langues, mais qui appartiennent à leur structure intime.

La langue hébraïque et les idiomes de la même famille, aussi bien que la langue cophte, offrent aussi un certain nombre de racines indiennes. Mais cette circonstance ne prouve aucune affinité d'origine; les racines communes peuvent s'y être introduites par l'effet d'un simple mélange. La grammaire de ces langues, comme celle de la langue basque, diffère essentiellement de la grammaire indienne.

On n'a pu jusqu'ici déterminer d'une manière bien précise le nombre des idiomes du nord et du midi de l'Asie et de l'Amérique; quoi qu'il en soit, cette multitude de langues ne présente aucune affinité essentielle avec la famille des langues de l'Inde. Dans la grammaire de ces langues, en tout point différentes de celle de l'indien, on trouve à la vérité, du moins dans plusieurs, une marche uniforme; mais elles diffèrent entre elles si totalement par rapport à leurs racines, qu'on ne saurait voir aucune possibilité de les ramener à une source unique.

L'importance de cette comparaison des langues, à l'égard de l'histoire primitive, originelle des peuples et des premières migrations, sera l'objet de recherches ultérieures. Dans ce premier livre, il nous suffira d'établir notre proposition sur des bases solides, et de la mettre dans tout son jour; résultat simple, mais assez complet, de recherches consciencieuses et assidues.

CHAPITRE II.

DE L'AFFINITÉ DES RACINES.

Il suffira de quelques exemples pour rendre parfaitement clair ce point, que l'affinité dont j'ai parlé entre l'indien et d'autres langues ne repose en rien sur ces subtilités étymologiques qui ont été l'objet de tant de rêveries, avant que l'on eût trouvé la véritable source des mots; mais qu'elle se présente comme un fait à l'observateur exempt de prévention.

Et d'abord nous ne nous permettons ici l'usage d'aucune règle d'altération ou de transposition de lettres; mais nous exigeons une parfaite conformité pour prouver qu'un mot est dérivé d'un autre. Il est vrai qu'aussitôt que les chaînons intermédiaires peuvent être démontrés historiquement, alors nous sommes en droit d'admettre avec confiance des étymologies qui dans d'autres cas paraîtraient forcées. Ainsi il est très-sûr que le mot italien *Giorno* (jour) dérive du mot latin *Dies*. De même aussi, quand on s'est assuré que la lettre *f* des Latins se change très-souvent en *h* dans l'espagnol; que le *p* en latin se convertit très-fréquemment en *f* dans la forme allemande du même mot, et que le *c* y devient quelquefois un *h*, on a sans doute lieu d'admettre l'analogie pour les autres cas où la ressemblance n'est pas tout-à-fait aussi claire. Seulement il est nécessaire, comme nous l'avons dit, de pouvoir retrouver par l'histoire les anneaux intermédiaires ou l'analogie générale des mots entre eux. D'après ces principes, on ne doit donc rien laisser au caprice de l'imagination; il faut que la concordance des mots soit déjà très-grande et tout-à-fait manifeste, pour se permettre de passer par-dessus les différences de forme, même les plus légères.

Je vais maintenant citer quelques mots indiens qui sont propres aussi à l'allemand. *Shrityoti* est le mot allemand *er schreitet*, il marche; *vindoti*, — *er findet*, il trouve; *schlissyoti*, — *er umschliesset*, il renferme; *Onto*, — *das Ende*, la fin; *Monuschyo*, — *der Mensch*, l'homme; *Shvosa*, *Svostri*, — *die Schwester*, la sœur; *Rotho*, — *das Rad*, la roue; *Bhruvo*, — *die Braune der Augen*, l'iris de l'œil; *Torscho*, — *der Durst*, la soif;

Tandovon, — *der Tanz*, la danse; *Ondam*, — *die Enten*, les canards; *Noko*, — *der Nagel*, l'ongle; *sthiro*, — *stier*, roide; *Oshonon*, — *das Essen*, le manger; etc.

Il y a d'autres racines qui s'accordent davantage avec la forme des mots que présentent d'autres idiomes de la même famille. *Yuyon*, vous, répond au mot anglais *you*; *Shvopno*, le sommeil, répond au mot islandais *Sveffn*; — *lokote*, il voit, répond à l'ancien mot allemand *lugen*; — *upo*, sur, s'accorde avec le mot bas allemand. On peut citer encore les mots *vetsi*, *vetti*, en allemand *du weisst*, *er weik*, tu sais, il sait, qui ont encore de l'affinité avec le mot latin *videt*, bien qu'avec un léger changement de signification. Le bas allemand est en général important pour les étymologies, parce que c'est surtout dans ce dialecte que les anciennes formes se sont conservées. Le mot de *Roksho* ou de *Rakshoso*, géant, pourrait bien être l'ancien mot *Recke*.

Nous nous sommes borné jusqu'ici, pour prévenir tous les doutes, à citer pour exemples un petit nombre de racines qui sont propres à la langue allemande. C'est pourquoi nous n'avons rien dit des mots d'origine indienne, que l'allemand possède en commun avec le latin et avec plusieurs des langues qui dérivent de l'indien, tels que *Nasa*, en allemand *die Nase*, le nez; *mishroti*, —

er mischt, il mêle; *Namo*, — *der Name*, le nom. Nous n'avons rien dit non plus des mots que l'allemand possède en commun avec le persan, comme *twari*, en allemand *die Thur*, en persan *dr*, la porte; — *bondhon*, allemand *das Band*, persan *bndh*, le lien; — *ghormo*, allemand *warm*, persan *crm*, chaud; — *gauh*, allemand *die Kuh*, persan *caw*, la vache. Nous pouvons nous arrêter encore sur les dénominations de père, de mère, de frère et de fille, qui se ressemblent dans toutes ces langues; en indien, *pita*, *mata*, *bhrata*, *duhita*; je remarque seulement ici que tous ces mots prennent un *r* à l'accusatif et à quelques autres de leurs cas, par exemple *pitoron*, — *den Vater*, le père, à l'accusatif. Plus loin, nous rapporterons plusieurs de ces mots tout-à-fait remarquables par leur communauté avec d'autres idiomes.

Dans la langue grecque, nous choisirons surtout des exemples qui montrent en même temps la ressemblance et la conformité de structure, ou qui sont empruntés aux éléments fondamentaux de la langue. Les mots indiens, *osmi*, *osi*, *osti*, — je suis, tu es, il est, s'accordent entièrement avec les mots grecs, ἐσμί, ἐσσί, ἐςί, si nous prenons pour les deux premiers l'ancienne forme à la place d'εἰμί et εἴς. La lettre *o* ne doit pas causer ici d'embarras; c'est la voyelle brève, qui, lorsqu'elle n'est pas lettre initiale, ne s'écrit pas même dans le mot. A suivre le système grammatical, elle correspond à un *a* bref; mais dans la prononciation dominante, elle a le plus souvent le son d'un *o*, et dans quelques mots celui d'un *e* bref.

Un nouvel exemple servira encore à établir la ressemblance. Le verbe *dodami, dodasi, dodati,* — je donne, tu donnes, il donne, est précisément le verbe δίδωμι, etc. Cependant l'*a* long qui est dans les mots indiens rappelle davantage les mots latins *das, dat.* — *Ma* est une négation indienne, comme μή en grec. La voyelle brève *o* ou *a*, mise devant le mot, reçoit la même signification que l'*a* privatif. La syllabe *dur* se place devant le mot dans le même sens que le δυς des Grecs : ainsi en persan *dch, dchn,* malintentionné, ennemi; en indien *durmonoh*. Non-seulement l'indien, ainsi que le grec, le latin et l'allemand, a la propriété de pouvoir modifier d'une infinité de manières la signification originaire d'un verbe, à l'aide de particules dont on le fait précéder; mais encore la plupart des particules dont il fait usage dans ce même but se retrouvent dans les langues que nous venons de mentionner. Les particules suivantes sont communes à l'indien et au grec : *son* est absolument le même mot que le σύν des Grecs; *poti* est l'ancienne préposition ποτί, même mot que πρὸσ; *omu* signifie après, comme ἀνά. *Pro* se trouve employé en indien dans la même signification qu'en latin et en grec; *a* a la signification du mot latin *ad*, et de l'allemand *an;* la particule négative *no* s'accorde avec celle des Latins et des Allemands; *upo* est le mot allemand *auf*, sur, d'après la prononciation des bas Allemands; *ut* est encore le mot allemand *aus*, hors, dans la même prononciation.

Tous ceux qui se sont occupés de ce genre de recherches savent combien la concordance dans ces éléments fondamentaux du langage est importante pour la question dont il s'agit. C'est pourquoi nous n'insisterons pas sur les mots où la concordance ne concerne que les racines, sans offrir rien autre chose de remarquable; tels sont les mots *osthi*, — un os, en grec ὀστέον; *prothomo*, — le premier, en grec πρῶτος; *etoron*, — l'autre, en grec ἕτερον; *udokon*, — l'eau, en grec ὕδωρ; *druh* et *drumoh*, — l'arbre, en grec δρῦς. *Labho*, — l'action de prendre, de saisir, *lobhote*, il prend, rappellent le verbe grec λάβω, λαμβάνω; *piyote*; — il boit, est le même mot que πίει; *sevyoti*, — il honore, ou il est honoré, est le même mot que σέβει; *mason*, — le mois, est le grec μείς; *chondro*, — la lune, se dit aussi *chondromah* : ici la dernière syllabe est bien la racine de *maso* et du persan *mah*, comme aussi l'allemand *Mond*, en bas allemand *mahn*.

Parmi les racines indiennes qui se trouvent dans la langue latine, et dont le nombre est peut-être plus grand dans cette langue que partout ailleurs, nous nous contenterons d'en citer quelques-unes pour exemples, et nous choisirons celles où la conformité est plus frappante. *Vohoti*, — *vehit*, il traîne ; *vomoti*, — *vomit*, il vomit ; *vortute*, — *vertitur*, il est tourné ; *svonoh*, — *sonus*, le son ; *nidhih*, — *nidus*, le nid ; *sorpoh*, — *serpens*, serpent ; *navyon*, — *navis*, navire ; *danon*, — *donum*, don ; *dinon*, — *dies*, jour ; *vidhova*, — *vidua*, veuve ; *podon*, — *pes*, *pedis*, le pied ; *asyon*, — *os*, le visage ; *yauvonoh*, — *juvenis*, jeune homme ; *modyoh*, — *medius*, mitoyen ; *yugon*, — *jugum*, joug, dérivé de *junkte*, — *jungitet jungitur*, il joint, ou il est joint. Cette dernière racine est fort étendue et occupe une place importante dans les mots dérivés aussi bien que dans la terminologie philosophique des Indiens. De plus, nous trouvons *rosoh*, — la rosée, *ros* ; *viroh*, — le héros, *vir* ; *dontah*, — les dents, *dentes*, en persan *dndan* ; *soroh*, — *series*, la suite ; *keshoh*, — la chevelure, qui se retrouve dans le mot latin *cæsa-ries*, dont on dérive beaucoup mieux le mot *Cæsar*, en supposant qu'il signifie chevelu, *crinitus*, que dans le sens ordinaire. Ajoutons encore : *ognih*, — *ignis*, le feu ; *potih*, — celui qui est en possession d'une chose, mot qui s'emploie dans la formation des mots composés, précisément comme le latin *potens*. Je néglige des mots qu'on pourrait regarder comme des onomatopées, tels que les mots *shushyoñ*, — *fugit*, il fuit ; *mormoroh*, — *murmur*, murmure ; *tumuloh*, — *tumultus*, tumulte. Je ne dis rien non plus de beaucoup d'autres mots dont l'origine indienne ne saurait paraître douteuse, quand on les examine avec attention, mais à l'égard desquels cette même origine n'est pourtant pas d'une évidence aussi immédiate que dans les exemples que je viens de rapporter.

Les mots indiens qui se trouvent dans le persan, conformément au caractère propre de cette langue, sont très-raccourcis, et il est rare qu'ils ne soient pas entièrement mutilés. On peut citer comme exception, *rojo*, éclat, éclatant, en persan *rouchn*. La terminaison est le plus souvent retranchée, de telle sorte qu'un mot de deux syllabes se réduit à une seule, comme dans ces mots : *apoh*,—l'eau, *ab* ; *ospoh*,—le courrier, *asp* ; *bishmoh* ou *bhimoh*, — la terreur, *bsm* ; *shiroh*,— la tête, *sr* ; *shakhoh*,—la branche, *sakh* ; *kamoh*,—désir, *cam*. De plus, les parties les plus essentielles se perdent dans les mots persans ; par exemple : le persan *pa*, le père, du sanscrit *po-*

do ou *pado*; *pr*, plein, du sanscrit *purnon*; *tn*, le corps, de *tonûh* ou *tonuh*; *dh*, dix, de *doshoh*; *syah*, noir, de *shyamoh*. Du mot trissyllabe *pavokoh*, purificateur, qui est aussi l'épithète du feu, on a fait le monosyllabe persan *pac*, qui signifie pur. Il serait difficile de reconnaître le mot indien *mitroh*, ami, qui marque aussi un attribut du soleil, dans le persan *mr* ; cependant le Mithras des anciens Perses nous met sur la voie, et, en pareil cas, il faut s'en rapporter généralement à l'analogie. En comparant plusieurs exemples, on trouverait peut-être que le mot persan *om*, le souffle, vient de l'indien *atmoh*, l'esprit, mot qui s'est conservé tout-à-fait dans le grec ἀτμή, et dans l'allemand *athim*. Or, pour les mots dérivés du persan, il sera très-utile de prendre en considération le raccourcissement des mots, qui est une forme que le mot sanscrit a coutume de revêtir, lorsqu'il passe dans le pracrit et dans les dialectes de l'Indostan.

On peut trouver dans la langue persane la preuve que ce penchant dominant à abréger les mots jusque dans leurs racines, dans leurs syllabes radicales, tend à ramener l'esprit de la langue à la forme des onomatopées, qui est un degré inférieur dans le développement des langues. En effet, de tous les idiomes qui sont dans la plus proche affinité avec l'indien, aucun n'a autant que le persan des onomatopées, des mots qui jouent pour ainsi dire avec le son correspondant.

Les mots indiens éprouvent bien moins d'altération en allemand et en grec qu'en persan. Néanmoins on aperçoit encore ici, en rapprochant les mots, que la forme indienne est la plus ancienne des trois; ainsi le mot *roktoh* ou *rokito* peut bien être devenu le mot allemand *roth*, rouge; *schleshmo*, flegme, a pu devenir *Schleim*; *vohulon*, beaucoup, est peut-être l'allemand *viel*. Et en effet, les mots, pareils à l'empreinte de la monnaie, s'usent et s'effacent aisément, sans pourtant se dénaturer tout-à-fait.

Il arrive encore souvent que des mots de langues dérivées, assez éloignées les unes des autres par leur forme, se rencontrent dans le mot indien, comme dans leur tige commune. Par exemple, *putroh*, enfant, dont le mot celtique *potr* est le plus voisin, peut bien être le même mot latin que le latin *puer* et le persan *psr*; de *svedoh*, sueur, on peut avoir dérivé l'allemand *schweisz*, d'après la prononciation basse allemande et le latin *sudor*. Dans *noroh*, homme, on trouve le persan *nr* et le grec ἀνήρ. Dans *trasoh*, tremblement, peur, se voit le grec τρέω, le latin *tremo* et le persan *trsydn*; le mot *samudron*, la mer, réunit l'allemand *See* et le grec ὕδωρ. Nous ne ferions pas venir le mot *Knie*, genou, de l'indien *janu*, si γόνυ et *genu* ne montraient pas la transition.

Une circonstance qui a peut-être encore plus d'importance, c'est qu'il existe dans les langues modernes des mots qui ne peuvent pas se résoudre dans ces langues mêmes, et qu'on trouve pourtant moyen de faire dériver de l'indien et d'expliquer par leur composition primitive. Le mot *prandium*, par exemple, se dérive sans effort de l'indien *prahnoh*, avant midi, qui est composé lui-même de la particule *pro*, et du mot *ohoh*, le jour, qui fait *ohoh* à son cinquième et à son sixième cas. *Monile*, collier, vient également de *moni*, pierre précieuse. *Sponte* a la même signification que l'ablatif *svante* : or *svanton* est composé de la particule *svo*, et d'*onto*, et revient à cette phrase latine : *Quod finem suum in se habet*.

On est quelquefois surpris de la concordance frappante qui existe, dans une flexion donnée, entre deux mots correspondants. *Ayonton*, par exemple, est le même mot que *euntem*, allant, et dérive du mot *yati*, ou *eti*, il va, en latin *it*. D'autres fois la concordance se retrouve dans les mots composés. Exemples : *tvarsthito*, — portier, en allemand *Thürsteher*; *ontortvari*, — porte intérieure, en allemand *innere Thür*.

Bien que l'on ait trop souvent été amené à saisir des ressemblances isolées et à conclure sur l'ensemble, on ne peut s'empêcher de trouver beaucoup de noms de divinités grecques et romaines qui, ne trouvant point leur origine dans ces deux langues, peuvent s'expliquer par l'indien. Mais cela concerne un autre objet de recherches; ici, nous nous bornons exclusivement à la langue, et nous omettons tout ce qui dès l'abord ne paraît pas certain, et qui exigerait une analyse plus étendue. Il y a cependant une chose remarquable et que nous citerons ici en passant, c'est que le nom de *Roma* est indien. Il est vrai qu'au premier coup d'œil se présente le grec ῥώμη, qui est aussi un mot à peu près isolé, un mot-racine; mais, quant à la langue à laquelle ce mot appartient originairement, il ne peut rester aucun doute, si l'on considère jusqu'à quel éloignement la famille de la racine *romo*, d'où vient *romote*, *roti*, *ramo*, etc., s'est répandue dans la langue indienne. Or ces mots signifient l'allégresse, surtout la joie du guerrier, du héros; et, dans l'ancien poëme du Ramayau, ils sont très-souvent employés pour marquer le chant épique lui-même, ainsi que de belles allusions au nom du héros.

Il arrive souvent que le même mot indien s'accorde dans une de ses flexions avec telle langue de la même famille, tandis que dans une autre flexion il s'accorde mieux avec telle autre langue.

Ainsi, par exemple, le mot *chindonti* est presque entièrement le mot latin *scindunt*, ils coupent ; mais l'infinitif *chettun* s'approche davantage du verbe allemand *scheiden*, séparer. Le mot indien *tonu* ressemble plus au latin *tenuis* qu'au mot allemand *dünn*, mince ; le verbe *tonoti*, dont la signification est la même que celle de *tonu*, s'accorde plus avec l'allemand *dehnet*, il étend, qu'avec le latin *extendit*. Des membres dispersés des langues dérivées se retrouvent dans l'indien comme dans une racine commune. Le mot *ut*, hors, qui est l'allemand *aus* d'après la forme basse allemande, a été déjà rappelé par nous. De ce mot s'est formé le comparatif régulier *uttoron*, qui répond à l'allemand *aussern*, extérieurement, et le superlatif également régulier *uttomon*, qui est le latin *ultimum*, mais dans la signification de *summum*. Tous les mots dispersés en latin, en persan, en allemand, de la famille de mots qui marquent la mort, l'action de tuer, *mors*, *mortalis*, *mrd*, *mrdn*, *morden*, *mord*, retrouvent leur racine commune et régulière dans la racine indienne *mri*, d'où viennent *mrityuh*, *mortyah*, *moronon*, etc. La même chose s'applique aux mots si répandus dans les quatre langues latine, grecque, persane et allemande, de la famille *stehen*, *stand*, être debout. L'indien *tisthoti*, —*sthet*, il est debout, s'accorde plus avec le grec qu'avec ce mot allemand ;

sthanon, le lieu, s'accorde avec le persan *stan*; *sthiro*, immuable, en allemand *stier*, roide, a été cité précédemment. Enfin *janami, gigno,* γενάω, est une racine très-féconde; le nombre de ces mots est trop grand pour les rapporter tous.

Pour fournir un exemple tout-à-fait instructif de cette dérivation commune, nous choisirons dans l'indien quelques-uns des mots les plus importants de la langue, ceux qui signifient l'esprit, la pensée, la science ou la parole. *Monoh, monoson*, est le mot latin *mens*. Le verbe *monyote*, — il pense, se retrouve dans le mot allemand *meinet. Motih* est le mot grec μῆτις, sagesse, prudence. Une autre forme qui a de l'affinité avec celle-ci et avec le mot allemand *Muth,* se retrouve dans le fond du mot *amodoh,* — plaisir, agrément, en allemand *Anmuth* : car l'*a* n'entre dans le mot indien *amodo* que comme préposition; il n'est peut-être que le mot persan *amyd*, qui signifie espérance. On pourrait alors dériver de la même racine le mot *unmadoh*, dont la première syllabe *un* n'est autre chose que la préposition *ut,* hors, altérée d'après une loi d'euphonie; *unmadoh* veut dire extravagant, mot pour mot *exmens;* et le mot anglais *mad,* fou, pourrait bien n'être autre chose qu'un reste mutilé de ce même mot. On a cité déjà auparavant le mot *athmo,* qui veut dire *ipse* et *spiritus,* et qui se retrouve dans le mot ἀτμή comme dans le mot allemand *Athem*, le souffle. On a cité de même la racine *vedo*, d'où dérive *vetti*, le même mot que *wissen*, savoir; la signification de cette racine est ici un peu altérée, mais sa forme est plus fidèlement conservée dans le mot latin *video*. De la racine féconde *ina*, qui signifie également le savoir, l'entendement, la connaissance, on a les mots persans *chnydn*, *chnoudn*, *chnakhtn*. La réflexion et la modération sont désignées par la racine *dhi*; d'où *dhiyote*, l'allemand *dichtet*, il pense, pris dans sa signification primitive, comme dans la phrase : *dichten aind trachten*, qui marque en français une préoccupation exclusive. Après cela, *dhyaya dhyayoti* a de l'affinité avec *dachte*. Le latin *vox* peut être dérivé du sanscrit *vocho* ou de *vakyon*; les deux formes sont usitées. La racine *re* signifie langue ou discours, mais plutôt ce dernier; *rede* en allemand. *Ganon* signifie *cantus*; il vient de la racine *gi*, *giyote*, il chante, en persan *khouandn*, chanter et lire.

Les pronoms indiens s'accordent pour la plupart avec les pronoms latins. Il est vrai que le pronom de la seconde personne *twon*, — *tu*, est commun à toutes les langues dérivées de l'indien; *ohon*, — *je*, au contraire, diffère du pronom de la première personne dans toutes ces langues, et ne se reconnaît, tout au plus, que dans le pronom celtique *on* : le datif *moya*, à moi, ressemble plus au grec μοι qu'à tout autre mot. Le mot *me*, dont on se sert à la place de *man*, — *me*, à l'accusatif, et qui s'emploie encore au quatrième et au sixième cas, est commun au grec et au latin. Mais la racine *svo* (d'où dérivent *suus, a, um*, et le pronom allemand *sein*), qui se place souvent comme particule devant les mots pour désigner un rapport avec soi-même, ou une action qu'on opère par sa propre force, cette racine, dis-je, a des cas qui coïncident exactement avec ceux du latin, comme *svon* (*suum*), *svan* (*suam*), etc. Le pronom *eschoh, escha, etot*, est bien la racine commune des pronoms *is, ea, id*, et de *iste, ista, istud*, d'autant plus que dans les cas dérivés au masculin et au féminin il admet le plus souvent un *t*. Il faut ranger encore ici le démonstratif *iti*, qui répond tantôt à *id*, tantôt à *ita*. *Koh* (qui devient le plus souvent *kos*, dans la construction), *ka, kon*, répond encore à *qui, quæ, quod*, et s'accorde même avec ce dernier pronom dans quelques cas dérivés, comme dans *han*, — *quam*. *Kim* répond également au pronom interrogatif *quid*; on y retrouve le persan *kou*. Au contraire le pronom *yuyon*, que nous avons déjà cité, répond au pronom allemand dans la forme anglaise *you*; le pronom *soh* se retrouve en hébreu, en arabe, et même en ancien allemand; l'accusatif *ton* est absolument le même que le τόν des Grecs, et le *den* des Allemands. Le génitif *tosyo* est le génitif allemand *dessen*; le pluriel *te* est le pluriel allemand *die*; le mot *tot*, formé d'une voyelle brève qui peut être un *a* aussi bien qu'un *o*, répond au mot allemand *das*, en bas allemand *dat*. Comme *oyom* adopte un *i* dans la plupart des cas, et qu'il transforme régulièrement cette lettre en *y*, on pourrait bien en faire dériver le mot persan *ayn*, avec lequel le mot *jener* a du rapport. Nous pourrions présenter encore une foule de rapprochements pareils sans la crainte de nous enfoncer trop avant dans des recherches étymologiques.

C'est encore ici le cas de citer les noms de nombre. Les mots un, cinq, cent, et mille, — *eko*, *poncho*, *shoto*, *sohosro*, s'accordent avec les mots persans *yc*, *pnds*, *ssd*, *thrar*. Quant aux autres premiers nombres (si l'on excepte *chotur*, — quatre, en esclavon *chetyr*), ce sont précisément les mêmes mots que dans nos langues, ainsi que les adjectifs numériques qui en dérivent, *tvitiyoh*, — *tritiyoh*. — Le second et le troisième répondent en particulier à nos adjectifs allemands *zweite* et *dritte*; *soptomoh* ou *soptomos*; (l'aspiration finale se change souvent en *s* dans la construction de la phrase), *soptoma*; *soptomon*; coïncide de la manière la plus exacte avec le latin *septimus*, *a*, *um*; *duadosho* coïncide également avec le latin *duodecim*, douze.

Nous nous sommes borné jusqu'à présent à citer des cas de rapprochements où la concordance s'aperçoit encore immédiatement dans les mots isolés. Vouloir nous occuper de la recherche des racines, dans les cas où l'affinité est encore suffisamment sûre, mais où elle demande seulement plus d'analyse, serait dépasser les bornes d'une simple dissertation pour nous engager dans l'entreprise d'un dictionnaire comparatif, et nous mettre dans l'obligation de parcourir une partie très-considérable de toutes les langues connues. Nous citerons pourtant deux ou trois exemples de cette espèce. Le mot indien *moho*, ou *maho*, se retrouve dans le mot *magnus*, dans le mot allemand *machtig*, puissant, et dans le mot persan *mh*. *Valo*, *volo*, mots qui désignent la force, se reconnaissent dans *validus*; *tomo*, obscur, a du rapport avec le mot allemand *dammern*, commencer à poindre; *lohitoh*, rouge et brûlant, a du rapport avec l'allemand *lohe*, flamme; *chestote*, il cherche, il demande, a du rapport avec *quæsitus* et avec le persan *khwathydn*. Il arrive aussi quelquefois que plusieurs mots dérivés s'adaptent aux différentes flexions d'une seule racine : ainsi, aux mots indiens *goccho*, *goto*, *gomo*, *gamino*, correspondent les différents mots de *gehen*, aller, en allemand ; *going*, allant, en anglais ; *kommen*, venir, en allemand ; *caminus*, cheminée, en latin.

Par la même raison, nous nous sommes abstenu de citer les exemples dans lesquels le mot est à la vérité resté le même, mais dont la signification a subi une déviation légère ; ainsi, par exemple, *vijon*, la semence, en latin *vis* ; *guno*, la propriété, la différente manière, en persan *cwn*, qui signifie la couleur. Qui peut douter que l'allemand *morden*, assassiner, et le persan *mrdn*, ne soient le même mot, quoique dans le premier cas la signification soit active, dans l'autre passive ? *Dyw* est incontestablement l'allemand *devo*, et le latin *divus* et *deus*, quoique le mot persan ne s'applique qu'aux mauvais esprits, tandis que l'indien *devo* marque toujours les bons esprits. Dans *modhuroso*, et dans la construction *modhuros*, *modhura*, *modhuron*, on reconnaîtra facilement *maturus*, *matura*, *maturum*, quoique le mot indien ait le sens de *suavis*, doux. Le substantif *modhu*, miel, est l'allemand *Meth* ; *lokoh*, le monde ou l'espace, est le mot *locus* ; *vesthitoh*, couvert, est le mot *vestitus* ; *mordjaroh*, le chat, est l'allemand *Marder*, le matou. Les noms de certains animaux passent souvent à des espèces très-éloignées : ainsi *vulpis*, le renard, est en allemand

Wolf, le loup. A ce sujet, il serait difficile de croire que le persan *mrgh*, qui signifie oiseau, fût le même mot que l'indien *mrigo*, qui signifie le gibier en général, et surtout le chevreuil, si cette même racine indienne ne signifiait pas aussi la chasse et toute idée de poursuivre quelque chose avec rapidité. *Topo* et *tapo* sont employés si souvent dans les écrits indiens dans le sens de pénitence, que l'on oublierait presque la signification primitive de ce mot, qui est la chaleur, signification qui ne s'est conservée que dans le latin *tepeo*. Cependant la racine indienne a conservé cette signification dans les formes dérivées, comme *tapoyittun*, *calefacere*, et le grec θάλπειν. De la même manière, on pourrait rencontrer des significations et des mots très-éloignés, si l'on connaissait les chaînons intermédiaires, et si l'on examinait les langues en affinité dans leurs rapports mutuels. C'est ainsi que du mot indien *pushpo*, signifiant fleur, on peut dériver le persan *bw*, bonne odeur, vapeur, surtout en parlant des fleurs, à en juger d'après cet autre mot persan *bwstan*, le jardin. Le mot allemand *Bush*, buisson, a aussi de l'affinité avec l'indien. Nous ne citerons pas beaucoup d'autres exemples, qui pourraient nous fournir des éclaircissements sur les lois d'après lesquelles la signification des mots a coutume de se modifier.

CHAPITRE III.

DE LA STRUCTURE GRAMMATICALE.

Mais peut-être on pourrait renverser toutes ces preuves et dire : Oui, l'affinité est assez frappante, elle est fondée en partie ; mais s'ensuit-il que la langue indienne soit précisément de toutes les langues alliées la plus ancienne, et qu'elle soit même leur commune origine ? Ne peut-elle pas aussi bien être résultée du mélange des autres ; ou du moins avoir conservé par ce moyen cette affinité ?

Sans rappeler ici que beaucoup de faits que nous avons déjà rapportés et beaucoup d'autres ressemblances s'opposent à cette opinion, nous ferons une observation qui décidera pleinement la difficulté et nous élèvera jusqu'à la certitude. Avant tout, il faut prévenir que l'hypothèse qui croit pouvoir établir que tout ce qui se trouve de grec dans l'indien a été introduit par les Séleucides en Bactriane, est une hypothèse, stérile, qui ne pourrait être plus heureuse que celle qui a voulu faire passer les pyramides d'Égypte pour des cristallisations naturelles.

Mais le point décisif qui éclaircira tout, c'est la structure intérieure des langues ou la grammaire comparée, laquelle nous donnera des solutions toutes nouvelles sur la généalogie des langues, de la même manière que l'anatomie comparée a répandu un grand jour sur l'histoire naturelle plus élevée.

Parmi les langues qui ont de l'affinité avec l'indien, nous nous occuperons d'une manière spéciale de la langue persane. Par les longues et anciennes relations des deux peuples, la grammaire persane a emprunté même à la langue arabe les suffixes personnels; elle a aussi beaucoup moins d'affinité avec les langues de l'Inde et les autres idiomes, que ces langues n'en ont aujourd'hui encore avec l'allemand, pour ne pas parler du grec et du latin. Mais si l'on rapporte et compare tous les traits de ressemblance de l'indien et du persan, on verra qu'ils sont importants.

La déclinaison offre le moins de rapports, et;

à proprement parler, elle n'en présente aucun. Il faudrait peut-être compter ici au nombre de ces traits de ressemblance le comparatif persan *tr*, qui est commun dans le grec et dans l'indien *taro*; on pourrait encore compter ici le diminutif qui se forme au moyen de *k*, comme dans la langue allemande et la langue indienne, par exemple *manovokoh*, qui est diminutif du mot *manovoh*, qui signifie homme, et le mot persan *dkhnrk*, signifiant une petite fille. Mais la conjugaison en offre incomparablement plus. Ainsi la caractéristique de la première personne est la lettre *m*, qui s'est perdue même dans le latin, mais qui dans l'indien et le grec se conserve parfaitement avec le son de *mi*. De la syllabe *si*, qui se trouve à la seconde personne dans l'indien et dans le grec, il n'est resté qu'un *i*. La caractéristique de la troisième personne est un *t* ou un *d*, au pluriel *nd*; c'est comme dans le latin et dans l'allemand. Dans le grec, on trouve la syllabe encore plus complète, *ti* et *nti* dans la forme plus ancienne. Le participe présent actif en persan se termine en *ndeh*, comme le participe présent allemand en *nd*, dans l'ancienne forme *nde*. Le participe passé passif, qui se termine en *deh* avec une précédente voyelle longue, est corrélatif à la terminaison latine *tus*, *a*, *um*, et à l'ancienne forme allemande dans la langue gothique; la même chose se trouve aussi dans les verbes indiens, comme, par exemple, *kritoh.*

Il ne faut pas oublier aussi que les terminaisons persanes *car*, *ouar* et *dar*, qui désignent, dans les adjectifs composés, celui qui agit et fait quelque chose d'une certaine manière, ou qui est dans un certain état et possède quelque chose, correspondent aux terminaisons indiennes *koro*, *voro* et *dhoro;* de même la terminaison persane *man* correspond au participe indien terminé en *mano.* Les particules négatives *nh, na* et *ma* sont les indiennes *no, ni* et *ma;* la particule *by*, qui dans la signification privative se place devant les mots, est comme la particule indienne *vi.* De plus, *andr* et *androun*, qui répondent au mot *intérieur*, sont comme l'indien *ontor* et *ontoron;* enfin le pronom déjà cité *kh*, c'est l'indien *koh.*

Mais c'est surtout dans les verbes auxiliaires que la ressemblance est frappante. Ainsi le verbe persan *asi* est en indien *osti;* le verbe *bŏnd*, qui a aussi le sens du participe *été*, vient de *bhovoti*, il est, en pracrit *bhodi*, dans le prétérit du sanscrit *obhut.* Le verbe persan *krdn*, faire, en indien *korttun*, est, comme ce dernier, dans les idiomes plus récents de l'Inde, un verbe auxiliaire général dans la langue persane ; le latin *creare* se joint encore à quelques flexions de la racine indienne *kri*, comme *kriyan, kriyote.*

Il serait à désirer que quelqu'un, muni de tous les secours nécessaires, fît des recherches sur l'ancien état de la grammaire persane, pour savoir si peut-être elle n'aurait pas changé dans quelques parties, et si elle n'avait pas jadis ressemblé aux grammaires indienne et grecque plus encore qu'elle ne le fait aujourd'hui. Cela donnerait plus d'éclaircissement, plus de certitude que le nombre, fût-il même beaucoup plus grand, des racines concordantes. En général, il serait beaucoup à désirer que l'étude de cette belle langue persane fût aussi plus générale en Allemagne. A part la poésie grecque, il serait difficile de trouver une poésie qui, plus que celle de la langue persane, fût plus capable de récompenser les études que l'on aurait faites pour la connaître (1). L'affinité souvent remarquée entre la langue persane et la langue allemande est, malgré cela, si grande, que l'on pourrait avoir l'espérance assez fondée de trouver ici plus d'une chose qui nous donnât des éclaircissements sur divers points de la plus ancienne histoire germanique. Celui qui veut choisir la langue persane pour son étude principale de-

---

(1) La bibliothèque de Paris est non-seulement très-riche en manuscrits persans, mais elle possède aussi, dans la personne de M. Chezy, un savant qui réunit à la plus intime connaissance de cette langue en général, un sentiment fin et exercé pour les véritables beautés et pour les difficultés de la langue persane poétique.

vrait aussi tâcher de s'approprier les langues slaves. La comparaison que l'on en ferait pour connaître leurs ressemblances et leurs dissemblances pourrait bien jeter du jour sur plusieurs points historiques dont parlent les anciens, relativement aux temps des guerres des Perses et des Scythes, faits qui restent maintenant isolés et auraient besoin d'être éclaircis.

La grammaire allemande offre beaucoup de traits qui lui sont communs avec l'indien et le persan, mais plus encore avec le grec et latin. Dans l'allemand aussi bien que dans l'indien, la lettre *n* est toujours la caractéristique de l'accusatif, de même que la lettre *s* est celle du génitif. La finale *twon* en indien sert à former les substantifs de propriété, absolument comme *thum* en allemand. Le conjonctif se marque en partie à l'aide d'un changement dans la voyelle, comme dans toutes les langues qui suivent la grammaire ancienne. C'est aussi d'une manière analogue, et au moyen d'un changement dans la voyelle, que l'imparfait se forme dans une classe de verbes allemands. Que dans une classe de verbes l'imparfait se forme par l'addition de la lettre *t*, c'est là, il est vrai, une propriété particulière du même genre que le *b* dans l'imparfait latin; mais le principe demeure toujours le même : en effet, l'idée du temps, et les autres rapports qui modifient la signification du verbe, ne sont pas exprimés par des mots à part ou à l'aide de particules attachées au mot d'une manière extérieure, mais par une modification intérieure de la racine.

Allons plus loin, et prenons la grammaire des anciens dialectes germaniques, celle du gothique et de l'anglo-saxon pour l'allemand proprement dit, et celle de l'islandais pour le rameau scandinave. Là, nous retrouverons non-seulement un parfait avec un augment comme en grec et en indien, un duel, des signes précis pour désigner le sexe, et les différents rapports tant de la déclinaison que des participes; mais encore un grand nombre d'autres qui maintenant sont, pour ainsi dire, en quelque sorte émoussés et peu reconnaissables. Par exemple, la troisième personne du singulier et du pluriel dans les verbes se retrouve complétement dans ces différents idiomes, et dans tous avec une parfaite conformité. En un mot, en considérant ces anciens monuments de la langue germanique, il ne peut rester aucun doute que cette langue n'ait eu primitivement une structure grammaticale tout-à-fait semblable à celle du grec et du romain.

Il y a encore aujourd'hui beaucoup de traces de cette ancienne forme de langage dans la langue allemande; plus dans l'allemand proprement dit que dans l'anglais et dans les dialectes scandinaves. Mais, en définitive, le même principe règne à la fois dans cette langue et dans les langues modernes, savoir : de former les conjugaisons principalement par le moyen d'auxiliaires, et les déclinaisons à l'aide de prépositions. C'est là une circonstance qui ne saurait nous embarrasser. En effet, toutes les langues romanes, c'est-à-dire dérivées du latin, ainsi que tous les dialectes de l'Indostan qui se parlent encore aujourd'hui, et qui sont avec le sanscrit dans un rapport semblable au rapport des langues romanes avec le latin, ont éprouvé un changement analogue à celui de la langue germanique. Il n'est pas nécessaire d'avoir recours à une cause extérieure pour expliquer un fait aussi clair et qui se présente partout d'une manière uniforme. La structure artificielle d'une langue se perd aisément comme par le frottement dans l'usage commun que l'on en fait, surtout dans un temps de barbarie, soit que ce changement ait lieu par des degrés successifs, ou bien qu'il s'opère tout d'un coup. Alors on adopte cette grammaire qui s'appuie sur des verbes auxiliaires et sur des prépositions, qui dans le fait est la plus courte et la plus facile, et qui n'est même qu'une forme abrégée de la grammaire antérieure, dans le but de faciliter l'usage ordinaire de la langue. On pourrait effectivement établir comme une règle presque générale, qu'une langue est d'autant plus facile à apprendre que sa structure est plus simple, et se rapproche davantage de cette forme abrégée.

La grammaire indienne s'accorde si intimement avec la grecque et la latine, qu'elle ne diffère pas plus, soit de l'une soit de l'autre, que ces deux grammaires ne diffèrent entre elles. Le point essentiel est ici la communauté du principe entre ces trois langues, principe en vertu duquel tous les rapports et les autres modifications accessoires de l'idée s'y font reconnaître, tant dans les unes que dans les autres, non par des particules ajoutées au mot, mais par des flexions, c'est-à-dire par des modifications intérieures de la racine. Cette ressemblance se confirme encore par d'autres rapprochements; elle va même jusqu'à une conformité parfaite dans plusieurs syllabes ou lettres à l'aide desquelles on forme des flexions. Le futur indien se forme par un *s*, comme en grec : — *koromi*, je fais, — *korishyami*, je ferai. L'imparfait se forme en faisant précéder le mot de la voyelle brève, et en lui donnant la terminaison *on* : — *bhovami*, je suis, — *obhovon*, j'étais. Ailleurs on a déjà fait remarquer la conformité frappante qui existe entre les terminaisons des genres dans les adjectifs en indien et en latin, entre le comparatif indien et le comparatif grec, enfin entre les terminaisons des personnes du verbe en indien et en grec; il a été question aussi du parfait avec l'augment. Ce parfait s'accorde encore en ce point avec le parfait grec, que sa première personne ne se termine point en *mi*, ou en *on*, comme celle des autres temps, ni sa troisième personne en *t*, ou en *ti*, mais que toutes les deux se terminent par une voyelle : — *chokaro*, j'ai fait et il a fait; — *vobhuvo*, j'ai été et il a été. De telles ressemblances, qui s'étendent jusqu'aux détails les plus minutieux de la construction, sont certainement plus qu'un simple objet de curiosité pour quiconque a réfléchi sur le langage. La terminaison de la troisième personne de l'impératif est *otu*, au pluriel *ontu*; celle du premier participe au masculin est *on*. Il serait superflu de vouloir tout mentionner, lorsqu'on a trouvé un grand nombre de traits isolés, où la conformité est si frappante qu'un seul serait presque suffisant pour décider la question.

L'infinitif latin avec sa terminaison en *re* semblerait une grande déviation de cette règle; sans aucun doute, c'est ici une particularité propre au latin, et par laquelle il s'éloigne des autres langues de la même famille dans la formation d'une des parties les plus importantes du discours. Cependant, comme l'infinitif indien terminé en *tum* s'emploie tout aussi souvent, si ce n'est plus, dans le sens du supin latin, qui lui ressemble aussi à l'égard de la forme, que dans l'acception propre de l'infinitif, on retrouve encore ici le lieu d'affinité et l'un des points d'intersection entre deux idiomes.

Dans les déclinaisons, le cinquième cas qui se termine en *at*, répond à l'ablatif latin en *ate*; le septième cas du pluriel, qui se termine en *eshu*, *ishu*, etc., répond à la terminaison grecque εσσι et ασι; le quatrième et le cinquième cas en *bhyoh*, qui devient souvent *bhyos* dans la construction, lorsqu'il est précédé d'une voyelle longue, répondent au datif et à l'ablatif latins en *bus*. On pourrait comparer le datif indien du singulier en *ayo* à l'ancien datif latin en *aë*, la terminaison du duel en *au* à celle du grec en ω. On trouverait encore beaucoup de cas particuliers et d'applications de la règle fondamentale, dans lesquels la déclinaison indienne s'accorde avec celle des langues qui viennent d'être nommées. Les neutres, par exemple, se terminent encore ici constamment à l'accusatif comme au nominatif. Au duel, plusieurs cas qui sont différents dans les autres nombres n'ont qu'une seule et même terminaison.

Nous ne revenons pas sur de semblables traits de ressemblance que nous avons déjà rencontrés chemin faisant ; nous omettons même bien des détails qui, joints aux précédents, ne seraient pas sans importance. Il reste sans doute, à côté de cette grande conformité dans l'ensemble et dans les points essentiels de la langue, une diversité considérable dans certains détails et dans plusieurs cas isolés. La diversité consiste surtout en ce point, que la grammaire indienne, ayant les mêmes principes que la langue grecque et la langue latine, demeure, si j'ose m'exprimer ainsi, encore plus fidèle à la même loi de structure, et qu'elle est par cela même plus simple et à la fois plus artificielle que les deux autres. Les langues grecque et latine se déclinent, c'est-à-dire qu'elles n'indiquent point les rapports du substantif par des particules ajoutées au mot ou placées devant le mot, comme cela se pratique en grande partie dans les langues modernes. Néanmoins leur déclinaison n'est point assez complète pour pouvoir se passer entièrement du secours des prépositions. La déclinaison indienne n'a jamais besoin de cette espèce de mots. Pour exprimer divers rapports qu'on indique en latin par les prépositions, *cum*, *ex*, *in*, qui sont si souvent nécessaires dans cette langue, afin de déterminer plus précisément le sens de l'ablatif, la déclinaison indienne possède des cas particuliers. Qu'on puisse dire que la langue indienne n'a point du tout de verbes irréguliers, je n'ose pas l'affirmer; mais il est du moins certain que si elle en a, ni pour le nombre, ni pour l'irrégularité, ils ne peuvent entrer en comparaison avec les verbes grecs et latins. La conjugaison même est plus régulière. L'impératif indien a encore une première personne, et est au rang des autres modes complets; de plus, la seconde personne de l'impératif n'y est jamais si raccourcie ni si mutilée qu'elle l'est toujours dans le persan, et très-fréquemment aussi dans les autres langues de la même famille. La manière par laquelle on forme d'un verbe simple un verbe fréquentatif ou désidératif, ou un verbe qui exprime une action occasionnée par une personne et exécutée par une autre, est tout-à-fait uniforme et invariable pour toutes les racines. Le grand nombre des mots verbaux dérivés tant du verbe que de l'infinitif y forme encore un ensemble plus complet. Presque tous les adjectifs indiens sont verbaux, régulièrement dérivés d'un verbe; comme aussi presque tous les noms propres en indien sont des épithètes significatives. De toutes les langues, il n'en est aucune qui s'explique d'elle-même aussi complétement que celle de l'Inde.

Ce serait trop dire, sans doute, que de prétendre que le grec et le latin sont en tout point à la langue indienne, pour la grammaire, dans le même rapport que les langues d'origine romane sont au latin. Néanmoins on ne peut nier que dans quelques points, par l'emploi qu'elles font des prépositions, par leur irrégularité vacillante, elles ne marquent déjà le passage de la grammaire ancienne à la grammaire moderne, et que la simplicité méthodique de l'indien, par rapport à sa construction, ne soit l'indice d'une très-haute antiquité. Mais la différence qui suit est importante. Dans le grec on entrevoit encore quelque lieu de croire que les syllabes dont on se sert pour former les flexions ont été primitivement des particules et des mots auxiliaires fondus dans le mot principal. Il est vrai que cette hypothèse ne soutiendrait pas l'examen, à moins d'avoir recours à presque tous ces artifices et à ces subtilités étymologiques, auxquels pourtant il faudrait renoncer d'avance et sans aucune exception, sitôt que l'on veut considérer le langage et son origine scientifiquement, c'est-à-dire en s'appuyant toujours sur des preuves historiques. Mais dans l'indien disparaît complétement la moindre apparence d'une pareille possibilité, et l'on est forcé de reconnaître que la structure de cette langue étant tout-à-fait organique, et se ramifiant, pour ainsi dire, à l'aide de flexions, de modifications intérieures, et d'entrelacements variés du radical selon ses diverses significations, elle ne se compose point par la simple agrégation mécanique de mots et de particules ajoutées les unes aux autres, assemblage dans lequel la racine elle-même reste, à proprement parler, immuable et stérile. Qu'une grammaire aussi artificielle puisse néanmoins être en même temps fort simple, c'est ce que montre pleinement l'exemple de l'indien. Nous n'aurons recours, pour ce qui regarde ce fait, à aucune autre supposition qu'à ce qu'il faut bien admettre pour expliquer d'une manière claire et solide l'origine des langues ; nous supposerons que les inventeurs ont été doués d'un sentiment exquis, à l'aide duquel ils ont discerné l'expression propre et distinctive des idées, la signification naturelle et primitive, si j'ose m'exprimer ainsi, des lettres, des sons radicaux et des syllabes. Aujourd'hui que l'empreinte des mots est effacée par un long usage, et que, par une multitude confuse d'impressions de toute espèce, l'oreille a perdu la justesse de ses perceptions, à peine est-il possible de retrouver ce sentiment dans toute son énergie et son activité, bien qu'il ait dû exister antérieurement ; autrement, comment pouvoir expliquer la possibilité de la formation d'une langue quelconque, à plus forte raison la langue indienne ?

Ce sentiment exquis dut influer dès alors sur l'écriture comme sur la langue elle-même. L'écriture indienne n'était point un système d'hiéroglyphes sculptés ou peints, et composés d'après des objets de la nature; elle s'attachait à représenter et à dessiner dans des contours visibles le caractère intérieur des lettres, selon le sentiment tout-à-fait distinct que l'on avait de ce même caractère.

CHAPITRE IV.

DE DEUX CLASSES PRINCIPALES DE LANGUES D'APRÈS LEUR STRUCTURE INTÉRIEURE.

La véritable nature du principe grammatical qui règne dans la langue indienne et dans toutes celles qui en sont dérivées, est mise dans tout son jour quand on oppose ces langues avec d'autres idiomes. Car toutes les langues ne suivent pas cette grammaire, dont la simplicité pleine d'art se fait admirer dans l'indien et dans le grec, et sur le caractère de laquelle nous avons cherché dans le chapitre précédent à arrêter l'attention. Beaucoup d'autres langues, même la plupart de celles qui existent, nous paraissent se conformer aux lois d'une grammaire tout-à-fait différente, et même entièrement opposée à celle des deux idiomes dont je viens de parler.

Les idées accessoires qui servent à déterminer la signification d'un mot peuvent être exprimées de deux manières : on peut les exprimer, 1° par des flexions, c'est-à-dire par des altérations intérieures du son radical ; 2° par l'addition d'un mot propre qui énonçait déjà auparavant et par lui-même la multitude, le temps passé, une nécessité future, ou telle autre relation du même genre. La distinction de ces deux cas très-simples sert à diviser toutes les langues en deux classes. Toutes les autres distinctions ne sont, à les examiner de près, que des modifications et des subdivisions de ces deux classes générales. Cette distinction embrasse donc ainsi et épuise complétement tout le domaine du langage, domaine dont les limites ne sauraient être appréciées quand on l'envisage sous le point de vue de la multiplicité indéfinie des racines.

La langue chinoise offre un exemple remarquable d'une langue absolument dépourvue de flexions, où tout ce que les langues d'une autre classe expriment par ce dernier moyen s'énonce par des mots propres qui ont déjà par eux-mêmes une signification particulière. Cette langue toute monosyllabique offre, par cela même, ou plutôt par sa parfaite simplicité de structure, un caractère tout particulier bien propre à jeter du jour sur la mappemonde du langage. On pourrait citer encore, sous le même point de vue, la grammaire malaise. Le caractère distinctif des langues de cette classe se manifeste d'une manière frappante dans les langues et parmi les difficultés et les singularités des idiomes américains (1). Car tous ces idiomes, malgré leur multiplicité infinie, malgré la diversité complète qui existe entre eux sous le rapport des racines, et qui est telle, que chez plusieurs petites peuplades qui habitent à côté les unes des autres, on ne remarque pas un seul son qui atteste quelque ressemblance, tous ces idiomes, dis-je, autant que nous pouvons les connaître, suivent une seule et même loi dans leur structure. Tous les rapports s'y indiquent par des mots et des particules, qui se fondent, à la vérité, déjà ici avec le mot radical, mais qui ont néanmoins encore, par eux-mêmes et pris à part, la même signification qu'ils prêtent au mot radical auquel ils se joignent.

Les langues américaines forment leur grammaire par des affixes. C'est pourquoi elles sont,

---

(1) Je dois au célèbre voyageur M. Alexandre *de Humbolt*, la communication de plusieurs vocabulaires et grammaires américaines, où j'ai puisé les remarques précédentes et celles qui suivront. Outre deux dictionnaires et deux grammaires assez étendues de la langue mexicaine, et de la langue oquichua qui domine dans le Pérou et dans le royaume de Quito, on m'a communiqué encore des dictionnaires plus abrégés, il est vrai, des langues othomi, cora, huasteca, mosca, mixteca et totonaca.

comme toutes les langues de cette classe, très-riches en rapports pronominaux, exprimés par des suffixes, et par conséquent riches en verbes et en conjugaisons relatives. Parmi ces langues, celle des Basques (1) ne compte pas moins de vingt et une de ces conjugaisons relatives, formées par des pronoms ajoutés au commencement ou à la fin du verbe auxiliaire.

Que dans une langue de ce genre les particules se joignent par-derrière au mot radical, comme dans le basque et dans les déclinaisons des langues américaines; ou bien qu'elles se joignent au contraire par-devant, comme dans la langue cophte; ou bien encore que ces deux méthodes s'emploient tour à tour, comme on en voit l'exemple dans le mexicain, le péruvien et d'autres dialectes de l'Amérique ; enfin, que les particules soient entrelacées dans le mot lui-même, comme les exemples n'en seraient pas rares dans d'autres langues américaines, tout cela ne change rien au principe établi : c'est au fond la même structure, une grammaire formée à l'aide d'additions extérieures et non par des flexions.

Il est vrai que les particules ajoutées peuvent

(1) D'après *Larramendi*. On a lieu d'espérer que M. *de Humbolt* l'aîné publiera bientôt une exposition plus complète et surtout plus exacte et plus intelligible de cette langue si remarquable.

finir par s'absorber dans le mot principal, au point que l'on ne puisse les reconnaître, et qu'elles soient prises pour de véritables flexions. Mais si, dans une langue telle que l'arabe, par exemple, et toutes celles de la même famille, on voit que les rapports les plus essentiels et les premiers par leur importance, comme les rapports de personnes dans les verbes, se rendent par l'addition de quelques particules significatives, et que l'emploi de suffixes de cette sorte semble appartenir au fond même de la langue, alors on admettra sans difficulté que la même chose s'est présentée dans d'autres cas où l'addition des particules étrangères ne se laisse pas si aisément reconnaître. Au moins, on peut conclure avec assurance que cette langue, vue dans sa généralité, appartient à la classe de celles qui emploient les affixes, bien que dans le détail, soit par l'effet d'un mélange, soit par un perfectionnement artificiel, elle ait déjà revêtu un caractère nouveau et plus parfait.

La marche graduée des langues qui suivent ces principes de grammaire serait donc celle qui suit: dans le chinois, les particules qui désignent les idées successives sont des monosyllabes ayant leur existence à part et tout-à-fait indépendants de la racine. De cette manière la langue de cette nation, d'ailleurs si polie, se trouverait placée au dernier degré de l'échelle, peut-être par la seule raison que le système d'écriture si ingénieux adopté par ce peuple a servi à fixer cette langue de bonne heure et presque dès son berceau. Dans la langue basque et dans la langue cophte, comme dans les langues de l'Amérique, la grammaire se forme entièrement par des suffixes et des préfixes qui sont encore presque partout faciles à distinguer, et dont la plus grande partie ont encore, prises à part, une signification qui leur est propre ; néanmoins les particules ajoutées commencent déjà à se fondre avec le mot et à faire un seul corps avec lui. Ceci est plus encore le cas de l'arabe et de tous les idiomes de cette famille, qui appartiennent il est vrai, à n'en pouvoir douter, par la plus grande partie de leur grammaire, à cette même classe des langues ; toutefois, sur beaucoup d'autres points, ces mêmes langues peuvent être ramenées avec sûreté au principe des langues à affixes. On y aperçoit même déjà çà et là, dans quelques cas isolés, une conformité marquée avec la grammaire des langues à flexions. Enfin, dans le celtique on trouve aussi des vestiges isolés d'une grammaire à suffixes ; tandis que dans la plus grande partie de la langue on voit encore dominer la méthode moderne de décliner par le moyen des prépositions, et de conjuguer par le moyen des verbes auxiliaires.

La grande multitude des langues américaines, dont on se plaint, et la diversité complète qui règne entre celles du Brésil et du Paraguay, aussi bien qu'entre celles du Vieux et du Nouveau-Mexique, et même du nord de ce continent, ne doivent certainement pas être envisagées par nous comme purement accidentelles. L'aspect de ces langues est trop uniforme, et la conformité de leur structure, au milieu de cette extrême diversité, annonce chez elles un principe commun de formation. Nous découvrirons aisément, dans la grammaire des langues de cette classe, le fondement de leur singulière variété. Dans la langue indienne ou dans la langue grecque, chaque racine est véritablement, comme le nom même l'exprime, une sorte de germe vivant; car les rapports étant indiqués par une modification intérieure, et un libre champ étant donné au développement du mot, ce champ peut s'étendre d'une manière illimitée : il est en effet souvent d'une surprenante fertilité. Mais tous les mots qui naissent, de cette manière, de la racine simple, conservent encore l'empreinte de leur parenté; ils tiennent encore les uns aux autres, se soutiennent et s'appuient, en quelque sorte, mutuellement. De là, d'une part, la richesse, et de l'autre, la persistance et la longue durée de ces langues, dont on peut dire qu'elles se sont formées d'une manière organique, et qu'elles sont l'effet d'un tissu primitif ; tellement qu'après des siècles et dans des langues séparées les unes des autres par de vastes pays, on retrouve encore sans beaucoup de peine le fil qui parcourt le domaine étendu de toute une famille de mots, et qui nous ramène jusqu'à la simple naissance de la première racine.

Au contraire, dans les langues qui n'emploient que des affixes au lieu de flexions, les racines ne sont pas, à proprement parler, ce que ce mot indique. Ce n'est point une semence féconde, mais seulement comme un assemblage d'atomes que le premier souffle fortuit peut disperser ou réunir ; leur union n'est autre chose qu'une simple agrégation mécanique opérée par un rapprochement extérieur. Il manque à ces langues, dans leur première origine, un germe de vie et de développement ; le mode de dérivation demeure toujours incomplet, et la forme des mots se complique tellement par les affixes dont on les charge de plus en plus, que la langue en devient difficile et embarrassée, plutôt que de puiser dans ce procédé la simplicité, l'aisance et la beauté. Cette richesse apparente n'est au fond que de l'indigence ; et ces langues, qu'elles soient d'ailleurs brutes ou cultivées, sont toujours d'une étude difficile, tombent facilement dans la confusion, et se font remarquer souvent encore par un caractère bizarre, arbitraire et capricieux, plein d'imperfection.

Et d'ailleurs, l'examen des langues américaines peut être d'une grande utilité pour démontrer à ceux qui espèrent toujours de pouvoir ramener toutes les langues à une tige commune, même d'après leurs matériaux et leurs racines, combien cela est impossible. Nous devons bien considérer, il est vrai, que les langues dans lesquelles le système de flexion domine, se réunissent par leurs racines dans une source commune, mais que la multiplicité infinie des autres langues ne permet pas également de les ramener à l'unité. Il suffit de citer comme exemples, non-seulement la multitude innombrable des langues de l'Amérique, mais encore les langues de l'Asie et de l'Europe. Dans les contrées peu habitées du nord de l'Asie, nous trouvons quatre familles de langues tout-à-fait distinctes : les langues tartare, finoise, mogole et toungouse ou mantchoue; sans parler d'une foule d'autres idiomes moins répandus, et auxquels les linguistes ne savent pas encore trop bien quelle place assigner dans cette division. Après cela, viennent la langue tangute ou thibétaine, la cingalaise, la japonaise, et, si on prend soin de retrancher les mélanges d'indien et d'arabe qui se trouvent dans la langue malaise, le langage inconnu qui reste et fait le fond des dialectes en usage dans les îles situées entre l'Inde et l'Amérique. Or, ces dialectes peuvent à leur tour être rapportés à deux familles de langues absolument distinctes, celle des Malais et celle des Papous. Symes compte, dans la seule presqu'île orientale de l'Inde, six langues différentes, dont plusieurs diffèrent même dans les noms de nombre, ces parties fondamentales et si importantes d'un idiome. La langue burmane, qui se subdivise de nouveau en quatre dialectes dont le principal est celui d'Ava, se rapproche du chinois en ce qu'elle est également toute monosyllabique. Comme ayant de l'affinité avec cette langue, il faut placer aussi la langue koloune qui se parle entre le Bengale, le royaume d'Aracan et le Burma, aussi bien que quelques dialectes du royaume de Pégu. Mais la langue péguanne elle-même est, au rapport de Symes, une langue tout-à-fait distincte, ainsi que celle du pays de Meckley, au sud du royaume d'Asam, et celle de Siam, dont la langue des Cingalais méridionaux paraît être dérivée. Ainsi, quoique ces idiomes aient entre eux quelque espèce d'affinité, il reste toujours une grande variété de langues parmi les peuples nombreux qui habitent la région des Indes.

Si maintenant on veut aussi considérer la langue cophte, la langue basque, la partie des langues vallaque et albanaise qui n'est pas empruntée du latin, et tant d'autres restes remarquables d'anciennes langues, qui se trouvent au milieu de l'Asie, vers l'ouest, près du Caucase et en Europe, et qui ont une existence tout-à-fait isolée, il faudra bien renoncer à l'idée de ramener toutes ces langues à une langue primitive originale, et dont elles seraient certes des dialectes. Voici donc encore ici une différence plus capitale entre les deux classes de langues. Parmi les langues à affixes, il y en a un très-grand nombre qui diffèrent complétement les unes des autres. Les langues à flexions, au contraire, présentent même dans les racines intérieures une affinité et une connexion mutuelle d'autant plus étroites, que l'on remonte plus haut dans l'histoire de leur formation.

Ce serait cependant se tromper étrangement sur ma pensée, que de s'imaginer que je veuille relever exclusivement l'une de ces deux classes de langues, et rabaisser l'autre d'une manière absolue. Le monde du langage est trop grand, il est trop riche et trop compliqué par le perfectionnement progressif des langues, pour qu'il soit possible de s'en tenir sur ce point à une simple et tranchante décision. Qui peut méconnaître l'art supérieur, la majesté et la force qui règnent dans l'arabe et dans l'hébreu ? Ces deux langues, par leur structure, sont, à n'en pas douter, au degré le plus élevé de la perfection ; et d'ailleurs, elles n'appartiennent pas si exclusivement à cette classe, qu'elles ne se rapprochent en quelques points de celle des langues à flexions. L'artifice qu'on trouve dans ces langues peut bien même n'être pas d'une date très-ancienne ; il a pu s'introduire en partie par une sorte de violence dans la racine de la langue, naturellement rude et imparfaite. C'est ce qui a été souvent montré par ceux qui connaissent ces mêmes langues, l'arabe et l'hébreu. Que les langues dans lesquelles domine le système de flexion aient généralement l'avantage sur les autres, il suffit pour l'accorder d'avoir mûrement examiné la question ; mais il faut songer aussi que la plus belle langue n'est pas exempte de dégénérer. Nous l'éprouvons, au reste, assez sensiblement nous-mêmes dans notre langue allemande, langue naturellement noble, et qui perd une partie de sa dignité dans les dialectes négligés et chez nos mauvais écrivains. Nous pouvons nous dispenser pour cela d'aller chercher des exemples chez les Grecs et les Romains ; l'artifice grammatical et le développement grammatical dans ces deux classes de langues présentent réciproquement une marche inverse.

Les langues à affixes, au commencement, sont absolument dépourvues d'art dans leur structure ; mais elles en acquièrent toujours davantage, à mesure que les affixes se fondent avec le mot principal. Au contraire, dans les langues à flexions, la beauté et l'artifice de la structure se perdent peu à peu par suite de leur tendance à se simplifier, comme il est facile de le voir si l'on compare un grand nombre de dialectes allemands, romains et indiens modernes, avec la forme ancienne dont ils dérivent.

On ne peut nier que les langues américaines, prises dans leur ensemble, n'occupent le plus bas degré parmi les langues. C'est ce qui se reconnaît dès l'abord d'une manière frappante par le manque de plusieurs lettres essentielles. Ainsi les consonnes b, d, f, g, r, s, j, v, manquent dans le mexicain ; le lettres b, d, e, f, k et r, dans la langue oquichua, où l'o même ne s'emploie presque jamais ; les lettres f, i, k, l, r et s, manquent dans la langue othomi ; d, f, g, i, l, s, dans la langue cora ; b, d, f et r, en totonaca ; b, p, f et r, en mixteca ; f, r, s et k, en huasteca. Il pourrait arriver, il est vrai, dans quelques-uns de ces cas, que la consonne faible fût suppléée par la consonne forte qui lui correspond; on peut encore supposer que les Espagnols, qui ont rédigé la grammaire de ces langues, et qui ont écrit ces mêmes langues, ont cru voir quelque lacune où il n'y en avait réellement pas. Mais que peut-on dire lorsqu'il manque des consonnes essentielles et dont rien ne peut tenir la place, comme l'*r*, l'*l*, l'*s*, ou la famille entière du *b*, du *p* et de l'*f*? Comment expliquer la singulière prédilection de ces langues pour certains assemblages de sons, comme le *tl* en mexicain? Ces langues américaines ont encore une difficulté extraordinaire qui naît de l'abondance de leurs particules et de l'usage d'entasser des affixes les uns sur les autres, surtout auprès des verbes, pour désigner les différents rapports personnels, ou pour indiquer le simple commencement de l'action, le désir, l'habitude, l'exécution par le moyen d'un autre individu, la réciprocité ou la réitération fréquente de l'action. Cette difficulté tend plutôt à appuyer qu'à contredire ce qui a été dit sur les nombreuses singularités de cette grammaire, qui est commune à plusieurs langues américaines, d'ailleurs absolument différentes les unes des autres dans leurs racines. Il y a aussi un très-grand nombre de ces langues où l'on ne trouve ni genre, ni cas, ni pluriel, et qui n'ont pas même un infinitif dans leurs verbes : comme par exemple le mexicain et le péruvien, qui remplacent l'infinitif en joignant au futur le verbe auxiliaire *je veux*. Dans d'autres de ces langues, le verbe *être* manque totalement. Ou bien enfin, c'est l'adjectif qui manque, comme dans la langue oquichua, où le mot qui sert d'adjectif est le même que le génitif du substantif; dans cette langue, en effet, le mot *runap* qui vient de *runa*, l'homme, signifie en même temps de l'homme et humain.

Cependant, plusieurs de ces langues non-seulement sont pleines de force et d'expression, mais encore elles ne manquent ni d'art ni d'élégance, quand on les compare à d'autres langues du même degré. Il semble que c'est le cas surtout de la langue oquichua ou péruvienne. On peut croire que ce fut le mérite supérieur de cette langue, joint à ce qu'elle était déjà plus répandue que les autres, qui engagea les Incas à l'imposer de force à leurs peuples, et à la rendre universelle dans toute l'étendue de leurs états, comme ils paraissent l'avoir fait, si l'on en croit les anciennes traditions. J'ai trouvé dans un dictionnaire péruvien quelques racines indiennes, quoiqu'en bien petit nombre : comme le mot *veypoul*, grand, en indien *vipoulo*; *acini*, rire, en indien *hosono*; et d'autres encore. Le rapprochement le plus remarquable de tous est celui du mot péruvien *inti*, et du mot indien *indro*, le soleil. Si la tradition est fondée, que les Incas avaient à eux une langue à part, connue d'eux seuls, permise à eux seuls, et aujourd'hui complétement éteinte, ces racines indiennes pourraient s'être égarées accidentellement de cette langue dans la langue vulgaire; il est d'ailleurs formellement établi, par les chroniques chinoises que M. de Guignes nous a fait connaître, que les fondateurs de l'empire du Pérou et de la civilisation des Péruviens sont arrivés en Amérique, venant de la Chine ou des îles de l'Inde, et marchant toujours à l'Orient.

CHAPITRE V.

ORIGINE DES LANGUES.

Les hypothèses relatives à l'origine du langage auraient été entièrement écartées, ou du moins elles auraient pris une tout autre forme, si, au lieu de s'abandonner à l'arbitraire et aux fictions de la poésie, on avait entrepris de les fonder sur des recherches historiques. Mais c'est en particulier une supposition tout-à-fait gratuite et vraiment erronée, que d'attribuer une origine partout la même au langage et au développement de l'esprit humain. La variété à cet égard est au contraire si grande, que, parmi le grand nombre des langues, on en trouverait à peine une seule qui ne pût être employée comme exemple pour confirmer l'une des hypothèses imaginées jusqu'ici sur l'origine des langues.

Et, par exemple, que l'on parcoure le dictionnaire de la langue mantchoue, et l'on verra avec étonnement la foule disproportionnée de mots imitatifs et d'onomatopées, tellement que ces mots composent la plus grande partie de la langue. En effet, si cet idiome était un des premiers et des plus importants, si plusieurs autres langues avaient premièrement la même conformation que le mantchou, on pourrait adopter l'opinion qui attribue l'origine de toutes les langues à ce principe d'imitation. Mais cet exemple ne peut servir qu'à montrer quelle forme prend quelquefois et doit prendre une langue qui peut s'être formée en grande partie d'après ce principe; et il fera renoncer à l'idée de vouloir expliquer de la même manière des langues qui offrent un aspect tout-à-fait différent. Que l'on considère, en effet, la famille entière de ces langues dont nous avons eu à nous occuper ici tout à l'heure. En allemand, le nombre des mots-onomatopées poétiques et imitant par les sons est peu de chose, il est vrai, comparé avec l'exemple que nous venons de citer; mais il est encore pourtant très-considérable; peut-être même n'est-il pas beaucoup moindre qu'en persan, ce qu'on pourrait expliquer par un mélange du tartare, de l'esclavon et d'autres idiomes septentrionaux. Dans le grec, et encore plus dans le latin, ces onomatopées deviennent toujours plus rares; et dans l'indien elles disparaissent si complétement, que même il devient impossible de supposer une origine pareille pour la totalité de l'idiome.

Mais comment s'est donc formée cette famille de langues à flexions? Comment s'est formé l'indien; et, dans le cas où l'indien serait, à la vérité, la plus ancienne langue de cette famille, mais où il ne serait lui-même qu'une forme dérivée, comment, dis-je, s'est formée cette langue, qui a été la langue primitive et la source commune, sinon de toutes les autres langues, du moins de toute cette famille? On peut sans doute répondre avec certitude sur quelques points de cette importante question. La langue indienne ne s'est point formée par de simples cris physiques et imitatifs, ou bien par divers jeux de sons, comme autant d'essais de langage, à l'effet de construire en quelque sorte l'entendement et les formes de l'entendement. Cette langue est plutôt une nouvelle preuve, si cela était nécessaire après tant d'autres démonstrations, que l'état primitif des hommes n'a pas commencé partout d'une manière analogue à celui de la brute, état dans lequel l'homme aurait reçu, après de longs et de pénibles efforts, sa faible et incohérente participation à la lumière de la raison. Elle montre, au contraire, que si ce n'est pas partout, du moins précisément là où cette recherche nous ramène, l'intelligence la plus claire et la plus pénétrante a existé dès le commencement parmi les hommes; en effet, il ne fallait rien moins qu'une pareille vertu pour produire, pour créer une langue qui, même dans ses premiers et ses plus simples éléments, exprime les plus hautes notions de la pensée et pure et universelle; ainsi que l'entier linéament de la conscience, et cela, non par des figures, mais par des expressions tout-à-fait directes et claires.

Comment l'homme, dans son état primitif, est-il parvenu à acquérir ce don merveilleux d'une intelligence éclairée? Et si cette lumière s'est opérée, non pas insensiblement, mais tout à la fois, est-il possible d'expliquer ce fait uniquement au moyen de ce que nous appelons les facultés naturelles de l'homme? Le livre suivant donnera au moins lieu à quelques réflexions ultérieures sur ce point, lorsqu'en examinant les opinions les plus anciennes auxquelles l'histoire puisse remonter, nous demanderons à ces mêmes opinions si elles ne renfermeraient pas des traces non douteuses de quelque chose d'antérieur et de primitif. Mais, pour ce qui tient au langage, il est tout-à-fait superflu de vouloir expliquer son origine autrement que par des causes purement naturelles. Du moins on ne trouve rien, dans le langage lui-même, sur quoi l'on puisse fonder la supposition d'un secours étranger. Nous ne combattons point l'opinion qui admet l'origine naturelle des langues, mais seulement celle qui suppose leur conformité primitive, lorsqu'on soutient que toutes ont été au commencement également grossières et barbares, assertion suffisamment combattue par la plupart des faits que nous avons cités.

La question de savoir comment l'homme parvint à ce degré d'intelligence est donc une autre question ; mais donner à l'homme cette intelligence, avec la profondeur de sentiment et de clarté d'esprit que nous comprenons dans cette idée d'intelligence, c'était lui donner en même temps le langage, et un langage aussi beau, aussi artificiellement organisé, avec autant d'art que celui dont il est ici question. Doué d'un coup d'œil sûr pour découvrir la signification naturelle des choses, d'un sentiment délicat pour saisir l'expression originelle de tous les sons que peuvent produire les organes de la parole, l'homme fut doué aussi d'un sens délicat et créateur qui sépara et unit les lettres, inventa, détermina et modifia les syllabes significatives, la partie proprement mystérieuse autant qu'admirable de la langue, de manière à en composer un tissu vivant qui, par suite d'une force intérieure, pût dès lors subir un accroissement nouveau. Ainsi se forma le langage, belle et merveilleuse création, capable de recevoir un développement indéfini, représentation pleine d'art et en même temps de simplicité. L'invention des racines et celle de la structure de la langue ou de la grammaire appartiennent à la même époque; car l'une et l'autre furent également le produit de ce sentiment profond et de ce sens éclairé qui ont dû présider au début de l'entendement. Avec la langue naquit en même temps le plus ancien système d'écriture; système qui ne peignait pas encore par des formes sensibles, comme cela se fit plus tard, selon les procédés de peuples sauvages, mais qui consistait en signes, lesquels, d'après la nature des plus simples éléments du langage, exprimaient réellement le sentiment des hommes de cette époque reculée.

Nous serions menés trop loin, si nous voulions rechercher dans quel état se seraient trouvées les autres langues qui portent les traces d'une origine plus indigente et plus grossière, au cas où elles n'auraient pu avoir recours au mélange de ces langues originairement belles. Il suffit de savoir que le langage dut prendre une direction et une forme absolument différentes, depuis que l'homme, à la clarté de cette intelligence, mena une vie errante, simple, mais pourtant heureuse, et que, satisfait de jouir du sentiment clair et de l'intuition immédiate des objets qui l'environnaient, il se passa sans peine d'un développement plus artificiel de ses facultés ; ou enfin lorsqu'il se trouva au commencement dans un état assez voisin de l'imbécillité des brutes. Plusieurs des autres langues ne se présentent réellement point comme un tissu artificiel et organique de syllabes significatives et de germes féconds, mais paraissent s'être formées à la lettre et en grande partie de diverses imitations de sons et de jeux de sons, du simple cri de la sensation, et enfin d'exclamations ou d'interjections démonstratives pour indiquer les objets et les émotions de l'âme; puis, sur ces faibles commencements, l'usage amena insensiblement de nouveaux signes de plus en plus conventionnels, toujours fondés sur des déterminations arbitraires.

Que la langue indienne soit plus ancienne que les langues grecque et latine, sans parler de l'allemand et du persan, c'est ce qui paraît résulter d'une manière incontestable de tout ce que nous avons rapporté plus haut. Maintenant, dans la supposition que l'indien fût la plus ancienne des langues dérivées, il faudrait savoir dans quel rapport il se trouve à l'égard de la langue primitive dont toutes les langues sont issues... Il sera peut-être possible de déterminer quelque chose de plus précis à cet égard, quand nous aurons sous les yeux les Védas sous leur véritable forme, avec les anciens vocabulaires qui leur correspondent; et que la différence considérable de la langue employée dans ces ouvrages, comparée avec la langue sanscrite, rendit nécessaires même dans des temps assez anciens. Ce que l'histoire rapporte de Rama, représenté comme un conquérant qui soumit des tribus sauvages dans le Midi, pourrait bien nous amener à croire que la langue indienne, dès les temps les plus anciens, a éprouvé un mélange assez considérable de la part de quelques peuplades étrangères qui se seraient incorporées à la nation des Indiens. Le point principal de la culture et de la langue de ce peuple est particulièrement dans la partie septentrionale de l'Indostan; or, dans l'île de Ceylan, nous trouvons encore aujourd'hui la race étrangère des Cingalais, qui autrefois était peut-être plus étendue qu'elle ne l'est aujourd'hui. Néanmoins la structure si simple et si régulière de l'indien montre assez que le mélange n'a pu être ni aussi varié ni aussi inévitable que celui qu'ont subi tour à tour les autres langues de la même famille.

De même que les moeurs et la constitution des Indiens se sont, en général, bien moins altérées, ou du moins bien plus lentement que celles des autres peuples, c'est, sans doute, aussi par des causes analogues que leur langue a été maintenue. Cette langue, en effet, est liée trop intimement aux opinions et à la constitution des Indiens, pour qu'on puisse admettre que des innovations arbitraires ou des révolutions de quelque importance aient pu s'y introduire avec la même facilité que chez d'autres peuples. La chose devient encore plus probable quand on considère la conformation de cette langue même. Il est vrai que la langue indienne est presque tout entière une terminologie philosophique ou plutôt religieuse; et il n'existe peut-être aucune langue, sans en excepter même la langue grecque, qui possède la clarté et la précision philosophique de l'indien. Mais ce n'est point un jeu variable de combinaisons, d'abstractions arbitraires; c'est un système permanent, c'est une chaîne d'expressions profondément significatives, et de mots qui une fois consacrés s'éclairent réciproquement, se déterminent, s'appuient les uns les autres. D'ailleurs cette haute spiritualité est en même temps fort simple. Elle ne consiste point en figures, en expressions métaphoriques qui aient servi dans l'origine à exprimer purement des objets sensibles; mais elle se fonde sur la signification primitive et propre des éléments fondamentaux de la langue. Il y a beaucoup d'expressions de ce genre, à la vérité parfaitement claires, mais qui n'admettent pourtant d'autre sens qu'un sens absolument métaphysique; un grand nombre aussi sont d'une haute antiquité, comme il est facile de le prouver, tant par des preuves historiques tirées de l'usage de la terminologie, que par les preuves étymologiques que fournit la composition même des mots. C'est même encore ici une supposition dénuée de consistance que de croire que toutes les langues, dans leur origine, sont pleines de figures hardies et d'expressions où l'imagination seule domine. C'est, j'y consens volontiers, le cas d'un grand nombre de langues; mais on ne peut le dire de toutes les langues, et en particulier de l'indien, qui se distingue dès son origine bien plus par la profondeur, la clarté, le calme et le tour philosophique, que par l'enthousiasme poétique et par l'abondance des figures, quoique pourtant il soit aussi fort capable d'inspiration poétique, et que les mots et les tours figurés dominent aussi dans les charmants poëmes de Kalidas.

Mais cette poésie appartient à une époque tout-à-fait rapprochée de la civilisation des Indiens. Plus nous remontons dans ce qui est connu jusqu'ici de l'ancienne histoire indienne, plus nous trouvons la langue simple et prosaïque; non pas qu'elle soit sèche, abstraite et sans vie, mais parce qu'elle rend les idées par des expressions pleines de sens, et qu'elle est belle à force de simplicité et de clarté. C'est là le caractère qu'elle présente dans le livre de lois de Monou, écrit en vers, et dans lequel on reconnaît un style tout autre et plus antique que celui des Pouranas, bien que cette différence ne soit pas assez considérable pour qu'on puisse dire, d'après l'assertion de William Jones, qu'il y a entre le style des deux ouvrages indiens le même rapport qu'entre le langage des fragments des Douze Tables et le style de Cicéron. Quoi qu'il en soit, si l'on considère la marche lente et insensible selon laquelle la langue de l'Inde paraît se modifier ou s'altérer, on trouve encore entre les lois de Monou et les Pouranas une différence assez grande pour être forcé d'admettre ici un intervalle de plusieurs siècles.

CHAPITRE VI.

―――

DE LA DIFFÉRENCE QUI EXISTE ENTRE LES LANGUES DE LA FAMILLE INDIENNE ET QUELQUES LANGUES INTERMÉDIAIRES ASSEZ IMPORTANTES.

Ces considérations sur le mélange et l'altération subis par la langue indienne, et beaucoup plus encore par les langues dont elle est mère, nous conduisent à une question qui se présente à l'esprit aussitôt que l'on reconnaît que l'affinité de ces langues est trop grande pour qu'on puisse la regarder comme accidentelle, et qu'elle dénote une origine commune. Pourquoi, demandera-t-on, si ces langues n'en étaient originairement qu'une seule, cette grande diversité qui existe entre elles? On ne doit point juger cette diversité d'après l'impression produite tout d'abord par l'aspect de ces langues, mais bien d'après ces traits de similitude si évidente, lorsque le regard, perçant l'enveloppe extérieure, se fixe sur l'intérieur de la langue et sur ses caractères essentiels. Quelle différence remarquable n'y a-t-il pas entre le grec et le latin, pour l'homme qui, ne possédant encore que l'une de ces deux langues, apprend pour la première fois à connaître l'autre? Il croit marcher dans un monde nouveau. Mais celui qui, ayant déjà une longue habitude des deux langues, les approfondit et examine l'histoire de leur formation et leurs premiers éléments, en remontant aussi loin que les faits et les recherches basées sur les faits peuvent atteindre, celui-là, dis-je, porte un jugement tout autre et bien plus juste sur la grande conformité de ces deux formes de langage, qui lui paraissent alors plutôt des dialectes fort éloignés que deux langues distinctes.

Mais, en suivant cette règle pour apprécier l'affinité des langues, on trouvera peut-être entre les idiomes de cette souche plus de différence qu'il n'est possible de l'expliquer en ne tenant compte que de celle des lieux, et aussi de la direction différente du développement de l'esprit humain pendant un fort long espace de temps. Pour expliquer complétement cette diversité, il faut avoir recours à quelques autres causes, dont la plupart peuvent être démêlées d'une manière exacte par des observations grammaticales; pour l'explication satisfaisante du reste, le secours de l'histoire devient indispensable.

Toutes ces langues dérivées de l'indien ont éprouvé, comme les peuples eux-mêmes, des mélanges étrangers de diverse nature et en partie différents pour chacun d'eux; et, sans aucun doute, cette circonstance a dû les rendre encore plus étrangers les uns aux autres. Je ne veux pas seulement parler de ces mélanges, tels que l'arabe mêlé dans le persan, et le français dans l'anglais, où les mots introduits n'adoptent pas tout-à-fait la forme grammaticale de l'autre langue, mais conservent en partie leur forme propre qui trahit de suite leur origine étrangère. Ces exemples-là, d'ailleurs, sont une preuve parlante de la ferme stabilité qui distingue toutes les langues nobles, c'est-à-dire nées et formées d'une manière organique, et de la difficulté qu'il y a de les subjuguer par des mélanges forcés. En effet, avec quelle facilité ne reconnaît-on pas que l'allemand est encore tout-à-fait le caractère fondamental de l'anglais, et que de même le persan est demeuré tout différent de l'arabe? Mais je veux aussi parler de ces espèces de mélanges encore plus anciens, qui, à en juger par la forme, se sont mieux incorporés dans la langue, parce qu'ils s'y sont introduits dans un temps où elle était encore jeune, plus flexible, plus productive et plus disposée à s'approprier de nouveaux termes, et qui sont par conséquent moins aisés à reconnaître au premier coup d'œil qu'à saisir au moyen de l'analyse.

Souvent encore ces mélanges sont importants pour l'histoire, de même qu'elle peut aussi servir de guide pour les chercher à leur véritable place et expliquer leur source réelle. Si nous trouvons, par exemple, dans le grec, beaucoup plus de racines arabes que l'on ne pourrait le croire d'abord, parce que la grande différence qui règne dans la structure et le caractère des deux langues cache au premier aspect cette conformité, ce n'est autre chose que ce à quoi l'on doit s'attendre quand on connaît les communications nombreuses qui existèrent entre les Grecs et les Phéniciens. Dans la langue latine, si on fait des recherches dans l'histoire des plus anciens habitants de l'Italie, on trouvera un mélange encore plus considérable de racines celtiques et cantabres. L'étroite affinité de l'allemand avec le persan montre clairement le lieu où cette dernière branche s'est séparée de la souche commune; et le grand nombre de racines que la langue allemande a de communes avec la langue turque peut même aider à tracer la route de la migration qui s'étendit (fait que plusieurs autres preuves rendent d'une exactitude historique) le long du

Gihon et au nord de la mer Caspienne et du Caucase, et toujours ainsi en avançant vers le nord-ouest. D'ailleurs, on pourrait difficilement nommer une langue, quelque éloignée qu'elle fût de l'allemand par sa position géographique ou sa constitution, dans laquelle on ne trouvât quelques racines allemandes; par exemple : *jare*, l'année, en zend et en mantchou, — en allemand *das Jahr*; *laygan* dans la langue talaga qui se parle aux îles Philippines, en espagnol *poner*, — en allemand *legen*; *rangio*, puant, en japonais, — *ranzig* en allemand, et encore quelques mots tirés de la langue péruvienne. Cela s'explique par le passage et le séjour des peuplades germaniques dans ces contrées du nord et de l'ouest de l'Asie, qui furent de tout temps le rendez-vous des peuples et le théâtre de leurs migrations.

Nous nous bornons dans ce livre-ci au langage et à ce qu'il est possible d'expliquer seulement avec son aide. Quant aux conjectures historiques au moyen desquelles on peut faire comprendre cette étonnante analogie entre des langues séparées les unes des autres par de vastes contrées et par des mers, et éclaircir tout ce qui se rattache aux anciennes migrations des peuples, nous en composerons le troisième livre. Mais, dans le domaine même du langage, nous trouvons beaucoup de choses qui servent à remplir le grand intervalle qui sépare ces langues, et à les rapprocher encore, ou du moins à indiquer le passage des unes aux autres. Je ne parle point ici de ces vestiges isolés de la langue allemande qu'on a trouvés dans la Crimée, près du Caucase et de la mer Caspienne, ni en général de tant de restes peu considérables, mais très-remarquables sans doute, de langues qui ne subsistent plus; je parle de langues mères, et de familles de langues entières encore existantes et florissantes, qui, par leur organisation mélangée et leur situation chez les peuples, comblent et remplissent l'intervalle qui se trouve entre la langue indienne et la langue persane d'un côté, et les langues allemande, grecque et latine de l'autre.

Parmi ces langues, le premier rang appartient incontestablement à la langue arménienne : on y trouve un assez grand nombre de racines romaines et grecques, persanes et allemandes, et de racines qui tiennent aux premiers éléments et aux parties les plus essentielles de la langue, comme les nombres, les pronoms, les particules et les verbes les plus nécessaires. Je vais en citer quelques-unes des plus singulières et des plus remarquables. *Kan*, — est la conjonction latine *quàm*; *mi*, une fois, — ressemble au mot grec μία; *hingh*, cinq, — ressemble à *quinque*; *ciurch*, — *circà*; *ham*, en grec ἅμα, se place devant les mots, comme σύν et *con;* la particule néga-t... *mi* est la même que le μή des Grecs ; les particules *an* et *ab* se placent devant les mots dans le même sens que *a* en grec, que *a*, *ab*, en latin, et que *un* en allemand; *aminajin* correspond au mot latin *omnis.* J'ajouterai quelques verbes : *lusanorim*, je luis, — en latin *luceo* ; *luzzim*, je délie, je dégage, — en allemand *ich lose*, en grec λύω; *uranam*, je nie, — en grec ἀρνέομαι; *zairanam*, je me fâche, — en allemand *ich zürne*; *arnum*, je prends, — ἅρπυμι; *tehim*, je pose, — θεῖναι; *adim*, je hais, — *odium*; *udim*, je mange, — *edo*; *garodim*, je manque, — *careo*; *lnum*, je remplis, — *plenus*; *dam*, je donne, — *do*; *im*, je suis, — en anglais *iam*; *pirim*, je porte, — *fero*, et en persan *brdn*; *porim*, je creuse, — *ich bohre*, je perce; *kam*, je viens, — *ich kam*, et encore beaucoup d'autres racines tirées de la langue persane. Il est souvent impossible de ne pas reconnaître ces racines, à cela près qu'elles ont quelque chose de plus dur dans le son, ce qui peut-être ne tient pas seulement à une propriété générale de tous les idiomes montagnards, mais ce qui est le signe d'une antiquité supérieure. Les analogies que l'on remarque dans la structure de ces mêmes langues sont encore plus importantes. Par exemple, *luanam*, — *lavo*, *luanas*, — *lavas*, *luanan*, — *la-*

vans ; le futur arménien se forme avec ces syllabes, *sis*, — *szis*, — *sze*, — qui forment le même son principal qu'en indien et en grec. Quelques participes en *al* s'accordent, au contraire, davantage avec les langues slavonnes, comme aussi la troisième personne du singulier *luanay*, — *lavat*. La conjugaison de la même langue arménienne s'opère en grande partie par des flexions, en partie cependant à l'aide de verbes auxiliaires.

Certainement l'arménien est un chaînon intermédiaire très-remarquable, qui peut donner beaucoup d'éclaircissements sur l'origine et l'histoire des langues asiatiques et européennes. La langue géorgienne doit aussi se trouver dans le même cas, je le présume ; mais je manque de moyens pour trancher la question. Pour déterminer quelque chose de précis à ce sujet sur le zend et le pehlvi, il me manque le moyen le plus important de tous, une grammaire suffisamment étendue. La déclinaison en zend ressemble beaucoup à la déclinaison géorgienne ; le pehlvi possède le cas oblique persan en *ra*, et plusieurs de ses substantifs et de ses adjectifs prennent les terminaisons persanes en *man*, etc., etc. On pourrait encore comparer son premier infinitif en *atan* à l'infinitif persan en *adn*. Mais le peu de notions qu'on a pu se procurer jusqu'ici sur cette langue, pris en totalité, est, il faut l'avouer, encore très-insuffisant. Dans l'arabe et dans l'hébreu on ne trouve aucun rapport avec la grammaire indienne, si ce n'est peut-être la terminaison féminine en *a* et en *i*, et le pronom *tseh* et *sa*, en indien *soh*, en gothique *sa*, d'où vient encore ce vieux mot allemand *fo*. Cependant ces langues, dans leurs racines communes, devaient contenir des traces de la marche et du mélange des peuples dans les temps les plus reculés. Il y aurait une grande importance à fixer avec précision jusqu'à quel point le nombre de ces racines communes de l'autre classe de langues est plus considérable dans l'hébreu que dans l'arabe; dans le phénicien le rapprochement était peut-être encore mieux prononcé.

La famille si répandue des langues slavonnes occupe le premier rang après l'arménien, et on y découvre encore une affinité avec la langue indienne, quoique cependant elle soit plus éloignée que dans cette dernière langue. La langue slavonne a retenu non-seulement beaucoup de flexions dans sa grammaire, mais encore, dans quelques cas peu nombreux, la lettre caractéristisque de la flexion s'y accorde même avec celle des autres langues de la famille de l'indien, comme dans la première et la seconde personne du présent au singulier et au pluriel. Malgré les secours insuffisants dont je me suis aidé, j'ai pu retrouver plusieurs racines indiennes dans les langues slavonnes, et même des racines qui ne se trouvent dans aucune des autres langues dérivées de l'indien. Il faudrait, avant tout, découvrir, au moyen d'un vocabulaire comparatif et d'une grammaire, quel est le rapport des différents dialectes slavons les uns à l'égard des autres, et lequel d'entre eux doit être regardé comme le plus ancien et le plus pur, pour le faire servir de base à cet examen, procédé que l'on doit toujours employer quand on veut déterminer les affinités de toute une famille de langues avec les autres langues.

Je n'ai pas assez de confiance en moi pour oser décider si la langue celtique, par son affinité avec la famille des langues nobles, peut se placer au même rang que le slavon. Les racines communes qui s'y rencontrent, ne prouvent seules qu'un mélange étranger, dont cette langue présente d'ailleurs tous les indices. Les noms de nombre seuls ne sont pas même bien concluants; en effet, dans la langue cophte, on emploie et des noms de nombre grecs et d'autres noms de nombre propres à cette langue, empruntés probablement de l'ancien égyptien (1). Dans le dialecte de la Bretagne, la déclinaison se forme au

(1) D'après *Le Brigant* et *Pinkerton*. Je n'ai point les ouvrages

moyen de prépositions ; mais la langue erse, plus pure que le breton, forme sa déclinaison d'une manière toute différente : elle s'opère par un changement de la lettre initiale du mot, qui se modifie aussi d'après les particules préfixes qui indiquent le rapport personnel du mot. Par exemple, *mac* — le fils, *mhic* (prononcez *wic*) — du fils ; *pen* — la tête, *i ben* — sa tête, *i phen* — sa tête (au féminin), *y'm mhen* — ma tête. Il y a quelque analogie entre cette propriété de la langue erse, et la manière dont les particules de rapport personnel se fondent avec l'article préfixe et avec le mot lui-même dans la langue cophte : *pos* — le maître, *paos* — mon maître, *pekas* — ton maître, *pefos* — son maître, *pesos* — son maître (en parlant d'une femme), *penos* — notre maître, *naos* — nos maîtres, *nekos* — tes maîtres, etc. La conjugaison celtique se forme dans le dialecte breton par le moyen d'un verbe

---

de *Shaw*, de *Smith*, de *Vallancey*, ni les autres ouvrages sur le même sujet. Je manque aussi de secours suffisants pour quelques autres langues. Je n'ai pu me procurer le principal ouvrage sur les langues du nord de l'Asie, ni les travaux récents très-complets sur les langues cophte et arménienne. Je compte d'autant plus, à cet égard, sur l'indulgence des hommes versés dans ces recherches, qu'ils savent très-bien eux-mêmes combien même les grandes bibliothèques sont ordinairement peu complètes sur cet objet, et que, d'un autre côté, ils trouveront pourtant ici bien des détails qui n'étaient pas encore connus.

auxiliaire; mais dans plusieurs cas la combinaison avec le suffixe ne s'est point si complétement opérée qu'elle ne puisse encore se distinguer, comme par exemple : *comp* — nous allons, *ejomp* — nous allions, *effomp* — nous irons. *Omp*, nous, est ici le suffixe combiné. Cette analogie nous ramène à l'autre classe principale de langues, à laquelle appartient aussi la langue basque qui n'a, du reste, d'autre ressemblance avec le celtique que celle qui peut s'expliquer par un simple mélange. A propos de ce caractère mélangé de la langue celtique, on doit faire la remarque singulière qu'il n'y a pas moins de quatre mots dans le dialecte breton pour exprimer le pronom *je* : *anon* — en cophte *anok*, *on* — en indien *ohon*, *in* et *me*. Il est à peine besoin de chercher plus longtemps à démontrer l'erreur de ceux qui veulent que les Celtes et les Germains aient été le même peuple et aient parlé la même langue, ou tout au moins qu'il ait existé des relations intimes entre ces peuples et leurs langues; ils puisent les preuves de cette identité dans les traces de mélange qui existent surtout dans le dialecte breton.

Dans les langues même les plus éloignées de la famille des langues indienne, grecque et allemande, on trouve facilement un certain rapport. Par exemple, la terminaison des adjectifs de la langue basque en *esco*, qui se présente rarement en espagnol, ressemble à la terminaison allemande *isch*, et à la terminaison grecque ικος Les migrations, les colonies, les guerres et le commerce ont trop confondu les anciens peuples, pour qu'on ne doive pas trouver presque partout des traces isolées de ces mélanges.

Je craindrais, en général, de fatiguer le lecteur et d'embarrasser ses idées, en lui faisant part de tout ce qui a été recueilli sur cette matière et des découvertes qui résultent de ces travaux. Il me suffit d'avoir mis de l'ordre dans l'ensemble du sujet, et d'avoir indiqué d'une manière satisfaisante les principes sur lesquels on devrait baser en quelque sorte une grammaire comparative, un arbre de généalogie purement historique, une véritable histoire de la formation des langues, au lieu des théories imaginaires que l'on a créées jusqu'ici sur leur origine. J'en ai dit assez pour faire sentir l'importance de l'étude de l'indien, ne serait-ce que sous le rapport de la langue; dans le livre suivant, nous examinerons cette étude dans ses rapports avec l'histoire de l'esprit humain dans l'Orient.

Je termine en jetant un coup d'œil sur William Jones, qui, en faisant remarquer l'affinité qui existe entre le latin, le grec, l'allemand, le persan et l'indien, et en démontrant que cette dernière langue est leur souche commune, a répandu pour la première fois de la lumière sur la science du langage, et, par suite, sur l'ancienne histoire des peuples, où tout jusqu'alors était demeuré obscur et confus. Mais, lorsqu'il veut étendre encore l'affinité à quelques autres cas où elle est incomparablement moindre ; lorsqu'il s'attache ensuite à ramener la multitude innombrable des langues à trois branches principales, la famille indienne, arabe et tartare ; enfin, lorsqu'après avoir lui-même, le premier, si bien établi la différence totale qui sépare l'arabe de l'indien, il veut, uniquement par amour de l'unité, faire tout dériver d'une source commune, nous n'avons pu suivre cet homme recommandable dans ces parties de son travail, et quiconque voudra examiner avec attention ce traité sera incontestablement de notre avis.

DEUXIÈME LIVRE.

—

DE LA PHILOSOPHIE,

CHAPITRE PREMIER.

OBSERVATIONS PRÉLIMINAIRES.

C'est une opinion généralement répandue, que l'homme a commencé par un état complet de barbarie, et que, poussé par le besoin et par beaucoup de causes d'excitations extérieures, il est parvenu peu à peu à l'acquisition d'une certaine intelligence. Mais, quand on ne ferait pas attention combien ce point de vue est tout-à-fait opposé à une saine philosophie, il faudrait avouer encore que, loin d'être fondé en rien sur les plus anciens résultats de l'histoire, ce n'est plus qu'une opinion chimérique, arbitraire, qui s'évanouit aisément devant la réalité. Même, sans appeler ici le témoignage des origines mosaïques, que nous mettons à part dans ce moment pour y revenir dans le troisième livre, le plus grand nombre et les plus anciens monuments de l'Asie sont d'accord avec les faits historiques sur ce point, que l'homme n'a point commencé sa course terrestre sans Dieu. C'est surtout l'Inde qui nous a fourni des solutions très-remarquables et vraiment inattendues concernant la marche de la pensée humaine dans les temps les plus reculés. Les documents, encore peu nombreux il est vrai, qui ont été recueillis jusqu'ici, ne laissent point de doute à cet égard, et nous pouvons espérer que ce trésor s'augmentera.

Après avoir, dans le premier livre de cet ouvrage, traité la question de la langue des Indiens dans ses rapports avec les principales langues de l'Asie et de l'Europe, il m'a paru que, dans ce second livre, je devais m'occuper des doctrines religieuses de l'Inde, en tant qu'elles sont la source de beaucoup d'autres mythologies dans l'antiquité. Sans m'attacher à des ressemblances isolées, souvent illusoires, comme il s'en rencontre quelquefois dans les écrits de la Société de Calcutta, j'aurai à montrer qu'il existe dans la mythologie, comme dans le langage, une structure intérieure, un tissu primitif, dont l'uniformité est frappante, et qui, si l'on met à part les différences accidentelles qui tiennent au développement extérieur, décèlent entre les mythologies une incontestable parenté. Là aussi on trouverait des concordances vraiment merveilleuses et qui ne sauraient être attribuées au pur effet du hasard.

Mais, et nous ne saurions trop insister sur ce point, il convient d'exiger pour ce genre de recherches une attention peut-être encore plus grande que pour celles qui regardent les langues. La mythologie, dans ses détails, est chose plus légère, plus flottante; son esprit subtil et mobile est souvent plus difficile à surprendre et à fixer que ne l'est l'esprit du langage. Qu'est-ce, en effet, que la mythologie, sinon la représentation la plus compliquée de l'esprit humain ? Riche, mais variée dans ce qu'elle a d'essentiel, je veux dire dans sa signification, chez elle le détail et l'ensemble doivent être exactement considérés dans leur nature propre, selon les temps et selon les lieux. La moindre différence ici est importante et doit être mûrement considérée. A prendre pour exemple la mythologie grecque et celle de Rome, celui qui ne tiendrait pas compte de l'exactitude historique serait porté à les confondre l'une avec l'autre ; il y a cependant beaucoup de différence entre ces deux mythologies, c'est ce que n'ignore aucun de ceux qui sont remontés aux origines des deux peuples. On aurait le plus grand tort de regarder Vénus et Aphrodite comme une seule et même divinité, ou de confondre ensemble Mavors et Arès. Je dirai plus, d'une ville grecque à une autre la dissemblance existe; il suffit de passer de Corinthe à Athènes, des Doriens de Sparte à ceux de Sicile. La représentation plastique, les traits isolés de l'histoire, le nom même d'une divinité, se sont souvent répandus fort loin; on est surpris de les retrouver après de longs intervalles, et chez les nations les plus lointaines et les plus séparées. C'est donc la pensée intime, c'est la signification générale qui sont, à vrai dire, ce qu'il y a d'essentiel en matière de mythologie; or, cette signification elle-même est sujette à des changements multipliés. C'est pourquoi il faut avoir recueilli une provision de faits et d'origines, si l'on veut trouver ce qui peut fournir la lumière, si l'on veut obtenir un tableau détaillé de l'ensemble, d'après toutes les nuances du développement intérieur, et tous les détails qui ont pu résulter de l'importation étrangère; même il faut saisir chaque trace successive de la transformation qui s'est opérée à travers les siècles. Or, pour résoudre un tel problème par la mythologie indienne, les secours que nous possédons jusqu'ici sont encore insuffisants.

Ce que je viens de dire explique pourquoi, dans le but des recherches qui vont suivre, nous omettrons la méthode comparative que nous avions mise en œuvre pour notre premier livre. Au lieu d'une analyse comparative des mythologies, ce qui serait un travail prématuré, nous donnerons ici un résultat meilleur, pouvant servir d'une base solide à toutes les recherches du même genre. Ce sera une exposition de la pensée orientale, d'après ses degrés les plus importants et ses différences les plus notables, constatées *à priori*, du haut d'une synthèse générale. Sans doute il restera beaucoup à désirer pour les détails; néanmoins ce qui a été recueilli jusqu'ici, si l'on se place sous le point de vue de la pensée antique, est suffisant pour donner une idée du tout; les faits alors s'ordonnent d'eux-mêmes et répandent une clarté parfaite, pourvu qu'ils soient nettement saisis et caractérisés.

Il faut que le lecteur considère chaque partie prise à part de l'exposition qui va suivre, non pas comme représentant des systèmes philosophiques, mais comme autant d'époques de la pensée en Orient. Quoique tous ces éléments, à des époques plus récentes, aient été systématisés, dans l'origine ils étaient plus que de la simple philosophie. Nous avons considéré isolément ces éléments de la pensée antique, parce que dans le fait ils sont séparés, quant à leur esprit et à leur histoire. Comment une pensée est sortie d'une autre et s'est développée par une transition graduée, ou bien même s'est fondue avec elle par l'effet d'une réaction; c'est ce que nous ferons voir avec quelque détail. Nous remarquerons ce qui, dans la mythologie et la philosophie de l'Inde, appartient à chacune des époques; et, pour la mythologie et la philosophie des autres nations de l'Orient, nous n'en parlerons qu'autant qu'il sera nécessaire pour ajouter à la clarté et à la perfection de l'ensemble.

CHAPITRE II.

SYSTÈME DE LA TRANSMIGRATION DES AMES ET DE L'ÉMANATION.

Parmi toutes les philosophies et les religions qui reconnaissent l'Asie pour leur terre natale, il n'y en a aucune chez qui l'origine indienne soit aussi avérée, et, si l'on excepte les traditions mosaïques, aucune qui soit plus ancienne que le système de l'émanation et de la transmigration des âmes. Ce que cette doctrine contient d'essentiel se trouve exprimé dans le premier livre des lois de Menou, monument auquel une saine critique ne saurait assigner moins d'antiquité qu'à quelque autre monument que ce soit dans l'Europe occidentale. Depuis des milliers d'années, comme encore aujourd'hui, ce livre est le fondement de la législation, de la constitution, on peut dire même de toute la vie des Indiens; il forme, à n'en pouvoir douter, le tissu primitif et dominant de leur tradition et de leur mythologie. Néanmoins, on peut encore, et même sans parler des Védas, puiser des éclaircissements plus sûrs que n'en donnent les lois de Monou, dans la plus ancienne philosophie de l'Inde, qui est appelée la Mimansa, et qui a été fondée par Joimini, l'auteur du Samoved.

Tout à l'heure nous rendrons évidente la connexion intime et nécessaire qui existe entre l'émanation et la métempsycose, quand on prend la première dans son sens originaire et le plus ancien. Et d'abord, pour bien comprendre le sens propre de ce système, il faut faire abstraction de tout ce qui, à des époques plus récentes, chez les Chaldéens, chez les Grecs, a été appelé émanation, alors qu'aucun système n'était plus reproduit dans sa pureté première, mais était devenu comme un affluent de doctrines diverses ou opposées que l'on désignait sous la vague dénomination de philosophie orientale. Surtout il ne faut pas confondre le système de l'émanation avec le panthéisme. Celui qui est accoutumé aux formes dialectiques de la philosophie européenne plus moderne peut bien trouver dans la hardiesse, dans l'imagination de tout système oriental, quelque chose qui touche au panthéisme, et sans doute cette affinité doit se montrer particulièrement dans des temps plus rapprochés; mais la différence qui sépare ces deux doctrines est essentielle et radicale. L'individualité, dans l'ancienne doctrine des Hindous, comme elle l'est dans le panthéisme, n'est point abolie ou niée. Le retour de l'individu dans le sein de Dieu est seulement possible, il n'est point d'absolue nécessité. Le mal, tant qu'il persiste, est éternellement séparé du bien; il est rejeté loin de Dieu; et, pour me servir d'une expression appartenant à une théologie plus récente, l'éternité des peines de l'enfer n'est point un système que l'on ne puisse pas concilier avec celui de l'émanation; il en fait bien plutôt la substance même.

Quant au problème du bien et du mal, rien de plus différent que la double solution qui lui est donnée par le panthéisme et par l'émanation. Celui-là apprend que tout est bien, car tout est un; chaque manifestation de ce que nous appelons injustice, vice, n'est qu'apparence, illusion vaine. De là l'influence destructive du panthéisme sur la vie morale. En effet, prenez telle direction qui vous conviendra, enchaînez votre volonté dans telle croyance dont vous supposez que la voix intérieure vous manifeste la vérité, il n'en sera pour cela ni plus ni moins; et dans le fond, si vous restez fidèle à ce principe fatal, toutes vos actions seront indifférentes, pour vous sera à jamais abolie et déclarée nulle l'éternelle différence qui existe entre le bien et le mal. Il en est bien autrement dans l'émanation : tout ce qui a reçu l'existence est malheureux; le monde lui-même est mauvais, il est corrompu dans sa racine, parce que tout n'est qu'une lamentable dégradation de la parfaite félicité de l'Être éternel.

Il serait superflu de s'appuyer sur une argumentation en forme pour réfuter le système dont nous nous occupons ici. Il ne repose pas sur des fondements dialectiques, sur des démonstrations; il revêt plutôt la forme d'une fiction arbitraire, aussi bien que les cosmogonies et les autres conceptions purement poétiques. Cependant on peut bien l'appeler un système, car il existe entre ses éléments une connexion profonde; et sans doute c'est à cette circonstance, ou plutôt c'est à l'ancienne tradition et à sa source prétendue divine, qu'il doit une partie de la certitude par laquelle depuis tant de siècles il s'impose à ses sectateurs. Il vaut certainement la peine que l'on s'attache à le comprendre; ne fût-ce que par sa prérogative d'être la plus ancienne doctrine de l'esprit humain qui soit reconnue par l'histoire, et d'avoir exercé une influence immense sur le développement postérieur et sur l'histoire de l'humanité. Mais, pour le comprendre, il faut, avant toute chose, avoir saisi le sentiment même qui lui sert de base, et c'est ce que nous allons entreprendre.

Lorsque Monou a célébré la création de toutes les forces de la nature, des êtres vivants, des animaux et des plantes, tous également regardés comme autant d'esprits revêtus d'une enveloppe corporelle, il termine par une vue générale, et s'écrie :

« Enveloppés d'une multitude de formes ténébreuses, récom-
» pense de leurs actions, les êtres ont tous la conscience de leur
» but, ils éprouvent le sentiment de la joie et celui de la dou-
» leur. »

Ainsi enchaînés dans l'obscurité, remplis d'un sentiment intérieur, ayant la conscience de la mort et de leur faute, et de la dette qu'ils doivent à l'expiation, tous les êtres marchent dans la route qui leur a été assignée dès le commencement ; ils ont un but inévitable où les pousse leur Créateur :

« Ils marchent vers le but (tous les êtres), à partir de Dieu jus-
» qu'à la plante, dans ce monde horrible de l'existence, qui tou-
» jours s'incline et descend dans la corruption. »

Dans ces paroles se trouve, pour ainsi dire, l'âme de tout le système ; on y voit le sentiment qui lui sert de base et qui règne sur l'ensemble. Que l'on se rappelle ce que les poëtes anciens, dans leurs sentences détachées, ont coutume de chanter sur le malheur de l'existence; ces accents qu'ils font entendre, après avoir jeté sur la surface entière du monde un regard d'effroi; ces traits pénétrants qui donnent une signification si profonde aux tragédies antiques, par le spectacle d'une sombre fatalité que nous voyons empreinte dans les traditions, dans les histoires mêmes des hommes et des dieux;.... eh bien, si l'on réunit tous les traits épars de cette poésie pour en former un seul tableau, un tout harmonique; si enfin, de ce qu'il y a de mobile dans le jeu de la poésie, on compose une doctrine sérieuse, fixe, inaltérable, on aura l'idée la plus claire, la plus complète du système de l'émanation, et, par suite, du plus ancien point de vue de la pensée indienne.

A cette doctrine se rattachait la fiction des quatre âges, se succédant dans une proportion marquée. Chaque époque qui passe est toujours plus imparfaite, plus malheureuse que celle qui l'a précédée, et cela jusqu'à l'âge présent qui est le quatrième et le dernier degré du malheur. C'est encore de cette manière qu'il faut expliquer les quatre états ou castes indiennes comme une décroissance de plus en plus profonde vers l'imperfection terrestre. De là également la doctrine des trois mondes, *troïlokyon*, et celle des trois forces primitives, *troïgunyon*, dont la première est vraie, *sotwo;* la seconde est illusoire et n'ayant qu'une apparence de réalité, *rojo*, et la troisième est ténébreuse, *tomo*. Dans le système de l'émanation, vous voyez régner aussi la même loi d'une dégradation constante, soit que l'on considère ces forces de la nature comme spirituelles ou comme purement matérielles.

De l'essence de l'être infini, Monou fait sortir l'esprit; de l'esprit, le moi; car l'esprit est le second créateur. Monou crée les êtres individuels, après que Brahma lui-même a mis au jour les forces primitives et générales de la nature et de l'esprit. Brighou fait produire ces éléments, d'abord de l'esprit, puis l'un de l'autre, dans une manifestation successive et selon les degrés de perfection et de subtilité qu'on leur supposait. Cette loi d'une perpétuelle dégradation, d'une corruption que rien ne peut éviter, cette tristesse sans borne au souvenir de la faute inexpiable et de la mort, sont l'esprit général de ce système. Après cela, les degrés et les forces originelles de l'émanation diffèrent dans les diverses représentations qui en sont faites par les poëtes; car le caprice de l'imagination ne s'impose point de bornes sur cet objet.

Parmi les divinités de la fable indienne qui appartiennent spécialement au système de l'émanation et en général au cercle d'idées que je viens d'établir, il faut placer en première ligne Brahma. Qu'est-ce que Brahma, selon le livre de Monou ? C'est l'esprit éternel, le moi infini, le roi et le maître des êtres, et, comme il est appelé de préférence dans des écrits d'une date plus rapprochée, il est le père et l'ancêtre de tous les mondes. Éternel, inconcevable, seul, existant par lui-même, il est le LUI proprement dit, il est Dieu même. Plus tard, les mêmes caractères se trouvent attribués à Sivah et à Wischnou par les adorateurs particuliers de ces divinités. Mais, dans le livre de Monou, Brahma occupe le premier rang; le sens plus restreint, celui dans lequel ce dieu est pris pour l'élément constitutif de la terre, doit être regardé comme tenant à une conception plus récente.

En effet, si l'on écarte les fictions mensongères, les grossiers égarements dont la doctrine de l'émanation a pu être surchargée; si l'on fait la part des altérations de la doctrine primitive, introduites par une superstition sinistre, effrayante, profanant, envenimant tout, qui fut trop prompte à se glisser à travers toute la pensée, toute l'existence de ce peuple, nous ne pouvons pas refuser aux anciens habitants de l'Inde la connaissance du vrai Dieu. Leurs plus anciens monuments écrits sont pleins de sentences et d'expressions dignes, claires, élevées, qui contiennent un sens aussi profond, aussi distinct et significatif que tout ce que la langue humaine a pu trouver jamais de plus expressif relativement à la Divinité. Comment donc une si haute sagesse peut-elle s'allier avec un système qui serait la plénitude même de l'erreur?

Mais ce qui doit exciter encore plus d'étonnement que de trouver la croyance en Dieu associée aux plus anciens systèmes de la superstition, c'est de voir encore dans ce système la croyance à l'immortalité de l'âme, non-seulement comme une opinion vraisemblable, comme une découverte à la suite d'une longue et successive méditation, ou bien comme une fiction égarée, un écho lointain venu d'un monde vague et obscur; mais comme une certitude solide et tellement claire, que la pensée d'une autre vie est le motif régulateur qui préside à toutes les actions des Indiens. Elle est le but, elle est l'âme de la constitution, des lois, des règlements, et des usages les plus ordinaires de la vie.

Il serait absolument impossible d'expliquer ce dernier fait d'une manière non pas satisfaisante, mais seulement claire et intelligible, si l'on se bornait à l'hypothèse d'un développement successif par lequel l'esprit humain aurait, dit-on, passé, à partir d'un certain état de barbarie qui aurait été son berceau. Ce n'est point ici le lieu de dévoiler le principe mystérieux à l'aide duquel la certitude de l'immortalité a été si étroitement liée à la connaissance du vrai Dieu. Je demanderai seulement si ceux-là suivent un bon procédé philosophique qui composent l'idée de la Divinité au moyen de syllogismes, et qui fondent la preuve de son être sur les vraisemblances fournies par la nature externe, et sur les besoins ou les conceptions de leur propre nature. Il me semble, pour moi, qu'il est de toute nécessité que nous ayons connu Dieu pour retrouver ses traces dans la nature et dans la conscience, et que procéder ainsi, c'est dépouiller cette grande idée du caractère de simplicité et de dignité qui est en elle. Je ne parle point de ceux qui veulent tirer la notion de Dieu du moi ou d'une loi de l'entendement; ceux-là devraient bien au moins mettre quelque chose à la place de celui dont ils ont perdu la notion.

En un mot, si l'on considère le système indien de l'émanation comme un développement naturel de l'esprit, il est absolument inexplicable; si, au contraire, on l'envisage comme une révélation altérée ou mal comprise, tout alors s'éclaircit, le système devient très-facile à expliquer. Ainsi, nous trouverions dans l'histoire même un motif suffisant de présumer et de supposer ce que d'autres motifs plus décisifs nous font regarder comme sûr, savoir, que celui qui a organisé l'homme et l'a si magnifiquement doué a bien pu donner à cet homme nouveau-créé la faculté de contempler la profondeur de l'être infini : Dieu a retiré pour jamais l'homme de la chaîne des êtres mortels; non-seulement il l'a mis en relation avec ceux du monde invisible, mais encore il lui a accordé la noble mais périlleuse prérogative de choisir entre son bonheur ou son malheur éternel.

Il ne faut pas que l'on se représente cette révélation comme l'entretien d'un père à son fils, soit par des images représentatives, soit par des mots; cette comparaison d'ailleurs ne mériterait pas d'être écartée comme indigne et dépourvue de toute réalité. Mais on doit la regarder, cette révélation, comme une manifestation du sentiment intérieur. Partout où se trouve le sentiment du vrai, là se trouvent aisément les mots et les signes, sans qu'il soit besoin d'un secours plus éloigné; les signes seront d'autant plus nobles, plus expressifs, que le sentiment qui les inspire est plus grand et plus profond. Mais enfin, comment cette vérité, ainsi communiquée à l'homme d'une manière divine, a-t-elle pu s'altérer dans son intelligence? Quoi qu'il en soit, si on ôte toute révélation, l'homme demeurera à jamais dans le rang des brutes, peut-être au haut de l'échelle; peut-être aussi sera-t-il la plus sauvage, la plus malheureuse des races animées. Si l'intelligence de la divine vérité ne pouvait présider aux actes libres de la vie, il ne serait plus qu'un instrument aveugle et passif. Cette erreur, la plus ancienne de toutes, née du mauvais emploi des dons de Dieu et de l'obscurcissement ou de l'altération de la sagesse divine, est celle que nous rencontrons dans les monuments primitifs de l'Inde; et toujours nous les trouverons plus clairs et plus instructifs, à mesure que nous connaîtrons davantage ce peuple, le plus civilisé et le plus sage des peuples anciens. L'émanation est le premier système qui ait succédé à la vérité primordiale; il contient de sauvages fictions, des erreurs grossières, mais partout des traces évidentes de la vérité divine, et de cette tristesse profonde qui dut être le premier résultat de la chute de l'homme. Or, voici comment ce passage a dû s'opérer.

Il y a entre la conception de l'être parfait et l'esprit du monde extérieur et imparfait un intervalle que l'imagination ne pouvait remplir autrement que par le système de l'émanation; c'est ce que l'on m'accordera sans difficulté.

Non-seulement ce système est la racine de la plus antique et de la plus générale superstition du monde ; mais il est devenu plus tard une source vive de poésie. Tout ce qui existe est un écoulement de la divinité ; tout être est un dieu, plus limité, plus indécis que le dieu suprême ; tout est animé, vivant ; tout est plein de dieux. C'est un hylosoïsme, non-seulement un polythéisme ; mais, si j'ose ainsi parler, c'est un système où tous les êtres sont dieux (*allgotterei*), comme on le voit dans l'Inde où la foule des divinités est innombrable. L'abondance de la poésie, sa plénitude originelle et que la civilisation n'a pas produite, est ce qui distingue une mythologie sortie de cette source fertile, d'avec les indigentes mythologies qui ont pour objet les âmes des morts. Or, c'est cette dernière espèce de mythologie qui a coutume de régner parmi des peuples moins civilisés, ou, pour m'exprimer d'une manière plus précise, chez les peuples qui sont restés le plus à l'écart du courant des traditions anciennes : si toutefois, ce dont il est permis de douter, il s'est jamais rencontré un peuple affranchi de toute communication avec d'autres peuples plus civilisés, plus nobles, c'est-à-dire avec des peuples qui auraient pu puiser d'une manière plus prochaine, plus immédiate, à la source de toute poésie et de toute imagination. Mais cette plénitude si riche et si vive, dont je parlais tout à l'heure, appartenant à la mythologie fondée sur l'émanation, est commune à la mythologie grecque et à celle de l'Inde, quoique d'ailleurs l'une et l'autre soient fort différentes par leur caractère et par leur esprit.

Maintenant, que la déification des grands hommes et des saints personnages ne s'oppose en rien au système du polythéisme ayant pour principe l'émanation d'une source commune, mais, au contraire, qu'elle s'y rattache naturellement ; c'est ce qu'il est presque inutile de démontrer. En effet, la plus étroite parenté intérieure ou extérieure, la proximité de l'individu par rapport à l'être originel, fixent les degrés de sa dignité, de sa noblesse, et déterminent son plus ou moins de droit au respect et à l'adoration.

A la suite de Brahma, nous trouvons aussi les dix saints patriarches, occupant une place très-importante dans la mythologie indienne ; puis, les sept grands richis ou prêtres du monde primitif, lesquels ont été plus tard transportés dans les étoiles ; nous trouvons enfin *Kashyopo* et toute la race issue par lui de *Diti* et *Aditi*, la nuit et la sérénité, jusqu'aux deux tiges des enfants du soleil et des fils de la lune.

Nous nous contenterons ici d'établir la simple possibilité que les dix patriarches de l'Inde n'aient été que des hommes divinisés, sans vouloir contredire le moins du monde l'opinion d'une signification symbolique. On ne peut nier que ce qu'il y a de réellement historique dans les mythes indiens ne se soit plus d'une fois fondu avec les idées de l'émanation. La généalogie des patriarches et des héros est liée à la cosmogonie de la nature; sans doute les sept Monous ou Richis sont les sept Æons, les créateurs et les ordonnateurs en second de l'univers. Ils sont autant de périodes du développement du plus grand patriarche, ils sont les époques de sa manifestation. Et cependant faudrait-il pour cela refuser de voir dans cette tradition un certain fonds historique?

Une recherche prolongée nous induirait dans trop de détails; un jour elle pourra être poursuivie d'une manière plus féconde et avec des sources plus riches. Dans cette exposition des principales époques de la pensée orientale, nous nous bornerons aux généralités qui ressortent de la mythologie de l'Inde, et qui ont d'ailleurs une empreinte si forte de leur origine, que ce que nous en possédons aujourd'hui est suffisant pour ne pas entièrement révoquer en doute leur essentielle signification.

Le système de l'émanation se présente sous son aspect le plus avantageux et le plus beau, quand on l'envisage comme *doctrine du retour*. Partant de ce principe que l'homme a son origine en Dieu, ce système prend occasion de lui rappeler le retour à son origine, de lui montrer la réunion avec la divinité comme devant être le but unique de ses actions et de ses efforts. De là découle la signification vraiment sainte de beaucoup de lois indiennes, des coutumes, des mœurs, le sérieux et la haute gravité qui président à l'existence entière de ce peuple. Toutefois, L'ESPRIT peut bien s'être séparé promptement de cette doctrine, tellement qu'il n'en soit resté que des usages morts et des exercices d'expiation : c'est ce qui explique comment, dans les temps les plus rapprochés de son berceau, la superstition et l'erreur ont pu s'y mêler.

C'est d'après un point de vue dominant dans le système de l'émanation qu'il faut chercher l'idée de la transmigration des âmes. Ce point de vue, c'est la gradation des espèces et des êtres vivants, tous enveloppés sous des formes multipliées, et sans repos se rapprochant et s'éloignant de leur source commune. Il y a encore une étroite affinité entre ce système et celui d'une vie antérieure et de la préexistence des âmes, ou plutôt cette préexistence est un principe essentiel de la doctrine de l'émanation ; on y trouve aussi des pensées plus élevées, provenant du souvenir obscurci d'une perfection divine qui aurait existé dans l'état antérieur, souvenir qui est surtout éveillé par le spectacle du beau. C'est à cette doctrine et à ces sortes de souvenirs que fait allusion Kalidas, dans son drame si connu et si populaire de Sacontala. Quand cette idée de la transmigration a non-seulement un sens physique, mais encore est liée avec celle d'une corruption morale, du malheur de tous les êtres, de la purification inévitable, du retour universel dans le sein de la divinité, on peut dire qu'elle est vraiment issue de l'idée de l'émanation, et que par conséquent elle est d'origine indienne. C'est ainsi que, dans la doctrine de Pythagore, on trouve l'idée de la métempsycose avec toutes les circonstances accessoires qu'elle tient de l'Orient : preuve certaine que cette idée ne tenait en rien à l'invention hellénique, bien qu'elle ne tarda pas à se transformer et à s'approprier à l'esprit grec, si vif et si pénétrant ; plus tard sans doute on aura voulu retrancher de la doctrine pythagorique ses plus anciennes, et, proportion gardée, ses meilleures conceptions.

On sait très-bien que la doctrine de la transmigration a régné en Gaule chez les druides ; mais on sait moins par quelle route elle était arrivée dans ce pays. Il est à croire qu'elle était connue chez les Etrusques, et surtout dans l'ancienne

Italie avant Pythagore. On trouve chez les anciens des traces de sa propagation, même dans les contrées les plus septentrionales. En admettant que Pythagore l'eût apportée en Italie des pays étrangers qu'il avait parcourus, il n'avait pu l'apprendre que dans l'Asie occidentale ou en Egypte. La conduite des Egyptiens à l'égard des cadavres, qu'ils cherchaient pour ainsi dire à éterniser, supposerait une grande différence dans leur manière de voir sur l'immortalité. Cependant la religion des Egyptiens, à la considérer dans son ensemble et dans son esprit, paraît très-fréquemment unie à celle de l'Inde. Osiris, idée principale de la doctrine égyptienne, considéré comme une divinité souffrante et mortelle, s'accorde parfaitement avec la doctrine indienne de l'infortune universelle dans laquelle l'être est enveloppé, descendu qu'il est parmi les ténèbres et les chaînes mortelles d'ici-bas.

CHAPITRE III.

DE L'ASTROLOGIE ET DU CULTE SAUVAGE DE LA NATURE.

Si le système de l'émanation, par sa profondeur morale, par la plénitude de sens avec laquelle il explique l'origine et le développement de l'univers, a l'avantage sur le panthéisme proprement dit, sur cette doctrine effrayante qui, par son idée négative et abstraite, et par conséquent erronée, de l'infini, se convertit nécessairement dans une vague indifférence de l'être ou non-être; en revanche on ne saurait absoudre l'émanation du reproche de tomber dans le fatalisme, et dans la plus ancienne forme de fatalisme que nous connaissions jusqu'ici. Plus haut, nous avons fait connaître la doctrine de la prédestination ; on la trouvera aussi clairement exprimée dans la cosmogonie de Manou, que nous publions dans l'appendice de cet ouvrage. A cette même doctrine appartient l'idée de la course circulaire, de l'éternel échange entre le sommeil et la veille de l'être infini.

« Quand il eut tout créé, celui qui se développe constamment
» et d'une manière inconcevable, il retomba en lui-même, rem-
» plaçant le temps par le temps. Tandis que le Dieu veille, le
» monde vit et se meut ; mais quand il dort, que son esprit est en
» repos, l'univers aussi s'évanouit et passe. »

Manou décrit plus loin comment tous les êtres terrestres sont engloutis dans le fond de cet être sublime :

« Parce que celui qui est la vie de tout être sommeille douce-
» ment, privé de son énergie. »

Et plus loin :

« C'est ainsi qu'échangeant tour à tour le sommeil et la veille,
» constamment il fait naître à la vie tout ce qui a le mouvement
» et tout ce qui ne l'a pas, puis il l'anéantit, et demeure immobile...
» Il y a des mondes qui se développent sans fin, des créations, des
» destructions ; il fait tout cela, presque en se jouant, lui le plus
» grand créateur. »

L'idée que le monde n'a point de but, l'idée de cette activité de Dieu, qui se joue à créer et à détruire, est dans une parfaite connexion avec le point de vue de la course circulaire et éternelle des choses. Dans des systèmes plus récents, cette idée constitue la contraction et l'expansion alternatives de la force primitive et suprême; elle est pour ainsi dire le pouls de la vie du monde.

Le fatalisme s'est aussi déployé chez les peuples de l'Orient, dans un système artificiel et très-répandu. L'astrologie, avec son cortége de présages, d'augures, de jours néfastes, de conjurations, de pratiques occultes ou ténébreuses, présente un phénomène bien remarquable, et qui a exercé une extrême influence, non-seulement dans l'antiquité, mais jusques dans des époques très-modernes. Non-seulement l'astrologie se présente comme une poétique admiration de la nature, mais encore le culte des astres, du moins chez les Egyptiens, semble mêlé avec le culte barbare des animaux. Que l'homme ait pu s'égarer ou s'humilier au point de passer de l'adoration de Dieu au culte des forces sauvages de la nature, de passer du créateur aux choses créées, c'est là ce qui trouve dans l'esprit et dans le coeur humain tant de prétextes et tant de motifs divers de son existence, qu'il paraît superflu de les analyser; il suffit que nous trouvions aussi dans l'ancienne Asie, non-seulement des traces, mais des preuves d'une pensée tout-à-fait et à proprement parler matérialiste. On peut appeler oriental cette sorte de matérialisme, et le distinguer de celui qui reçoit ce nom en Europe ; car, autant que nous le connaissons jusqu'à ce moment, le matérialisme primitif porte une empreinte qui n'appartient qu'à lui. Dans la chaîne historique des divers systèmes orientaux, nous assignons au culte de la nature le second rang, immédiatement après le système de l'émanation, du retour et de la transmigration des âmes.

Il serait peut-être facile, outre la superstition astrologique, de montrer combien de chaînons intermédiaires, de points de transition, et quelle dégénération successive ont pu amener les esprits, d'un système si profondément religieux que celui de l'émanation, à un système tout-à-fait matériel, tel que l'adoration de la nature. Mais cela n'est pas nécessaire ; car déjà, dans le plus ancien monument de la doctrine indienne que nous possédions jusqu'à ce jour, dans la cosmogonie de Manou, il y a beaucoup de choses fort matérielles. Il est bien vrai que la représentation de l'œuf du monde, qui se trouve aussi chez les Égyptiens, peut être prise pour une simple image ou symbole de l'antiquité au berceau ; mais les *matra*, ces particules séminales de la matière du monde, devaient avoir une signification plus philosophique ou plus avancée. Si ces parties séminales, du moins à les considérer à une époque plus récente, sont de vrais atomes ; si les philosophes grecs avaient raison, qui soutenaient que le système des atomes était aussi d'origine orientale, c'est ce qui ne pourra être décidé que lorsque nous connaîtrons d'une manière plus sûre la secte des *Paschandis*, des *Shoktistes*, et les systèmes considérés comme athées, tels que le *Charval*, etc., sinon par les écrits originaux qui sont perdus pour la plupart, au moins par les réfutations qu'en ont faites les adversaires de ces doctrines. Quant à la philosophie des Phéniciens, elle nous est connue très-peu et d'une manière trop incertaine pour que nous puissions établir quelque chose de décisif à son égard ; toutefois il est vraisemblable que cette philosophie a été tout-à-fait de ce genre, je veux dire matérialiste.

Mais le culte des forces brutes de la nature occupe une grande place dans la religion des Indiens, composée qu'elle est d'éléments très-divers, et formée par beaucoup de degrés successifs. Le culte de Sivah et de la terrible Durga, puissances tour à tour destructrices et génératrices de la nature ici considérée comme un animal immense, ce culte nous représente des images de la mort et de la volupté, et, dans un effroyable mélange, la licence effrénée des bacchantes avec l'horreur des sacrifices humains. Ce qui rend si effrayante l'adoration de la nature matérielle, et ce qui en même temps la différencie du simple sensualisme de beaucoup de peuples dans leur état sauvage, c'est sans doute l'idée qui s'est partout mêlée et comme entrelacée avec ce culte, et qui laisse entrevoir qu'il aurait eu une origine plus pure, je veux parler de l'idée de l'infini; car c'est précisément ce qu'il y a de plus sublime et de plus noble qui, lorsqu'il se dégrade et altère sa nature, devient alors une horrible monstruosité.

Ce culte de la nature s'est répandu si loin, que nous nous bornerons à quelques indications parmi les plus remarquables. Tous ces dieux qu'on a adorés constamment par des victimes humaines, prouvent par cela même, et par beaucoup d'autres traits, leur parenté avec l'Indien Sivah et avec Kali. C'est aussi dans cette classe qu'il faut placer les idoles de Baal et de Moloch chez les peuples syriaques et puniques. Et il faut remarquer ici que le culte de la nature et le matérialisme n'ont dominé chez aucun peuple d'une manière aussi exclusive que chez les Phéniciens. C'est encore à ce matérialisme qu'appartient cet Esus, en l'honneur duquel les Gaulois ont fait couler le sang avec une abondance qui ne se reproduit pas au même degré dans tout le monde antique, et qu'on trouverait seulement dans le culte des idoles chez les Mexicains. Parmi l'adoration des astres et des animaux, qui règne chez les anciens Égyptiens, le culte du Lingam et de l'Ioni qui engendre toute chose occupe une place beaucoup plus grande qu'on ne le suppose généralement. Hérodote fait dériver de l'Égypte l'introduction du Phallus parmi les fêtes et les images de la Grèce. Les signes distinctifs des sexes que le conquérant a multipliés sur ses monuments s'expliqueraient plus naturellement comme étant des symboles généraux de cette superstition, que d'après l'explication morale d'Hérodote, qui les interprète comme des symboles de la valeur masculine et de la faiblesse féminine des peuples conquis. La Phénicienne Astarté, la Phrygienne Cybèle, l'Éphésienne Artemis, et même la Germanique Hertha, ne diffèrent peut-être de l'Indienne *Bhavani* que par des circonstances qui n'ont rien d'essentiel. Dans toutes ces divinités, l'idée première de la nature animale, puissante et produisant tout, est toujours à peu près la même. C'est surtout à Babylone, comme dans tous les états qui dépendaient de ce royaume, que paraît avoir régné le culte de cette nature matérielle; c'était Mylitta à Babylone, Anaïtis chez les Arméniens, Alilath chez les Arabes. Il est probable également que, sous le nom de *Javanais*, que l'on trouve dans les anciens écrits de l'Inde, il faut entendre tous les peuples de l'Occident qui ont professé ce culte d'une manière exclusive : il ne faut pas entendre par ce terme un peuple déterminé, mais plutôt une religion. Du moins les Javanais, qui sont mentionnés dans le Code de Manou avec les Pehlvans, et les autres rameaux dégénérés de la race guerrière, ne peuvent en aucune façon être les Grecs d'Alexandre, quoique plus tard, sous cette dénomination générale des peuples occidentaux, on ait compris aussi les Grecs.

Personne ne doutera que ce culte de la force matérielle, tout voilé et adouci qu'il se montre, n'ait été l'esprit intérieur de la religion des Romains et des Grecs, bien que ce ne fût pas d'une manière suivie et avec une complète cohésion. On ne saurait douter de ce fait, pour peu que l'on ne considère pas la mythologie de ces peuples en simple antiquaire; seulement, le culte sauvage de la nature était encore réfréné chez les Romains par une moralité plus rigoureuse, ou parce qu'il s'y était conservé plus d'éléments de ce qui était originairement bon, ou peut-être enfin par la prudence des législateurs de l'ancienne Rome. La constitution chez les Grecs, à cause de leur vie extérieure et de leur mobilité, était libre, licencieuse même; la même superstition se transformait presque entière dans une mythologie légère et enjouée, dans laquelle se rencontraient quelques idées dont je dois parler, idées empruntées à un système différent et meilleur.

Le matérialisme oriental a de commun avec le

système de l'émanation l'indéfinie plénitude de sa poésie ; et même cette sauvage inspiration qui alors a succédé à la sombre tristesse du système primitif est la véritable source de toutes les créations gigantesques de la poésie et de la fable. C'est sur ce point de vue qu'a été fondée l'apothéose des hommes extraordinaires ; car la force créatrice et destructive de la nature est surtout manifeste dans les héros ; en eux elle est pour ainsi dire personnifiée. *Kartikeya* ou *Skandah*, le dieu de la guerre à six bras, est dans la fable indienne l'assidu compagnon de Sivah. Peut-être aussi ce ne sont pas seulement les héros, mais encore les génies inconstants qui ont reçu l'apothéose. Que le premier pas accompli dans la découverte des secrets de la nature et de la science ait flatté beaucoup l'orgueil de l'esprit humain, c'est ce que l'on conçoit facilement, quand on voit l'historien lui-même s'étonner de ces découvertes, et être tenté de les attribuer à un pouvoir miraculeux. C'est pourquoi, conjointement avec les astres et les autres substances naturelles, objets de ces découvertes, la raison et la science furent aisément divinisées. C'est ici qu'on pourrait rapporter l'idée répandue si loin d'Hermès et de Thaut, peut-être aussi de l'Indien *Bouddha*, encore plus ancien. Un autre Dieu également inventeur, *Ganeschah*, est l'inséparable compagnon de Sivah. Pour conclure, je remarquerai encore que les monuments qui existent à Illaure, dans l'île d'Eléphanta et ailleurs, établissent avec certitude la haute antiquité de ce point de la doctrine et de la tradition du peuple indien. Ainsi, le sens primordial de l'art plastique chez les Indiens et les Égyptiens, même chez les Grecs, ne peut être compris et interprété que par cet ordre d'idées. Dans les Védas, il est prescrit d'immoler des victimes humaines à la déesse Kali. Mais ici, il serait peut-être indispensable de posséder le texte même, et d'avoir fait un travail critique mûrement examiné dans tous ses points, pour savoir si l'âge de ce monument, vu dans son ensemble, se peut déterminer en quelque sorte, et s'il serait possible de spécifier avec quelque sûreté ce qui n'appartient qu'à une addition postérieure.

CHAPITRE IV.

LA DOCTRINE DES DEUX PRINCIPES.

Nous nous approchons ici d'un idéal plus beau, de l'antique religion de la lumière, de la doctrine orientale des deux principes et de l'éternel combat du bien et du mal. Partout, en effet, où nous trouvons ces vestiges, ce système paraît dans une rigoureuse et même contradictoire opposition vis-à-vis des systèmes que nous avons reproduits jusqu'ici; il est, pour ainsi dire, le rétablissement de la vérité divine, dont la lumière originelle avait été perdue bien après sa première manifestation. L'esprit du dualisme est entièrement idéaliste. Il est vrai que la conception de l'activité du moi est commune à tous les systèmes indiens; et l'idée que toutes les forces matérielles dérivent de l'être spirituel est d'autant mieux et plus formellement établie, que nous remontons plus dans l'histoire de la pensée orientale; de sorte que, dans ce sens, on pourrait regarder comme idéalistes la plupart des philosophies de cette partie du monde. Mais le rapport le plus réel entre l'idéalisme dont nous parlons et ce qui dans la philosophie européenne est appelé idéalisme, consiste en cela que l'activité, la vie et la liberté sont reconnues comme d'effectives réalités, tandis que le repos mort et l'immuable persistance de l'être sont des points de vue rejetés comme vides et stériles.

Il est vrai que des difficultés d'une très-grande importance s'élèvent aussi contre le système du dualisme considéré en soi. Si, en effet, nous supposons un mauvais principe, qui demeure, comme tel, éternellement séparé du principe du bon et du divin, il est donc nécessaire de supposer aussi, outre la divinité, une autre force, un autre monde, sinon égal à cette divinité, du moins indépendant et ne s'accordant point avec elle; ainsi est détruite toute unité. Mais, si l'on adopte l'opinion généralement reçue que, dans son dernier développement, le mauvais principe sera vaincu et changé; qu'Ahriman réconcilié s'unira avec Ormuzd; dans ce cas, la discorde ne sera plus qu'à la surface et disparaîtra pour le fond;

tout se changera, d'une manière panthéistique, en un seul être, et l'éternelle différence entre le bien et le mal disparaîtra. Nonobstant les défauts que comporte le dualisme, on attribuera aisément à la religion intellectuelle des Persans, au moins sous le rapport moral, une grandeur et une vérité relative, supérieure aux autres systèmes orientaux, inférieure seulement à la religion chrétienne, telle que celle-ci a été préparée dans l'ancien Testament, et qu'elle a été plus tard perfectionnée et accomplie dans le nouveau.

Le panthéisme détruit nécessairement la différence entre le bien et le mal; le mot lui seul l'indique avec beaucoup d'énergie. De son côté, l'émanation accable l'esprit libre par le sentiment d'une faute infinie et cachée, et par la croyance que tout ce qui existe est à jamais mauvais et malheureux. La doctrine des deux principes, du combat du bien et du mal, tient le milieu entre ces deux extrêmes ; elle est même une impulsion puissante pour soutenir le combat, elle ouvre pour la vie morale une source qui ne peut tarir. Aussi, quelle que puisse être l'origine cachée de cette doctrine, de ce système qui peut-être se joint à la plus ancienne vérité (Zerduscht n'en étant que le réformateur, et comme tel ne pouvant l'avoir inventé), nous osons regarder cette source antique comme respectable et vraiment divine; car la vie libre, la pratique, la force pure et morale, ne peuvent être saisies et réalisées que par l'action. Et cette doctrine ne saurait être regardée comme un rêve de poésie et d'imagination : le combat du bien et du mal est un mot sans idée, excepté pour celui qui a combattu lui-même avec toutes les forces de son être contre le mal, ému d'une pure et parfaite inspiration pour le bien. Quoique cette doctrine, par suite de l'unité de son organisation, puisse être appelée système, dans son origine elle est cependant plus qu'un système, elle est l'action et la vie; or, celui qui a eu conscience de sa propre liberté peut, par cela même, comprendre aussi la vie de la nature.

Cette religion ne choisit pas dans la nature, comme objet de sa vénération, ce qu'il y a de sauvage et de destructeur, pas plus que la volupté et la mort; mais ce qu'elle recèle de pur, de bienfaisant, le feu et la lumière, et en général la vie libre et l'esprit intérieur. Les sept Amshaspands ou esprits des éléments, et les sept forces primitives se tiennent, comme autant de rois de la nature, autour du trône de leur souverain, le premier d'entre eux, celui dont la splendeur est sans rivale. Le ciel est rempli par les saints Fervers, les types divins, les idées de toutes les choses créées. L'astre du jour, l'ami des hommes (Mithras), est le médiateur entre ceux-ci et la divinité. Là, on ne voit plus de sacrifices sanglants ; les prêtres à l'autel consacrant et mangeant le *hom*, le pur *miezd*, signifient l'intime communication avec Dieu par le moyen des plus nobles fruits de la terre, et par la vertu des plantes et des fleurs.

Mais les éléments ne sont pas l'unique objet essentiel de la vénération dans ce culte ; ce sont aussi les héros. Ici, les héros ne sont plus seulement des vainqueurs, des destructeurs de villes et d'empires ; ils ne sont pas de simples forces de la nature, déifiées comme telles : ce sont les célestes triomphateurs des géants, des sombres puissances et des esprits infernaux. Le combat entre Iran et Turan sur la terre est le même que la lutte du bon et du mauvais principe dans le ciel. Féridoun et Rustan, héros tant célébrés, enchaînent la force sauvage du Zohak et de l'Afrasiab ; mais, au-dessus de tous les héros, Dschemschid, type des rois accomplis, sort avec splendeur des ténèbres de l'antiquité. L'idée d'un royaume parfaitement heureux, où toute lumière règne enfin dans un monde de joie et de bénédiction, appartient nécessairement à cette doctrine, aussi bien que l'idée d'un état primitif et parfait où Meshia et Meshianès se promenaient dans le jardin de l'innocence. C'est cet ordre d'idées que la religion de Zoroastre avait voulu rétablir.

Maintenant, si nous considérons la mythologie indienne, nous trouverons que sa plus grande et certainement sa plus belle et sa plus aimable partie se rapporte à ce système. D'après lui, il faut expliquer le conservateur bienfaisant, pénétrant toute chose, Wichnou avec son cortége de divinités; la représentation de son épouse, *Sri* ou *Lokshmi*, ne ressemble nullement à la sauvage compagne de Sivah, à la terrible Kali. Celle-là est le lis du ciel (*podma*); elle est heureuse et elle rend heureux; divinité, elle est la sœur du doux *Varouna*, dieu de la mer. *Kama*, dieu de l'amour, se trouve le plus souvent auprès de lui, aussi bien que le dieu du soleil, *Indra*, propice aux morts; enfin avec tous les esprits heureux et bienfaisants, les fées et les nymphes célestes. Comme roi, comme sage, comme héros qui opère des merveilles, Wichnou apparaît souvent sur la terre; il pénètre tous les mondes, mais toujours dans le but de dompter le crime, d'exterminer les géants et les puissances ennemies, et de protéger les hommes vertueux et les esprits terrestres, de concert avec leur divin conducteur, le bienveillant Indra.

Quoique cette idée soit défigurée par la poésie et par la fable, dans laquelle nous voyons le dieu revêtir, outre les formes humaines d'un sage ou d'un héros, celles d'une tortue, d'un sanglier, d'un homme-lion, d'un poisson ; cependant cette haute idée de l'incarnation démontre la profondeur d'esprit des Indiens, et le degré où leur science était parvenue ; car ces transformations, malgré leur diversité, se ramènent à ce noble but, toujours le même, celui de prêter secours à ceux qui veulent le bien, et de traverser, d'exterminer même ceux qui pensent et qui pratiquent le mal. Il est bien vrai que, dans d'autres mythologies, surtout quand elles sont devenues plus morales, on trouve des modèles de héros qui s'approchent de l'idée d'une vertu divine, des héros qui, en suivant la loi, la haute vocation, ne combattent que le mal, et se lient d'amitié à tout ce qui est bien. Mais dans aucun héros, jamais, dans l'Hercule des traditions poétiques, vous ne verriez l'idée de l'incarnation d'un dieu si visiblement exprimée que dans l'Indien Rama, ce doux vainqueur dont le bannissement volontaire, la retraite dans la solitude, et l'amour heureux et malheureux tour à tour pour Sita, sont décrits par le poëte avec un charme si vrai, une couleur poétique si belle et si touchante.

Sur un degré encore plus élevé se placera la doctrine des deux principes. A considérer la haute moralité qu'elle introduit dans la vie et dans la doctrine des solitaires indiens et des *Mounis*, surtout comme ils sont représentés dans les Pouranas, on n'y voit plus que sur le dernier plan la dureté de ces anciens pénitents, de ces Richis qui, par les tourments qu'eux-mêmes s'étaient imposés, voulaient conquérir le plus haut point de la félicité et de la force surnaturelle. Ce qui s'y montre çà et là, c'est surtout le plus tendre et doux abandon de l'âme en Dieu, un sentiment plein d'humilité et de douceur, un pur amour céleste.

Si le culte de Wichnou occupe une grande place dans les Védas, il faut avant tout se demander si l'idéal de ce culte y est bien le même que dans les Pouranas. Du moins, dans le livre des lois de Manou, l'idée du dieu Wichnou n'est pas la même que dans les Védas. Mais c'en est assez sur ce point ; car ce que nous possédons de documents jusqu'ici est bien suffisant pour distinguer les différentes parties en général du système indien, les divers degrés de son développement, et pour ainsi dire les étages de sa mythologie : on peut ainsi fort bien ordonner tous ces points d'après la marche de l'ensemble, mais non pas déterminer les époques avec précision, et jeter dans le monde de la science une histoire qui serait complète.

Non-seulement la doctrine des deux principes, unie à l'esprit du naturalisme ou d'un culte matériel a produit les plus grandes beautés dans les mythologies persane et indienne; mais encore elle a exercé une telle influence sur la mythologie grecque et romaine et sur celle du Nord, que ce n'est que par son cercle d'idées qu'il est facile de s'expliquer beaucoup de points de ces trois religions. Toutefois cette doctrine n'est pas purement poétique; elle est au contraire susceptible d'être soumise à la critique et au point de vue de la philosophie. Nous apercevons même dans les symboles des Persans un rapport de nombre et de figures emblématiques, ainsi qu'une organisation fondamentale dont le germe se trouvait déjà dans la première dualité des forces primitives, qui luttent, agissent et triomphent tour à tour. Or, nous avons les plus grands motifs de croire qu'un système pareil à celui-là, tant pour son contenu que pour son esprit, a existé dans l'Inde.

En effet, si la philosophie *nyaya* (1), avec la *mimansa* qui est la plus ancienne, contient de

---

(1) Nyaya, dans les exemplaires manuscrits d'Amaracasha, est expliqué par *certamen*, combat; si toutefois le nom de cette philosophie n'est pas dérivé de *niyote*, en latin *constituit*, dans le sens d'établir. De là vient le mot *niti*, la morale. Mais nyaya pourrait bien aussi, d'après la première explication, être expliqué dans le sens de dialectique. Nos notions sur la philosophie de l'Inde sont encore si incertaines, que les uns regardent la nyaya comme une partie de la philosophie, à savoir la logique; d'autres la représentent comme un système tout spécial et comme une secte particulière.

pareils principes du dualisme ; si les deux systèmes du *madhwa* et du *ramanuja* dans lesquels se partagent les sectateurs de Wichnou, et qui sont combattus tous les deux dans les écrits Védantas, appartiennent à ce système, c'est ce que le temps éclaircira; le temps aussi résoudra la question de savoir si Zerdusht ou Zoroastre a puisé ou non dans les idées et les doctrines indiennes. Tant d'idées étant sorties de l'Inde, ne se pourrait-il pas que quelques-unes d'entre elles fussent retournées dans leur berceau ? Du moins, il ne faut pas se refuser à trouver de telles possibilités; il faut les avoir très-bien présentes à l'esprit pour ne pas mettre en règle générale ce qui n'était qu'un cas très-souvent répété, et s'exposer à méconnaître le caractère de faits qui sont des accidents particuliers.

Mais s'il existe une classe d'écrits indiens qui aura subi des influences étrangères, les Pouranas, dans lesquelles dominent la religion et la fable de Wichnou, sont en première ligne dans cette catégorie. Quoi qu'il en soit, ces influences n'ont eu lieu sans doute que par l'introduction de quelque système philosophique et postérieur, qui aurait dévié du système primitif. D'un autre côté, si dans les Pouranas on rencontre, non-seulement des particularités et des personnages de l'Ecriture sainte, dont le souvenir avait dû être général parmi les peuples, comme par exemple l'histoire de Noé, mais encore des faits qui paraissent appartenir exclusivement au livre sacré, tels que l'histoire de Job, il ne faut pas en conclure que les sages et les poëtes indiens aient puisé ces faits immédiatement dans les écrits de l'ancien Testament ; car il devait exister plus de choses communes aux Hébreux et aux Persans, aux Persans et aux Indiens, que l'on n'a coutume de le supposer.

Quelque aspect favorable que nous présente le système des deux principes par comparaison avec les autres systèmes, on ne peut pas cependant nier que l'erreur et la superstition ne se soient glissées de bonne heure à travers la vérité : c'est là, au reste, ce qui arrive nécessairement partout où la volonté souveraine ne conserve pas elle-même la lumière spirituelle dans toute sa pureté. Dans ces temps antiques où toute chose était saisie avec pénétration et sous un aspect exclusif, souvent un faux pas suffisait pour opérer les plus grands changements, pour descendre de la plus belle idée à des institutions et à des usages que l'on peut à peine considérer sans horreur. Or, de la pensée qui non-seulement est belle poétiquement, mais aussi qui contient de profondes vérités ; de la pensée de la beauté, de la pureté, de la sainteté des êtres supérieurs ou des éléments, naît une sollicitude attentive et mêlée de crainte pour ne pas souiller ou empoisonner cette source sacrée de la vie et les esprits de la nature, même par le contact des vivants avec les morts.

C'est de là que vient aussi ce qui a lieu dans la religion persane, où il est défendu et considéré parmi les plus grands crimes d'enterrer un cadavre, ou même de le faire brûler par le feu consacré. C'est ainsi que prit naissance l'horrible coutume des anciens mages, celle de faire déchirer les cadavres par les animaux carnassiers. On donnait ainsi au mauvais principe ce qui lui appartenait ; là, c'était la mort. Cet usage s'était continué dans le Thibet, bien que la religion ait été changée depuis. Il s'était répandu jusqu'à l'angle septentrional du Kamtschatka ; d'ailleurs on peut observer que les usages subsistent encore longtemps après que la constitution ou le système dans lequel ils ont pris naissance ont disparu de la scène. En général, le système des deux principes ne se présenta pas toujours comme une philosophie ou du moins comme un système complétement arrêté ; et c'est pourquoi il était aisé à la superstition astrologique de se glisser par plus d'un côté dans ce culte épuré des éléments naturels, et en revanche ce culte lui-même était prompt à s'associer aux superstitions de l'astrologie.

La lumière divine, dont cette doctrine se plaît à célébrer la victoire de plus en plus croissante, était par là représentée comme une essence qui ne s'est formée que peu à peu, comme une aurore d'un temps plus nouveau et meilleur, qui a été précédée par un état bien différent d'antique obscurité ; et voilà comme on revint à l'idée matérielle du chaos, de l'obscurité primitive, de la nuit, comme la mère universelle des choses.

Je ne rappelle tout cela que pour que l'on ne pense pas que les mythologies qui, comme celle des Grecs, placent leur point de départ au chaos, soient par cela même purement matérielles, et qu'elles n'aient aucun rapport avec les idées plus pures et plus sereines de ce même système des deux principes, dont l'influence était si grande même dans le domaine de la poésie.

On a encore abusé, d'une autre manière, de la religion de la lumière, si belle dans son origine. Il n'y a rien dans l'antiquité qui ait plus contribué à la formation et au perfectionnement des sociétés secrètes et des mystères, que la superstition astrologique unie à la doctrine du double principe. Et cependant on aurait dû s'attendre à voir s'établir plus d'humilité, plus d'amour, à mesure que les esprits s'éclaireraient davantage ; mais nous voyons au contraire que, là même où l'esprit humain s'est le moins détourné de la véritable source, son progrès a plutôt contribué à gonfler l'orgueil qu'à exercer les sentiments dont je viens de parler. Ceux qui se croyaient possesseurs de plus grandes lumières et de tous les secrets de la sagesse auraient voulu, se séparant dédaigneusement de la foule, vivre dans la retraite seuls avec leur égoïsme caché, et, se substituant à la Providence, porter à tout leurs mains, imprimer à toute chose leur propre direction; enfin, ils se croyaient autorisés à regarder et à traiter tous ceux qui n'étaient pas initiés, comme la simple matière et l'aveugle instrument de leurs desseins.

Cela peut être arrivé dans la première antiquité, aussi bien que dans des temps plus modernes, plus souvent et avec plus de résultat qu'on ne le suppose d'ordinaire.

CHAPITRE V.

DU PANTHÉISME.

De toutes les idées, de tous les systèmes de l'Orient qui ont la plus grande autorité historique, à cause de leur influence étendue, nous n'avons plus à nous occuper que du panthéisme. Son esprit est manifeste dans la doctrine des bouddhistes, laquelle doctrine, environ mille ans après son origine, et au temps du Christ, a été introduite dans le Thibet et dans la Chine, domine encore à Siam, dans toute la presqu'île orientale, ainsi qu'à Ceylan, et s'est répandue aussi parmi les peuples tartares. C'est du moins au Fo des Chinois qu'il faut attribuer, comme sa doctrine propre, essentielle et ésotérique, comme son idée la plus précise et la plus claire, cet axiome que tout n'est rien, auquel conduit si naturellement la doctrine que tout est un. Car, lorsque tout se détruit et disparaît devant une simple idée abstraite et négative de l'infini, cette même idée s'évanouit à son tour ; elle se convertit dans l'idée du néant, elle qui, dans son origine, n'était rien que vide et dépourvue de substance.

Il ne faut pas s'étonner si nous considérons le panthéisme comme la plus jeune de toutes les philosophies orientales. Les preuves seront données un peu plus bas. Seulement nous faisons remarquer ici qu'il faut que le sentiment vif et profond de l'infini et de sa toute-puissance ait été bien grandement affaibli, avant qu'il pût se changer dans cette idée d'unité et de tout, idée fantastique, ombre vaine qu'il est si difficile de distinguer de l'idée de rien. Tous les autres systèmes orientaux se rapportent encore, comme à leur base, au miracle divin et à la révélation, tout défigurés qu'ils soient par la fable et l'erreur. Le panthéisme seul est le système de l'entendement pur, et c'est pourquoi il fait déjà la transition de la philosophie orientale à celle de l'Europe ; il flatte l'amour-propre aussi bien que la paresse de l'homme. Cette grande découverte, cette science qui embrasse et détruit tout, et qui est pourtant si légère, cette raison identifiée avec la sagesse, ayant une fois produit la grande découverte du panthéisme, savoir, que tout est un, on n'a plus besoin de recherches ultérieures; tout ce que les autres connaissent et croient d'une autre manière n'est qu'erreur, illusion, faiblesse d'esprit, de même que toute vie et tout changement n'est qu'une vaine apparence.

Quand le sentiment panthéistique possède toute sa force et sa profondeur, quand cette doctrine est exposée dans tout son sérieux, alors elle prend un caractère terrible : là prennent leur cause ces tortures volontaires qui détruisent l'esprit, et si difficiles à concevoir pour l'observateur de sang-froid; de là les tourments que s'imposent les *Yoghuis* et les *Sonnyasis* qui se proposaient l'annihilation du moi comme leur but et leur souverain bien. C'est le contraire qui a lieu chez les organisations plus froides ou plus faibles; la conviction que tout mal n'est qu'une vaine illusion, et que tout est parfait parce que tout est un, emporte avec soi une fausse apparence de paix intérieure et de sérénité.

Peut-être est-ce seulement dans la Chine, où le panthéisme a été connu bien longtemps avant que la religion de Bouddha y ait été introduite, que celle-ci a emprunté quelque chose au premier. Dans les autres pays nous trouvons à l'égard de cette religion, qui est généralement fort mélangée, beaucoup de choses empruntées surtout au culte de Sivah. C'est par là que l'on peut s'expliquer ces images encore aujourd'hui hideuses de la divinité terrible, destructive, des Tatars bouddhistes. Turner a trouvé dans le Thibet les fêtes de Kali, le culte de Kartikeya et de Ganesha, et enfin tout le cortége de Sivah.

Mais en Chine, c'est un système plus ancien, et du panthéisme pur qui est compris dans la fameuse philosophie numérale, telle qu'elle est rapportée dans l'ancien *Y-King*, le livre de l'Unité, l'un des plus remarquables documents primitifs de l'antiquité orientale. Quoique le fabuleux Fo-Hi ait été considéré comme son premier auteur, il faut qu'il soit bien ancien, puisque, d'après l'opinion reçue, Con-Fu-Tse (550 ans avant J.-C.) était le plus moderne de ses commentateurs classiques, et que durant la vie de ce sage on disputait déjà depuis longtemps sur le vrai sens de l'Y-King. Au reste, il peut d'autant moins avoir été changé ou falsifié, qu'il n'est point écrit avec les caractères ordinaires, mais avec des symboles très-simples.

La grande unité de laquelle traite ce livre hiéroglyphique est nommée aussi *tao* ou raison. Le tao a produit l'unité ou monade; celle-ci a produit la dyade, qui elle-même a produit la triade, par laquelle enfin toutes choses ont été faites. L'unité primitive est aussi appelée *tai-ki*, le grand faîte, duquel tout provient, et où s'arrête toute distinction, toute détermination; puis elle se partage en deux principes opposés, de la liaison et de la combinaison desquels toute chose découle, d'après les lois d'un mécanisme inflexible et d'une nécessité aveugle attribuée à ce tao. Le *yang* et le *yn*, c'est-à-dire, d'une part le parfait, le mâle ou l'actif, de l'autre l'imparfait, le féminin ou le passif, s'expriment par une ligne droite et une ligne brisée. De ces deux lignes en naissent quatre autres unies entre elles ; ce sont autant de symboles qui représentent le grand et le petit yang, le grand et le petit yn, et donnent lieu à diverses combinaisons, selon que les deux lignes brisées ou les deux droites sont mises l'une au-dessus de l'autre, ou bien les deux cas contraires, selon que la ligne brisée est placée au-dessus ou au-dessous de la ligne droite. Les huit *koua*, ou symboles résultant de la triple combinaison de yang et de yn, expriment un égal nombre de forces primitives. Dans la combinaison sextuple, qui vient du redoublement de la triple combinaison, on peut déjà trouver l'expression symbolique de certaines idées morales. Là tout se perd dans une sorte de jeu numéral où, philosophiquement parlant, toute apparente individualité n'est que la diversité des degrés et des combinaisons. Chez

Confucius, ce n'est pas le nombre quatre ou le nombre six, comme dans les autres philosophies numérales, mais c'est le nombre cinq qui est considéré comme le premier nombre formant le milieu parfait. Les cinq impairs des premiers nombres jusqu'à dix sont regardés, d'après ce philosophe, comme des nombres célestes; de leur côté, les pairs sont les nombres terrestres.

Si le panthéisme n'est pas simplement une idée, comme chez les Indiens Yoguhis et Sonnyasis, d'après le rapport du Baghavatgita, mais s'il se présente plus ou moins comme un système scientifique, il ne saurait être autre chose qu'un jeu pareil à celui que je viens d'exposer, qu'une combinaison progressive de l'affirmation et de la négation, de l'être et du néant, d'après un simple mécanisme de l'entendement; et ce jeu combinatoire représente mieux au fond cette symbolique numérale que les mots ne pourraient le faire. Or, comme cela se trouve dans la plus ancienne forme du panthéisme, il est fort vraisemblable que ce dernier est né du dualisme dégénéré et mal interprété. Aussitôt que la doctrine des deux principes cessa d'être une religion et devint un système, l'idée de réunir ces deux principes et de les convertir en un seul plus élevé ne pouvait manquer d'intervenir.

Le sens primitif de *yang*, selon de Guignes,

est lumière et mouvement ; celui de *yn* est obscurité et repos. On trouve bien des choses, dans la doctrine chinoise et dans la tradition de Confucius, dont on ne peut contester la ressemblance avec les idées persanes, comme on l'a aussi remarqué à l'égard de quelques points des origines mosaïques. La distance des pays n'est pas aussi grande qu'elle le paraît au premier abord. L'ancienne civilisation de la Chine avait son chef-lieu dans la province nord-ouest de Schen-Si, et la doctrine des Perses dominait dans la Bactriane ; on sait aussi que le philosophe *Laokiun* avait voyagé fort loin dans l'ouest.

La sankhya indienne ou la philosophie numérale ou dialectique de Kapila a-t-elle subi la même révolution ? Est-il arrivé aux autres systèmes philosophiques ce que plus tard il arriva à la doctrine de Fo, qui passa des Indes à la Chine? Dans les scholies du Code de Manou, *Mahat*, le très-grand, très-puissant, et *Avyakta*, l'indéterminé, l'indivisible, l'inconcevable, sont éclos comme les deux principes de la philosophie de Kapila. Mais peut-être n'est-ce qu'une apparente dualité qui est ici représentée comme elle l'est dans l'Y-King. Quoi qu'il en soit, que l'esprit de la doctrine sankhya soit entièrement panthéistique, c'est ce dont on ne saurait douter, du moins d'après ce qui se voit dans le Bhagavatgita ; autrement, il faudrait supposer que l'auteur de ce poëme ne l'eût pas du tout comprise, ou bien qu'il l'aurait faussement expliquée, d'après sa propre manière de voir. Dans le Bhagavatgita, comme probablement dans toutes les œuvres attribuées à *Vyasa*, domine la doctrine *védanta* dont il était l'auteur; c'est pourquoi nous connaissons mieux cette philosophie que toutes les autres doctrines de l'Inde.

Or il est facile de se convaincre, même par une simple traduction, que la mimansa n'est qu'un pur et parfait panthéisme; dans la précision philosophique de l'original, il y a beaucoup de passages encore plus forts. Mais sans doute ce n'était, comme le montre déjà le nom de Védanta, qu'une interprétation de l'ancien système indien consacré par les Védas.

On a donc laissé absolument l'ancienne tradition, de même que l'ancienne constitution; seulement on a joint autant que possible le nouveau sens, et tout rapporté à la grande unité, « le très-haut *Brahma*, et *Ghuinyon*, l'objet de la connaissance, » double terme qui n'est que l'unité, ou l'indifférence expresse entre l'être et le non-être, *sat* et *asat* (cap. 13). Il y a bien aussi quelques passages qui contredisent assez clairement les Védas eux-mêmes. Quoi qu'il en soit de la louange illimitée que l'auteur de la Védanta prodigue en toute rencontre à la philosophie sankhya, il résulte qu'il y a, entre l'une et l'autre de ces productions de l'esprit humain, un accord réel dans la manière de penser en général.

Cependant quelques auteurs pensent que la sankhya est un système de physique, de même que la mimansa est la morale, et la nyaya est la dialectique ; d'autres, au contraire, regardent ces diverses dénominations comme correspondant à des systèmes de philosophie divers et complets. Dans ce cas, la nyaya mériterait la plus grande attention comme l'une des plus anciennes philosophies ; seule avec la mimansa, elle a été continuée dans le Code de Manou, et elle est placée avec elle dans les Oupangas. L'esprit moral de la mimansa et le caractère spéculatif de la sankhya s'accordent bien avec la place que nous leur avons assignée dans l'ordre des systèmes. Plus nous connaîtrons les originaux indiens, plus une décision mieux établie deviendra possible. Pour le présent, c'est déjà beaucoup de connaître, par le livre des lois de Manou, le point de vue le plus antique de la philosophie de l'Inde, celui qui est la base de toute la constitution, et de connaître, d'après le Bhagavatgita, la doctrine védanta dans ses points essentiels ; or la védanta, comme la plus moderne de ces diverses doctrines, embrasse tout le système de la littérature de l'Inde.

Pour concevoir l'ensemble de la littérature indienne, on peut la partager en quatre époques générales ; la plus ancienne contient les Védas et tout ce qui y tient de plus près, comme le Code de Manou. Que les Védas, quoique falsifiés dans des passages isolés, n'aient pas été pour cela entièrement refondus, c'est ce qui est assez établi par la circonstance qu'à une époque bien reculée on ait eu besoin de dictionnaire pour la comprendre. Le *Rig* et l'*Yadjourvéda*, écrits en prose, contiennent une doctrine tour à tour cosmogonique, magique et liturgique ; le sujet du *Samavéda*, écrit en vers, est moral, mais probablement avec de nombreux mélanges mythiques et historiques, aussi bien que dans le *Manavadharmashastra*.

Une autre grande époque comprend tous les ouvrages attribués à Vyasa, savoir : les dix-huit Pouranas, le Mahabarat, et la philosophie védanta. Quoiqu'ils soient trop nombreux pour qu'un seul homme ait pu produire tant d'écrits, on aura sans doute trouvé dans tous la même doctrine et la même manière de voir, sans aucune différence notable pour le style ; tandis que cette différence est bien frappante, si on compare ces écrits avec le Code de Manou.

Quoique les Védas, comme la plus ancienne et la plus mystérieuse doctrine, attireraient probablement la plus grande curiosité, cependant tout ce qui est placé entre eux et les Pouranas ne peut être moins instructif ou moins important. C'est à cette période qu'appartiennent presque tous les systèmes de philosophie qui doivent être plus anciens que le védanta; car ce dernier, tantôt se joint à ces doctrines comme à la sankhya, tantôt il les contredit et se met avec eux en opposition; ensuite le Ramayan, et peut-être aussi, d'après leur première origine, beaucoup d'autres poëmes insérés dans les Pouranas. La haute antiquité du Mahabarat et du Ramayan, à ne pas considérer leur forme actuelle, mais l'essence de la poésie que renferment ces poëmes, est prouvée d'une manière incontestable par divers monuments, et en particulier par ceux d'Ellore.

Nous pouvons regarder ce temps comme la seconde époque; les Pouranas et les autres ouvrages de Vyasa font la troisième. Enfin Kalidas et les autres poëtes qui, à l'aide du drame et des autres formes de la poésie, représentent l'époque où les vieilles traditions, si longtemps réservées exclusivement aux prêtres, deviennent populaires, constituent la quatrième et la plus récente époque de l'ancienne littérature de l'Inde. Les plus remarquables de ces poëtes florissaient au temps de

Vikramaditya, à peu près contemporain de l'empereur Auguste.

Mais, et afin de résumer tout ce second livre, les époques les plus importantes de la philosophie et de la religion indienne, comme de l'Orient en général, peuvent être déterminées ainsi qu'il suit : d'abord parut le système de l'émanation, qui dégénéra plus tard dans une superstition astrologique et dans le fanatisme matériel; puis est venue la doctrine des deux principes, dont le dualisme s'est changé plus tard en panthéisme, comme nous l'avons vu.

L'esprit humain n'est pas descendu plus bas dans la philosophie orientale que le panthéisme, système au reste aussi funeste à la morale que le matérialisme, et qui n'est pas moins que ce dernier destructif de l'imagination. Sans doute, on ne manquerait pas de trouver certaines idées d'un ordre inférieur, plus vulgaire, des idées sceptiques ou tout-à-fait empiriques, surtout parmi ceux des Indiens chez qui, sous une apparente uniformité, a eu lieu un développement intellectuel très-varié ; mais on ne citerait que des exemples isolés, et nous n'avons aucune preuve que ces idées se soient développées dans quelque système ayant une forme scientifique.

Nous avons voulu pour le moment fixer l'attention sur ce qu'il y a de plus important, sur ce qui marque l'époque, et ce qui particulièrement éclaire la marche du tout. Pour ne pas distraire la vue par la trop grande diversité des objets, nous avons retranché à dessein bien des choses qui auraient pu expliquer encore plus clairement les rapports opposés et la liaison des différents systèmes, les transitions successives de l'un à l'autre, leur développement, leurs détails, et jusqu'aux nuances de chacun d'eux.

TROISIÈME LIVRE.

—

IDÉES HISTORIQUES.

CHAPITRE PREMIER.

DE L'ORIGINE DE LA POÉSIE.

Les anciennes langues dont nous avons cherché, dans notre premier livre, à découvrir la tige, depuis la racine jusqu'aux branches les plus élevées, sont, par rapport à l'histoire originelle du genre humain, plus instructives et plus importantes que tous ces monuments en pierre, ces constructions dont la dernière postérité regarde encore avec étonnement les débris gigantesques, à Persépolis, à Ellore, ou à Thèbes. Mais l'histoire de la religion, l'histoire des idées dominantes, ne pourrait pas être séparée, ni dans les temps anciens ni dans les temps modernes, de l'histoire des faits et de tout ce qui concerne la vie politique des nations. C'est pourquoi, après avoir exposé dans le second livre le développement successif de la pensée orientale, d'après les quatre systèmes les plus remarquables, ou plutôt d'après les époques les plus importantes de la pensée en Orient, nous destinons ce troisième et dernier livre à l'exposition de certains corollaires et de considérations qui résultent d'une manière immédiate de la langue et de la philosophie, de ce double et solide fondement sur lequel on pourra désormais élever une construction de l'ancienne histoire plus puissante et plus durable qu'elle ne l'a été jusqu'ici.

Au lieu de nous égarer dans la comparaison de certaines conformités existantes entre diverses mythologies et celle de l'Inde, nous avons bien plutôt cherché à retracer une esquisse générale de la plus ancienne pensée de l'Orient, d'après les documents les plus avérés. Cette conception du tout peut seule écarter l'obscurité; elle pourrait même, en y joignant la généalogie historique des langues, donner le fil conducteur pour retourner sur nos pas dans cet antique labyrinthe, et voir enfin poindre la lumière. Ici encore nous mettons de côté la multiplicité sans bornes des développements et des détails de la mythologie; mais, quoique toute la plénitude de l'imagination ne se laisse pas ramener à une conception positive, on ne peut cependant nier que, parmi toutes les diversités qui se trouvent entre les mythologies les plus éloignées, il n'y ait certaines concordances en général; que, parmi tout ce qu'il y a d'arbitraire dans les jeux de la poésie, tout soit entièrement dépourvu de signification; et qu'enfin toutes ces diversités elles-mêmes ne puissent être ramenées à une seule et même idée: et cela, non-seulement par le procédé que l'on a coutume d'appeler allégorie, mais surtout dans l'esprit de la chose, dans la pensée dominante, dans la direction ou la tendance du sentiment. Il est facile d'expliquer pourquoi cette communauté des mythologies, pourquoi cette pensée dominante qui fait la base du polythéisme; et du moins on peut vous montrer le point où est née la mythologie, et comment son développement successif fut une conséquence immédiate de la marche même de l'esprit humain.

La doctrine de l'émanation, c'est-à-dire du déploiement infini et successif de la substance divine, ainsi que de l'animation universelle, contient le premier germe du polythéisme. Dans l'adoration de la nature matérielle et dans la superstition astrologique se montre la plénitude des fables antiques; mais la mythologie était adoucie, embellie, enrichie par la doctrine des deux principes, par la religion de la lumière et l'apothéose des héros animés de l'esprit divin. Et enfin, sitôt que la philosophie panthéistique, quel que fût le lieu de son origine, fut devenue dominante, la mythologie ne put demeurer que comme simple allégorie, comme doctrine extérieure, comme un simple jeu de la poésie. Autant la mythologie grecque, par rapport à la beauté du développement, est peut-être la plus riche, autant celle de l'Inde devait-elle être la plus étendue, à la considérer dans son essence la plus intime, parce qu'elle a passé tour à tour par les divers systèmes que nous venons d'exposer. A peine pourrait-il se trouver dans l'une des diverses religions intellectuelles de l'antiquité une idée fondamentale qui ait été inconnue au système indien, ou bien une fable occupant une place importante dans une mythologie simplement poétique, et qui ne puisse pas retrouver dans les mêmes sources de l'Inde quelque chose qui lui corresponde, ou même qui la reproduise d'une manière frappante.

Quel rang les mythologies égyptienne et syrienne occupent-t-elles dans cet ensemble? C'est ce qui a été montré au livre précédent. On peut se mettre au même point de vue, afin de considérer les traditions européennes et les poésies mythologiques, celtiques, romaines, grecques, allemandes et slaves; et si les détails laissent quelque obscurité, l'évidence sera toujours sensible à l'égard du tout. Nous avons mis les mythologies que nous venons de nommer dans un ordre tel, qu'elles peuvent très-bien correspondre à l'échelle des différents systèmes philosophiques. En effet, dans la mythologie celtique on trouve encore les traces les plus évidentes des plus anciens systèmes de la migration des âmes; dans l'ancienne religion grecque on trouve moins de ces traces, mais plus que dans celle des Romains. La doctrine des deux principes domine dans la mythologie slave, et même elle n'est pas inconnue dans celle des Scandinaves, aussi bien que la philosophie élémentaire ou astrologique qui lui est ordinairement liée. La mythologie grecque se tient vraiment au milieu comme étant la plus parfaite; moins que les autres, elle possède un sens précis et philosophique; elle serait plutôt une simple poésie.

C'est de la mythologie que se répand sur l'origine et sur la propre essence de la poésie une lumière inattendue. Il est vrai que celle-ci a une origine double; l'une est toujours naturelle, puisque le sentiment, aussi bien chez les hommes sauvages que chez les hommes policés, s'exhale toujours et dans tous les pays par le rhythme et par le chant; mais il y a un autre principe purement mythique de l'ancienne poésie, qui n'est pas si facile à expliquer. On ne peut pas dire ici, comme nous avons dit tout à l'heure, par rapport à la poésie naturelle du sentiment, que celle-ci est née partout d'elle-même, et se renouvelle toujours d'une source intarissable et par sa seule vertu; il y a, au contraire, un lien plus étroit qui resserre cet antique tissu de l'imagination.

C'est de la superstition astrologique et du culte de la nature, toujours fertilisé par la pensée de l'infini et du divin, qu'est venue la plénitude d'une poésie primitive, sauvage et gigantesque; puis, quand la belle lumière d'une inspiration à la fois plus noble et plus douce s'y est unie, la fable adoucie alors est devenue de la poésie. C'est là ce qui fait le caractère des poëtes grecs, particulièrement de ceux qui sont vraiment poëtes, chez qui la fable antique a trouvé sa vie la plus intense, chez qui enfin la mythologie ne s'est pas encore évaporée et réduite au simple jeu d'une poétique allégorie.

Il ne faut pas les regarder, ces poëtes, dans la forme extérieure, comme feraient des connaisseurs vulgaires ou des érudits de profession; il faut étudier leur esprit, leur vie intérieure, et voir que dans le fond ils sont tous des poëtes du même genre, des poëtes mythiques ou héroïques. Ainsi disparaissent les divinités accidentelles qui tiennent à la contexture, à la forme ou à l'expression. Dans Homère comme dans Eschyle, dans Pindare comme dans Sophocle, c'est toujours cette combinaison et, pour ainsi dire, cette fonte de ce qui est primitivement gigantesque et sauvage avec l'élément plus doux, qui forme le charme véritable de la poésie. La différence consiste dans une proportion inégale pour la part que chacun s'est faite de l'un ou de l'autre élément, du sauvage ou du gracieux.

Cela seul, à proprement parler, est la poésie; et tout ce qui dans les temps plus récents, où l'art a policé plus d'une chose d'abord enveloppée dans le noyau primitif, est appelé poésie, ne mérite ce nom que parce qu'il y respire un esprit semblable à celui des anciennes fables héroïques : application, développement, imitation de cet élément primitif, voilà la poésie que je caractérise. Et s'il était permis de hasarder une conjecture, d'après le peu de fragments que nous possédons, j'estimerais que la poésie indienne, d'après sa propre nature, ne diffère pas trop de l'ancienne poésie grecque; seulement le double élément qui compose aussi la poésie indienne s'y montre avec une mesure plus considérable : car, d'un côté, la fable qui fait la base de cette poésie est plus grandiose et plus sauvage que la fable grecque; d'un autre côté, l'élément de douceur, intervenu plus tard, est encore plus aimable et plus exquis, son sentiment est plus moral et plus beau que tout ce qu'on trouve à cet égard dans la douceur de Pindare et de Sophocle.

Le caractère et l'origine de l'art plastique chez les Indiens, Égyptiens et anciens Grecs, sont absolument les mêmes que ceux de la poésie héroïque; c'est encore la même combinaison de ce qu'il y a de hardi jusqu'au gigantesque dans le mythe, et de ce qu'il y a de doux dans le sentiment; là se trouve l'essence de l'ancienne poésie. C'est aussi le sens propre de la beauté plastique chez les Grecs; du moins cela fut ainsi tout le temps que les traces du grand style furent existantes, que l'ancien souvenir n'était pas effacé, et que le sens de l'art n'était pas encore perdu.

CHAPITRE II.

DES PLUS ANCIENNES MIGRATIONS DES PEUPLES.

La poésie qui, dans ces temps reculés, était intimement liée avec la religion, ne fait qu'une avec elle; certaines idées qui, au premier coup d'œil, peuvent nous sembler étranges et obscures, mais qui sont tirées des plus intimes profondeurs de la pensée antique, ont eu une influence que l'on ne peut méconnaître sur les événements primitifs et sur les plus anciennes migrations des peuples. De plus, l'aiguillon du besoin et l'attrait des avantages que promettent les contrées lointaines se sont joints à ces pensées mystérieuses, et ont influé pour leur part sur ces événements primitifs, comme cela est arrivé plus d'une fois dans des temps plus rapprochés de nous. Si l'agriculture et la construction des cités sont les premiers arts de la guerre et de la paix, on peut dire que les rapports et les proportions de la culture et du profit, du commerce et de la conquête, qui dans l'histoire plus moderne semblent dominer si exclusivement, ont eu lieu aussi dans la haute antiquité. Mais, avant que nous considérions l'influence de la religion sur l'établissement des colonies indiennes, nous devons mettre en avant quelques observations générales sur la manière dont il faut concevoir les plus anciennes migrations des peuples, et en général sur leur différence et sur leur origine.

Si l'on veut s'occuper de la foule sans nombre des peuplades diverses et en faire l'objet de sa recherche, il faut, avant tout, mettre de côté toute supposition arbitraire sur l'origine connue des peuples et sur les causes fortuites qui ont présidé à leur formation. Il faut distinguer les populations seulement d'après les caractères qui décèlent leur plus ou moins haute antiquité, de même que les naturalistes coordonnent le gisement des couches terrestres dans les montagnes et à la surface du sol, en suivant exactement l'indication même de la nature.

Nous avons à considérer trois de ces caractères : le premier est le langage, envisagé plutôt dans sa construction intérieure que dans sa partie matérielle ; car, à l'égard des racines, il faut se tenir bien sur ses gardes, des ressemblances factices et cherchées de fort loin ayant été si souvent une cause de bien graves erreurs. Le second caractère est l'emploi des métaux, aussi bien du cuivre et du fer pour la guerre et l'agriculture, que de l'or et de l'argent, comme signes généraux de la valeur et du prix extérieur des choses. Le troisième point à considérer est l'approvisionnement des animaux qui sont les plus utiles à l'homme ; les plus indispensables à ses besoins ; je commencerai par ce dernier caractère, et je ferai d'abord une observation.

La circonstance qu'en Amérique, lorsqu'elle a été découverte, on n'a pas trouvé les espèces d'animaux qui étaient répandues dans l'ancien monde ; ne serait point une preuve suffisante que les Américains fussent une race à part, toute différente des races asiatiques. Une telle assertion ne serait pas fondée, bien que l'on pût y être conduit aussi par la commune individualité de toutes les langues américaines, plus encore par l'identité frappante des mœurs entre ces peuples, et leur ignorance universelle de l'emploi des métaux. Il faut considérer que dans les îles des Indes orientales, qui possèdent le langage et d'autres caractères de la tige asiatique, on ne trouve pas non plus ces espèces d'animaux. Or, s'il est historiquement établi, en partie par les annales chinoises, en partie sur les traditions dignes de croyance des Mexicains, que ce sont des étrangers nouveaux débarqués de l'Asie et de l'Europe qui ont fondé les deux royaumes du Pérou et du Mexique, il faut croire ou bien que ces étrangers n'amenèrent point ces animaux, ou bien qu'ils ne surent point les acclimater et les conserver; ce pourrait aussi être là le cas des premières migrations.

C'est surtout à l'extrémité orientale de l'Asie que l'on découvre beaucoup de points communs avec l'Amérique; même dans l'intérieur de l'Afrique, on peut trouver l'usage du métal et des mêmes animaux domestiques; mais ce ne serait pas un motif suffisant d'établir l'affinité entre la tige asiatique et les nègres africains, s'il n'existait pas d'autre raison plus solide pour rendre vraisemblable cette affinité, et pour battre en ruine l'opinion qui voudrait admettre plus d'une race primitive.

Les différences physiques de la race humaine, du moins en ce que la science a pu découvrir jusqu'ici, ne sont pas d'une très-grande importance en matière historique. La plus notable de ces différences consiste en ce que les Américains dans le sud ne sont pas noirs comme les Africains, et que dans le nord ils n'ont point la blancheur ainsi que les autres propriétés naturelles des Européens et des habitants de l'Asie centrale vers l'ouest, et qui sont le propre de la tige asiatique. Mais cette diversité de couleur et d'autres propriétés pourrait bien n'être qu'une disposition physique soit à s'altérer, soit à se perfectionner, plus ou moins grande selon ces diverses races. Il est d'ailleurs historiquement démontré par les langues et par d'autres preuves, que les races blanches européennes, aussi bien que les noires des Indes méridionales et des îles de l'Inde, ont toutes également une origine asiatique.

Dans ces divisions de peuples qui se succèdent aux temps primitifs, nous retrouvons, comme le minéralogiste dans les couches intérieures d'une montagne, une partie de l'histoire perdue; c'est comme un plan qui se déroule à nos yeux et qui nous explique toute chose avec une clarté surprenante. Dans certains endroits cependant cette partie nous demeure inintelligible; car nous ne pouvons saisir que l'ensemble, la liaison de l'ensemble; il ne nous serait pas possible de deviner également la plénitude des détails.

Un autre objet plus important, plus digne encore de l'attention des historiens, est le mélange des peuples, tel qu'il a eu lieu dans le royaume des Perses, le long du Gihon et de l'Euphrate, du côté du Caucase et de l'Asie Mineure, et en général dans la contrée centrale ouest de cette ancienne partie du monde. S'il entrait dans le cercle de nos recherches de mettre ces détails dans tout leur jour, nous essaierions de montrer comment, par la seule migration, de nouveaux peuples ont pu se former; comment, par exemple, des changements précipités de climat, et par suite une modification profonde de la vie intérieure, ont dû introduire une grande révolution jusque dans le langage et dans les mœurs. Alors, si quelque mélange est survenu avec les branches d'une autre race, il a dû en résulter une nation effectivement nouvelle, d'un caractère particulier, d'une empreinte qui ne peut être confondue avec d'autres. Puis, le moment de la fermentation qui suit l'établissement une fois passé, un grand nombre de siècles ont pu s'écouler sans que l'état de cette nation ait été aucunement altéré.

Dans ce cas, on pourrait préciser avec quel fondement l'Asie centrale est si souvent dépeinte comme la mère et la source inépuisable des peuples émigrants. Ainsi on verrait jusqu'à quel degré est fondée cette opinion que le double courant de l'émigration, dont la marche ordinaire, presque naturelle, a été toujours dirigée de l'est et du sud vers le nord-ouest, s'est rencontré au point que je viens de marquer; parce que dans ce milieu de l'Asie le mélange a été plus multiplié et plus fertile ; on saurait enfin comment cette région a été réellement et depuis tant de siècles le lieu où les nations se sont produites et policées.

On n'aura jamais de l'ancienne histoire une vue claire et parfaitement intelligible, tant que l'on considérera l'émigration des peuples seulement comme une presse et un choc imprévu par l'impulsion d'une loi purement mécanique, et si l'on n'a pas égard aux conditions par lesquelles une grande tige a pu se partager en plusieurs plus petites, toujours plus individuelles. Il en sera de même si l'on n'observe pas comment, par un mélange de peuples divers, un peuple nouveau a pu naître, qui, par le langage et par d'autres caractères isolés, a pu ensuite signaler sa propre empreinte, sa personnalité. C'est par une semblable vue jetée sur les origines primitives, que la lumière vient dans le chaos des événements, des traditions, des opinions bien ou mal fondées qui constituent ce que nous appelons l'histoire ancienne.

De plus, il ne faut pas s'obstiner à trouver chez les anciens toutes les nations que nous connaissons maintenant en Asie ; et encore moins faudrait-il chercher dans la géographie actuelle toutes celles dont ils nous entretiennent. Beaucoup de nations qui se sont formées de la manière que je viens de rapporter ont été aussi par la même voie entièrement absorbées; elles ont disparu, comme nous en avons la preuve dans la langue des Basques, aussi bien que dans celle des Arnautes et des Valaques : faibles débris, ne servant plus qu'à témoigner que de puissantes et vastes nations ont existé autrefois sur ces territoires aujourd'hui tout-à-fait renouvelés. Par une induction analogue, on juge que d'autres nations pourraient bien appartenir à une origine plus récente, et n'avoir obtenu leur accroissement actuel que dans des temps à peu près modernes.

CHAPITRE III.

DES COLONIES ET DE LA CONSTITUTION DES INDIENS.

Nous avons voulu toucher ces questions légèrement et en passant, quand nous l'avons trouvé nécessaire pour la liaison de nos idées. Car, à proprement parler, à nos recherches actuelles n'appartient que le troisième objet qui attire sur soi l'attention des explorateurs de l'histoire primitive, c'est-à-dire la parenté des plus anciens peuples parmi ceux qui sont les plus civilisés de l'antiquité. La religion et la mythologie s'expliquent clairement sur cette alliance ou cette parenté ; elle est aussi manifestée par les idiomes, puis par l'architecture, telle que nous l'admirons dans les monuments persans, égyptiens et indiens. L'architecture est, en effet, une preuve de plus pour établir l'unité d'origine de toute la civilisation asiatique, et cette civilisation est l'objet propre et le but de toute histoire. Quant aux nations de l'Amérique et de l'Afrique du sud, on n'en aurait absolument aucune relation si toutes avaient persisté dans leur indigence barbare, et si ces pays n'avaient tiré de l'Asie et de l'Europe quelque lumière, quelque germe de plus haute spiritualité, de civilisation et de mouvement.

Si, au contraire, chez les peuples de l'Asie, même dans l'antiquité la plus reculée, nous considérons quelque chose de plus élevé que ces simples émigrations qui n'auraient pas eu d'autre but déterminant que l'aiguillon du besoin; si nous considérons l'unité et la ressemblance d'une pensée et d'une constitution profondément établie chez ces peuples, nous devrons aussi ne pas oublier la grandeur immense de l'architecture dans les monuments égyptiens et indiens, par rapport à la fragile petitesse de nos édifices modernes. Ainsi nous ne trouverons pas étrange cette idée que les plus grandes nations sont sorties d'une même tige, et que les nations, à les prendre dans leur origine directement ou indirectement, ne sont autres que des colonies indiennes. Les colonies des Grecs et des Romains, considérées en particulier, ne peuvent guère entrer en comparaison avec cette grandeur primitive ; et cependant quels importants changements et quels résultats n'ont-elles pas produits !

Sans doute le lien entre les colonies et la métropole ne paraît pas avoir été toujours immédiat. Par combien d'anneaux intermédiaires, aujourd'hui perdus, la doctrine de la transmigration des âmes a-t-elle passé, avant qu'elle soit parvenue des brahmes de l'Inde aux druides de la Gaule ? On trouve encore dans le Pérou une branche royale des enfants du soleil, un ancien royaume fondé sur le culte du dieu-soleil, et d'autres traces de l'Inde ; or, combien de conjectures ne pourrait-on pas entasser afin d'expliquer une concordance à des distances si grandes, si les livres de la Chine ne nous laissaient là-dessus quelque ouverture historique ?

La force de la population, parmi les nations sorties de la tige indienne, surtout chez les nations persane et germanique, doit opposer peu de difficulté à notre système, si le nombre des Slaves, tous réunis, et d'après les données des géographes qui, sans doute pour la plupart, ont bien d'autres points de vue à considérer que la différence des races, peut s'élever, en y comprenant tous ceux qui sont dispersés dans la Turquie et l'Allemagne, plutôt au-dessus qu'au-dessous de cinquante millions ; et si on peut faire monter à plus de quarante millions le nombre des Germains, sans compter ceux des habitants de l'Angleterre qui ne parlent pas la langue celtique, et par conséquent sont Germains d'origine, ni les Anglais de l'Amérique du Nord. Il n'est donc pas nécessaire, pour expliquer la filiation des races, d'admettre que la tige primitive ait dépassé le nombre ordinaire d'une horde errante, assez considérable, et telle que plusieurs nous sont connues par l'histoire. A part de l'accroissement successif qui, souvent, a pu être favorisé par la propagation et par la dispersion des peuples, il faut observer que les plus petits peuples, les tiges secondaires, ont été enveloppés, puis absorbés dans l'origine par les plus puissantes populations.

Que l'on considère seulement de quelle manière la langue latine, qui, dans le principe, n'était propre qu'au centre de l'Italie, alors que les Celtes habitaient le nord et les Grecs le midi, s'est depuis répandue de cet espace étroit dans presque tout l'univers. Le latin, par ses filles les langues romanes, domine dans presque toutes les parties du monde; l'italien est la langue du commerce usitée dans le Levant, comme le portugais sur les côtes de l'Afrique et des Indes. L'espagnol est devenu l'idiome de la plus grande partie du nouveau monde. On sait l'influence pour ainsi dire universelle de la langue française, et comment l'emploi du latin règne encore dans la science et en beaucoup d'endroits pour les transactions politiques et pour la religion, de même que le sanscrit, ou du moins quelques formes de cette langue sont usitées dans les liturgies religieuses à Siam et au Thibet. On ne peut non plus méconnaître une influence considérable de l'idiome romain dans l'anglais, l'allemand, le valaque; tant ce peuple, si peu nombreux au commencement, a répandu au loin son influence et sa langue, un peuple dont la population, dans son meilleur temps, n'a guère surpassé celle de toutes les Indes. En effet, il ne faut pas oublier que l'Inde a été l'un des pays les plus populeux ; que maintenant même elle l'est encore, malgré les sanglantes révolutions des derniers siècles, et bien qu'elle soit généralement demeurée dans un état de décadence et d'oppression. Combien donc n'est-il pas facile de comprendre qu'au temps de sa première prospérité, le superflu, le trop-plein de ses habitants ait nécessité l'émigration!

Encore plus loin peut-être et plus rapidement que les Romains, les Arabes ont étendu, par conquête, commerce et colonies, leur influence et leur langue sur une grande partie de l'Asie, sur le nord, les côtes et le centre le plus intérieur de l'Afrique; bien plus, ils ont été jusqu'aux îles de l'Inde les plus éloignées. Or l'histoire ne serait pas capable d'expliquer comment une civilisation dont nous trouvons ici, dans la langue et dans tout le reste, des marques incontestables d'unité, a pu se propager dans des terres si lointaines. Eh bien, quelque chose d'analogue ne peut-il pas avoir eu lieu, dans une époque très-reculée, à l'égard des Indiens, et quoique ce peuple n'ait jamais été un peuple de conquérants? Nous avons assez de motifs de le croire ainsi; nous pourrions du moins en faire voir en général la possibilité.

Quant à l'extrême éloignement dans lequel les Romains, les Grecs, et encore plus les peuples germaniques se trouveraient de l'Inde leur mère patrie, nous avons expliqué ce fait dans le premier livre, en montrant des langues et des peuples existant entre eux dans une parenté peu étroite, mais réelle, et formant comme les anneaux intermédiaires de cette même famille. De là il résulte que la presqu'île de l'Inde, au nord et à l'ouest, jusqu'aux limites de la Perse et du Turkestan, était, dans les temps les plus reculés, non-seulement le siége de la civilisation indienne, mais encore le berceau de puissants royaumes et de nombreuses dynasties.

D'un autre côté, il ne faut pas confondre toujours les colonies avec les migrations : souvent un nombre moins grand pouvait suffire à l'établissement de ces colonies; et ces colons, au lieu d'être seulement des guerriers, pouvaient bien être des hommes d'intelligence, des prêtres qui formaient la résolution d'abandonner leur patrie, et d'aller parmi les peuples sauvages, afin de les civiliser et de les assujétir. L'erreur comme la vérité a la soif du prosélytisme, surtout quand des vues secrètement ambitieuses se trouvent unies au motif désintéressé. De même que, dans le peuple émigré qui se sera fixé en Perse, les guerriers et les nobles ont joué le premier rôle, en Égypte la civilisation peut bien avoir été produite par une colonie de prêtres. Que telle ait été vraiment l'origine de la civilisation égyptienne; et qu'elle ne fût pas due à une émigration de peuples, on en trouve la preuve en ce que le caractère de la langue cophte n'est pas indien. C'est pourquoi il faut que des prêtres, venus de l'Inde, aient abordé en Egypte, à moins que du côté méridional de l'Egypte il n'ait existé un royaume d'Ethiopie, antérieur et plus anciennement civilisé, et dont la civilisation égyptienne aurait tiré son berceau.

Il a été assez démontré plus haut que d'autres causes que le simple choc d'un trop-plein de population avaient pu concourir à l'émigration des peuples; nous mentionnerons une seule de ces causes. Quelle prodigieuse révolution, quel trouble dans la conscience humaine, ainsi que dans le monde entier, ne dut pas introduire le premier crime, le meurtre ou la guerre, en un mot la première chute qui sépara l'homme de son créateur? Une douloureuse angoisse, de vagues et ardents désirs, en furent la première conséquence ; et ce qui auparavant n'était qu'un instinct mystérieux, une pensée tranquille, un regard spontané, irréfléchi, sur des contrées inconnues, devint plus tard sauvage imagination, épouvante, et menteuse illusion. Que de choses ne durent pas se passer avant que l'être humain, qui porte en lui des signes de sa parenté avec Dieu, pût consentir à chercher une affreuse nourriture dans les cadavres des bêtes immolées? L'horreur des brahmanes pour la chair des animaux porte en soi une empreinte si ancienne, qu'elle pourrait bien être regardée comme un héritage qui nous serait resté de l'état primitif. Considérez cet effroi intérieur qui excitait l'homme déchu à chercher dans les entrailles des victimes le sombre témoignage de ses malheurs, ou bien à arracher les métaux au sein de la terre. Car alors, et quand les premiers hommes voyaient et concevaient le sens des choses naturelles immédiatement en Dieu, ils reconnaissaient dans les métaux, tantôt les astres terrestres et les guides de la destinée future, tantôt les moyens de leur paisible nourriture, mais aussi les instruments de nouveaux crimes et de nouvelles guerres. Eh bien, ce trouble inconnu dont je parle n'a-t-il pas dû poursuivre l'homme fugitif, comme il est raconté du premier meurtrier que le Seigneur avait marqué d'un signe sanglant, et le précipiter jusqu'aux extrémités de la terre? Néanmoins nous ne voulons pas ici nous appuyer sur de tels faits, à l'égard desquels on ne saurait donner aucune certitude historique, parce qu'ils sont antérieurs à toute histoire, l'histoire n'ayant pu commencer qu'après que ces terreurs de l'imagination, dont nous trouvons des traces dans les plus anciens monuments de l'esprit humain, se furent peu à peu adoucies et transformées en un tranquille et lointain souvenir.

Nous avons, pour la plus ancienne histoire de l'Inde, un monument plus positif et plus reculé que tous ceux qui sont exprimés par des mots, ou exprimés dans des écrits : je veux parler de la constitution même de ce pays. Une constitution si dure à l'égard des castes inférieures, a-t-elle pu s'établir autrement que par la force et par un long temps de guerre dont les alternatives sanglantes durent pousser beaucoup d'habitants à l'émigration? Par le mélange des races indiennes sorties de la mère patrie avec des populations sauvages, on pourrait éclaircir le rapport assez éloigné et la parenté de la langue slave avec une famille de langues plus nobles de l'Orient. Cependant il ne faut pas croire qu'il n'y eût que les opprimés à prendre la fuite ; d'autres pouvaient fuir aussi, parce qu'ils abhorraient le crime qui avait dû précéder l'établissement d'une telle constitution ; ils ont pu fuir, pour aller dans une contrée lointaine chercher un asile où ils pourraient demeurer purs et fidèles à leur ancien culte.

Non-seulement la constitution indienne, lorsqu'elle fut introduite, dut amener avec elle un temps de fermentation et de trouble; mais, dans le sein même de cette constitution, il y avait encore des germes de discorde et de guerres intérieures. L'histoire de l'Inde, depuis Alexandre, ne nous offre presque pas autre chose qu'une suite d'assujétissements successifs à des conquérants étrangers, qu'un cercle continu de révolutions modernes, qui étaient plutôt une simple mutation de dominateurs et de dynasties, que des changements notables dans la constitution. Les seuls bouddhistes font une exception : ceux-ci ont été poursuivis et chassés, non pas à cause de leurs doctrines, mais parce qu'ils ont attaqué la constitution et la division des états avec leurs distinctions héréditaires. Cependant la propagation du bouddhisme dans de grands pays limitrophes ne s'opéra pas au moyen d'une émigration en forme ; elle fut un résultat de l'ardeur de quelques missionnaires. Mais à une époque plus reculée, avant que la constitution affermie fût devenue comme une seconde nature, elle dut occasionner de plus grands troubles et de plus fréquentes révolutions. Aussi, quand l'invincible suprématie de la caste sacerdotale cessa d'être contestée, la caste des guerriers se livra sans doute à des combats particuliers, qui néanmoins ne faisaient pas un tort essentiel à la constitution. Dans le plus ancien poëme de l'Inde, le Mahabarat, que voit-on autre chose que le tableau d'une grande guerre civile entre deux races primitives de rois et de héros issus des dieux ? Avant que les Tchatryas, qui, dans l'origine, faisaient partie de l'ordre des prêtres, s'en fussent séparés, et que les rapports de ces deux états eussent été établis comme nous le trouvons plus tard, beaucoup de combats, des secousses sanglantes eurent lieu dans l'Inde ; et ce n'est pas en vain qu'on raconte de *Pacosrama* qu'il a exterminé les mauvais rois et humilié une noblesse intraitable, en affaiblissant ou en limitant son pouvoir.

Dans les généalogies indiennes, il n'est pas rare de remarquer que telle ou telle race est dégénérée et est devenue barbare, parce qu'elle a émigré et a passé à des peuples qui ont été considérés comme sauvages. Le livre des lois de Manou

(X. 43-45) nous fait connaître un grand nombre de ces races qui sont devenues barbares, *mlecha's*, et parmi lesquelles nous trouvons le nom de beaucoup de nations grandes et renommées, les Sakas, les Chinas, les Pahlavas : ces derniers sont les Pehlvans ou Mèdes, dont la langue pehlvi est peut-être un débris défiguré. On pourrait rapporter encore à cette tige le nom des Paphlagoniens et celui des Javanais, si, comme on peut le croire, ces noms, qui se trouvent dans les Pouranas, représentent plusieurs sectes adonnées au culte de la nature sensible, qui se sont fait mutuellement de sanglantes guerres de religion. Cette opinion ne s'oppose pas, elle coïncide au contraire assez bien avec celle qui range ces peuples parmi les autres Tchatryas dégénérés et devenus sauvages (1).

Sans doute il nous faudrait plus de documents positifs que nous n'en avons, pour établir ce qu'il y a, dans les livres de l'Inde, de relatif aux guerres de religion qui auraient pu avoir lieu à des époques très-anciennes ; pourtant il n'est point invraisemblable qu'il ait pu arriver dans ces temps primitifs, ce qui eut lieu plus tard à l'occasion des

---

(1) D'après un passage de Wilford, qui s'égare souvent dans ses conjectures, mais qui, lorsqu'il traduit, doit être reçu avec autorité par sa grande connaissance de la langue indienne.

bouddhistes, quand les innovations de ces sectaires attaquèrent trop vivement la constitution pour que la guerre n'en fût pas une suite inévitable. La diversité des sectes et des opinions qui ont régné dans l'Inde, et dont le système actuel, qui n'a cherché qu'à les ramener à une certaine conciliation, conserve encore des traces sensibles, a pu fournir matière à des troubles et à des divisions. Les haines mutuelles de religion entre les Perses et les Egyptiens suffiraient aussi à combattre l'opinion généralement répandue sur la prétendue tolérance du polythéisme dans l'antiquité. Si le mépris des sectateurs d'une religion intellectuelle, comme l'était la religion persane, à l'égard des superstitions polythéistes, a conduit les peuples, ainsi que cela s'est vu sous Cambyse, jusqu'à exercer un prosélytisme cruel; de même, la persévérance du peuple dans ses mythes, son animosité envers les dissidents et ceux qui croyaient posséder une lumière plus haute, a pu dégénérer en une véritable exaspération. Cela s'est vu dans la guerre que firent les Grecs du royaume de Syrie contre les Juifs au temps des Machabées. Dans les Indes, il y avait depuis des siècles deux éléments opposés dont la lutte a entraîné, jusqu'aux temps les plus modernes, de violentes guerres religieuses; maintenant les divisions sont devenues pacifiques; parce que le ressort religieux s'est usé, et tout ce qui s'est montré inconciliable a été repoussé par la force ou s'est banni volontairement.

Si c'est un fait bien établi que par les Javanais des livres indiens, répandus le plus vers l'ouest, il faut entendre des peuples adonnés au culte de la nature matérielle, nous devons peut-être chercher leur route le long de l'Euphrate et du Tigre, en montant par la Phénicie et l'Asie Mineure, route sur laquelle les races de la haute Asie, et avec elles la langue et les idées indiennes, se sont répandues jusque dans la Grèce et l'Italie inférieure et centrale. Supposez même, ce qui n'est pas encore entièrement démontré, que Babylone et le territoire qui l'entoure aient été dans les premiers temps habités par une population parlant la langue syriaque ; certainement un royaume si vaste devait être dès lors composé de différents peuples, comme il l'a été plus tard. La Phrygie, qui était une nation tributaire de Babylone, nous fournit un intermédiaire ; car chez les anciens le peuple, comme l'on sait, aimait à se regarder comme autochthone. Aucun historien n'a songé à faire dériver de l'Europe la population si nombreuse des Hellènes, habitants de l'Asie Mineure. Il est sûr que, dans des temps plus récents, beaucoup d'Hellènes revinrent par cette route d'Europe en Asie ; et peut-être, à chaque grande migration qui eut lieu, quelques héros et des armées ou même quelques colons sont aussi retournés par le même chemin si bien connu et qu'ils avaient plus d'une fois traversé.

En effet, les grandes migrations se faisaient toujours successivement ; presque toujours il restait encore des relations mutuelles entre ceux qui étaient envoyés et ceux qui demeuraient ; et enfin un éloignement très-grand et plus encore le laps du temps auront tellement séparé ces peuples, devenus entre eux réellement étrangers, que souvent deux partis, dans une rencontre postérieure, ont été bien surpris de pouvoir se donner des preuves incontestables de leur commune dérivation.

Combien de races de rois et de héros grecs ou italiens n'ont pas eu leur origine dans l'Asie Mineure ! Babylone, ou plutôt l'antique monarchie qui exista sur l'Euphrate et le Tigre, et qui, avant la monarchie des Perses, établit sa domination jusqu'aux extrémités de la basse Asie, était, du moins si l'on considère sa position, un pays maritime (1) ; et les Hellènes eux-mêmes, dans les plus anciens temps, furent aussi un

---

(1) Tout ce qui se trouve dans les écrivains de l'antiquité sur l'architecture hydraulique des Babyloniens, et en général des autres peuples célèbres, se trouve rassemblé dans l'ouvrage de Heeren, intitulé : *Idées sur le commerce de l'ancien monde.*

peuple navigateur. Que les populations du centre de l'Italie, qui étaient d'une origine commune avec les Sabins, fussent venues par mer, c'est ce que démontre la position des divers peuples de l'Italie; car, si elles avaient pris leur route par la Vénétie, en traversant les Alpes carniques, elles devraient, après de semblables migrations, avoir laissé plus de traces de leur passage dans tout le nord de l'Italie.

On trouverait peut-être entre les anciens Romains et la constitution de l'Inde une plus étroite connexité que l'on ne pourrait le croire à la première vue. Les patriciens, qui possédaient exclusivement le droit augural, étaient originairement une caste sacerdotale héréditaire; et par là seulement qu'elle exerçait le métier des armes et s'attribuait les priviléges d'une caste guerrière, le corps qui était à proprement parler la noblesse romaine, c'est-à-dire l'ordre des chevaliers, fut dans la sujétion, jusqu'à ce que la puissante aristocratie guerrière et sacerdotale des patriciens étant devenue excessive, elle eût provoqué la résistance du peuple et commencé ce combat qui nous intéresse aujourd'hui encore si vivement dans l'histoire ancienne.

Nous ne pouvons guère concevoir que les Grecs d'Alexandre aient cru trouver chez les Indiens de véritables républiques analogues à celles des états helléniques, phéniciens ou italiens. Les Grecs n'avaient aucune idée d'une constitution par castes, comme elle existait dans l'Inde de toute antiquité, ni d'une monarchie libre et réglée qui eût pour base une constitution fondée elle-même sur le droit inviolable et divin des castes les unes sur les autres. Les Grecs ont pris pour des républiques isolées ces états qui seulement étaient des membres incorporés dans un même empire et lui appartenant. La seule chose qui soit claire, parmi les difficultés de la plus antique histoire des Indes, c'est qu'il y eut dans ce pays de grandes monarchies, bien que fondées sur la division des castes, et le plus souvent limitées par les priviléges héréditaires des prêtres et des nobles. Aussi, chez les nations et les colonies descendues de l'Inde, la constitution républicaine dut exister dans les temps plus récents ; dans la plus haute antiquité, c'est la forme monarchique qui dut être dominante, surtout dans les pays où la caste des guerriers et de la noblesse eût obtenu, comme chez les Perses, la plus grande part dans le système social. Il demeure toujours digne de remarque que les origines historiques de l'Asie occidentale, ainsi que les traditions poétiques de l'extrémité de l'Europe, commencent également par le récit d'une ancienne ville royale et d'un royaume puissant qui aurait trouvé sa ruine dans son luxe et dans ses excès ; puis cette ruine aurait donné lieu à un dispersement des races et des peuples, à beaucoup d'aventures, et aussi à la fondation de quelques nouveaux états plus petits. Si la tradition de la guerre de Troie a un sens historique, comme son empreinte antique le fait conjecturer, nous sommes autorisés à la soustraire aux étroites limites de l'histoire grecque et à la rattacher aux plus importantes traditions asiatiques. Que les noms de lieux, de montagnes et de villes, qui dans cette tradition occupent une place remarquable, aient pu être transportés du midi vers l'ouest, à mesure que les mêmes traditions ainsi que les peuples se dirigeaient de ce côté et s'en rapprochaient de plus en plus, c'est un fait trop connu pour que nous ayons besoin de le confirmer par des exemples.

Il est superflu de rappeler que toutes ces observations ne visent qu'à ouvrir la perspective et à montrer combien l'étude indienne pourrait être fertile en conséquences historiques. Les matériaux manquent encore ; un travail critique et approfondi de la géographie indienne, puisé aux sources mêmes, serait ici nécessaire et pourrait être encore fort instructif à bien d'autres égards. Il faudrait avoir une traduction complète du *Skandapurana*, celui des Pouranas qui contient le plus de faits relatifs à l'histoire. En attendant, d'après le peu que nous possédons jusqu'à ce moment, plus d'une chose peut être éclaircie et expliquée, souvent même parmi celles qui paraissent les plus difficiles et les plus étranges.

Ainsi, par exemple, il n'y a rien qui puisse provoquer tant de doute que la manière dont la population de la contrée la plus heureuse et la plus fertile de l'Asie aura pu parvenir jusque dans les extrémités nord de la Scandinavie. Ce ne serait pas une raison satisfaisante pour l'historien de dire que cette population aurait toujours été poussée par les autres; on pourrait trouver cette assertion encore plus incroyable dans une race aussi nombreuse que celle des peuples germaniques. Mais voilà que, dans la mythologie indienne, il se trouve quelque chose qui peut expliquer parfaitement cette tendance vers le nord : c'est la tradition d'une montagne miraculeuse, le mont *Mérou*, où *Kouvera*, le dieu de la richesse, établit son trône. Il se pourrait, il est vrai, que cette idée eût pris naissance dans une tradition incompréhensible, ou bien dans une superstition confuse, relative au culte de la nature.

Quoi qu'il en soit, cette haute vénération du Nord et de la montagne sacrée du Nord existe; elle est non-seulement un incident parmi tout le système de la pensée indienne, mais encore elle est pour eux une idée favorite, qui se trouve gravée au fond de toutes leurs poésies. Ce ne serait ni la première ni la seule fois que les traditions poétiques et les anciens chants, profondément entrelacés dans le sentiment et la croyance intime du peuple, auraient eu plus d'influence sur les expéditions et sur les aventures des héros, que ne pourraient le penser ceux qui ne connaissent de l'histoire que ce qui a trait à la politique.

Supposé donc que non-seulement l'aiguillon du besoin extérieur, mais encore quelque idée surnaturelle de la haute dignité et de la magnificence du Nord, comme nous la trouvons répandue dans toutes les traditions anciennes, ait amené ces peuples vers le Nord, il sera facile de montrer le chemin des races germaniques du Turkestan, le long du Gihon, jusqu'au côté nord de la mer Caspienne et jusqu'au Caucase. Mais si, de cet endroit, elles s'attachèrent surtout aux montagnes et s'y établirent, ou bien si elles ont plutôt suivi le cours des rivières, comme les anciennes nations asiatiques qui ont cherché partout le même genre de vie, sur le bord des grands fleuves, aussi bien sur le Gange que sur le Nil et l'Euphrate; ce n'est pas ici le lieu de poursuivre cette question, d'ailleurs si importante pour l'histoire de notre patrie.

CHAPITRE IV.

DE L'ÉTUDE DE L'ORIENT ET DE L'INDE CONSIDÉRÉE EN GÉNÉRAL; DE SON IMPORTANCE ET DE SON BUT.

Nous avons montré la fertilité de l'étude indienne, pour la recherche des langues, de la philosophie et de l'ancienne histoire ; il ne resterait plus qu'à déterminer le rapport de la pensée orientale en général à la pensée européenne, et d'exposer l'influence que la première a eue ou peut avoir sur la seconde, pour avoir achevé d'établir l'importance de l'étude de l'Inde, ce qui est le but que nous nous sommes proposé dans tout ce traité.

Comme la sainte Écriture a été l'unique lien par où la pensée européenne et la civilisation sont liées aussi à l'antiquité orientale, c'est donc ici le lieu le plus convenable de traiter en passant les rapports de l'antiquité indienne aux écrits mosaïques et en général à la révélation. Cet objet, nous l'avons laissé à dessein dans la partie historique, afin de ne pas conduire le lecteur incertain sur l'océan des commentaires et des hypothèses; car, rien que sur la généalogie des Noachides et sur le véritable lieu du paradis, les commentaires sont innombrables. L'examen critique de tant d'opinions aurait exigé un traité complet et à part, travail que nous laissons à d'autres.

Cependant il existe une chose, la plus essentielle pour la religion, la seule qui soit importante, et que les écrits mosaïques nous disent avec une telle clarté, que nul commentaire ne pourrait l'obscurcir : c'est que l'homme a été créé à l'image de Dieu, mais qu'il a perdu par sa propre faute la félicité et la pure lumière dont il jouissait au commencement. Si les écrits mosaïques, dans leur partie historique la plus ancienne, ne racontent pas toujours complétement les faits, attendu qu'ils ne sont pas donnés pour satisfaire une curiosité frivole, et pour enseigner l'histoire; ils indiquent néanmoins avec clarté la voie qu'il faut suivre, le point qu'il faut atteindre; ils disent comment le rayon de la lumière primitive a été conservé par la volonté divine, lorsque la nuit du passé et de la superstition a couvert le monde entier. De même aussi les écrits indiens nous montrent la naissance de l'erreur, et ses premières productions toujours se raffinant de plus en plus au gré de l'imagination et de la poésie, lorsque l'esprit humain eut une fois abandonné et perdu cette connaissance de Dieu qui, en s'éloignant, avait laissé d'elle-même des traces magnifiques et encore rayonnantes à travers la nuit de la superstition.

L'opposition de l'erreur nous montre la vérité dans un jour nouveau et plus serein; et généralement l'histoire de la plus ancienne philosophie, c'est-à-dire de la pensée orientale, est le plus beau et le plus instructif commentaire extérieur de la sainte Écriture. Ainsi, par exemple, celui qui connaît le système religieux des plus anciens peuples de l'Asie ne s'étonnera pas que la doctrine de la Trinité, surtout celle de l'immortalité de l'âme, n'ait pas été développée d'une manière complète, tout-à-fait claire et comme le fondement de la doctrine, dans l'ancien Testament, mais seulement marquée et pressentie. Il serait difficile de donner quelque vraisemblance historique à cette opinion, que Moïse, qui connaissait si bien toute la sagesse des Égyptiens, n'ait pas eu connaissance de ces doctrines qui ont été généralement répandues chez les peuples les plus civilisés de la haute Asie. Considérons seulement que chez les Indiens, par exemple, la superstition la plus grossière et la plus ténébreuse s'est attachée à cette haute vérité de l'immortalité de l'âme ; aisément alors nous nous expliquerons la conduite du législateur des Hébreux, même sous le point de vue purement extérieur.

Plus d'un reproche injuste que l'on fait aux prophètes de Dieu chez les Juifs, soit parce qu'ils proscrivent tout autre Dieu que le leur, soit parce qu'ils sont inflexibles à séparer des autres nations leur doctrine et leur peuple, plus d'un reproche serait tombé de lui-même, si on avait su se transporter dans l'état où se trouvaient les peuples orientaux de cette époque reculée. Que l'on pense combien alors, chez les peuples les plus civilisés et les plus sages, existaient partout encore de traces isolées de la lumière divine, mais tout-à-fait altérées et dégénérées de leur splendeur première (1); que l'on n'oublie pas non plus que souvent les plus nobles idées, comme chez les Persans et les Indiens, ont précisément plus souffert que les autres par le fruit des mauvaises

---

(1) Il y a sur ce point de magnifiques aperçus dans l'ouvrage de Herder, intitulé : *Les plus anciennes origines du genre humain.* Seulement, je ne voudrais pas déduire de la source pure de la révélation divine tout le sombre torrent de ce mysticisme dégénéré, d'une manière aussi immédiate qu'il le fait. Mais, du reste, la plénitude de l'esprit oriental respire dans cet ouvrage, comme dans beaucoup d'autres antérieurement publiés par Herder sur des matières théologiques.

interprétations ; et l'on concevra combien était nécessaire cette rigoureuse séparation ; on verra combien il était naturel que le zèle de ces hommes fût tourné sur un seul point, pour que du moins le précieux trésor de la vérité divine ne pérît pas tout-à-fait, et qu'au contraire il pût se conserver sans tache et dans toute sa pureté. Que Jéhovah n'ait été, pour plus d'un Israélite, qu'un simple Dieu national, cela peut être ; mais que les prophètes et les docteurs eux-mêmes l'aient ainsi pensé, c'est ce qui ne pourra être démontré. Il faudrait pour cela méconnaître la doctrine du rapport particulier et plus immédiat avec la Providence, dans lequel l'homme peut entrer par la foi, comme par le fait il est entré dans l'église ; il faudrait donc rejeter le premier dogme du christianisme qui est issu du judaïsme, au point de le faire tomber dans l'erreur que l'on reproche à l'ancien Testament sur la prétendue limitation, sur l'exclusion qu'il fait de tout ce qui n'est pas le peuple juif.

La religion de Fo possède avec celle du Christ, sous beaucoup de points de la doctrine et même de l'organisation extérieure, une ressemblance assez frappante, mais fausse. L'individu isolé a fort souvent dans la nature une apparente conformité, mais l'ensemble est difforme et défiguré ; sous ce premier point de vue, tout a un autre rapport et un autre sens : c'est la ressemblance du singe avec l'homme. Mais il y a une parenté d'un tout autre genre, une ressemblance qui sans doute est devenue sensible au lecteur dans notre revue des systèmes orientaux, au second livre, si par exemple l'on compare la religion persane de la lumière ou la doctrine du combat du bien et du mal, et d'autre part la sainte Écriture tant de l'ancien que du nouveau Testament. C'est pour avoir suivi trop exclusivement ces indications, et avoir pris la ressemblance véritable ou fausse pour une conformité parfaite, que l'on est tombé dans des erreurs étranges, comme celles de Manès et des autres sectaires. De tout ce qui se trouve d'erroné dans cette doctrine chez les Persans, rien n'existe dans les saintes Écritures; ce qu'elles apprennent n'est pas système; mais pour elles la connaissance du vrai dérive de la révélation divine, laquelle ne peut être saisie et comprise que par l'illumination intérieure.

Mais la comparaison des saintes Écritures avec cette pensée orientale, qui a avec elles des ressemblances tour à tour réelles et apparentes, pourrait servir à démontrer, même historiquement, que le même point de vue règne dans l'ensemble de l'ancien et du nouveau Testament, et seulement que ce qui dans l'ancien n'est qu'indiqué et représenté symboliquement resplendit dans le nouveau d'une lumière sans ombre. Il résulterait de là que les premiers chrétiens avaient le mieux expliqué l'ancien Testament; c'est aussi ce que des preuves extérieures, ainsi que la connaissance complète de l'esprit oriental, pourraient confirmer. Cela même, considéré du point de vue de la critique, est tout-à-fait clair, et le serait encore davantage quand on ne considérerait la doctrine de l'Écriture que comme le plus élevé et le plus profond des systèmes orientaux. Car comment un ouvrage peut-il être compris et expliqué, si ce n'est d'après la pensée qui lui sert de base? et où peut-on saisir cette pensée, si ce n'est là où elle a été complétement exprimée et où elle se montre dans une clarté parfaite (1)? Que ce dernier mérite existe au plus haut degré dans le nouveau Testament, il suffit pour s'en convaincre de prendre la peine de le comparer, d'après une critique impartiale, avec les imparfaits pressentiments qui se trouvent dans l'ancien, ou avec le système persan qui est en partie erroné. C'est

(1) Un excellent exemple de cet ancien mode d'explication est rapporté dans l'Histoire de la religion de Jésus, par le comte Fr. de Stolberg, ouvrage dans lequel domine une puissance calme, sérieuse, toujours égale, et cette belle clarté qui ne ressort parfaitement que là où la plus haute connaissance est devenue, à la fois, le plus profond, le plus pur sentiment, et comme l'âme de la vie.

pourquoi le sens de l'ancien Testament ne peut être éclairci par une simple exégèse, quand même les docteurs de cette interprétation surpasseraient en connaissance de la langue et des sciences accessoires tous les docteurs du Talmud ; il faut que la lumière de l'Évangile intervienne pour en dissiper l'obscurité. Les traces individuelles de la vérité divine se trouvent partout dans le plus ancien système oriental ; mais la liaison de l'ensemble et la séparation complète de l'erreur entremêlée dans le vrai ne se montrent que dans le christianisme ; seul il répand la lumière sur la vérité, sur la connaissance des choses divines, connaissance plus haute et plus sûre que toute la science et toutes les pensées de la raison.

Maintenant nous considérons en peu de mots l'influence que la philosophie de l'Orient, dont une grande et certainement la meilleure partie est d'origine indienne, a exercée sur la philosophie de l'Europe. Cette influence a été grande de tout temps, quoique peut-être aucun système oriental ne soit parvenu à l'Europe dans toute sa pureté, et que les Grecs, aussi bien que les nations plus modernes, aient modifié de différentes manières et entièrement transformé ce qu'ils ont pris de l'Orient.

Mais il nous faut jeter ici quelques idées préalables sur la marche et le caractère propre de la philosophie européenne, avant de pouvoir déterminer avec clarté l'influence des idées orientales sur cette philosophie. Dans le premier essor de sa force spirituelle qui n'était pas affaiblie, la philosophie européenne est partout idéaliste; et nous comprenons sous cette dénomination, non-seulement la doctrine du moi et de la négation de toute réalité extérieure, mais encore toute philosophie qui découle de l'idée de la force spontanée et de l'activité vivante; aussi bien le système des stoïciens que celui d'Aristote, et plus d'un système parmi les écoles helléniques des temps antérieurs. Lorsque l'idée de l'infini est encore existante, mais que la connaissance de l'ancienne révélation est déjà perdue, qu'y a-t-il de plus naturel, sinon que l'homme s'imagine puiser tout en lui-même, et qu'il se croie capable d'établir toute chose sur sa propre force, sur sa propre raison? Les idées plus élevées qui, tantôt dans le langage et dans la religion, tantôt dans les anciennes histoires et les traditions, l'ont entouré dès son enfance et qui l'ont dirigé à son insu, il les prend toutes pour sa création, pour sa propriété. Tout cela, en effet, n'était qu'autant de traces des choses divines, et l'homme ne pouvait en saisir la liaison. On n'a pas encore trouvé, il est vrai, qu'une telle philosophie se soit produite chez un peuple qui fût réellement abandonné à lui-même et tout-à-fait éloigné des sources ou du torrent de la tradition commune; et si cette sagesse avait été puisée réellement en elle-même, comme elle le prétend, elle aurait pu également et par ses seules forces se dégager des égarements inexprimables dans lesquels, en suivant cette route, elle s'est toujours perdue.

Or, ces égarements de la raison s'accumulent toujours si grandement et si vite, que la philosophie devient bientôt sceptique, et enfin, les forces de l'esprit étant affaiblies par un long doute, elle s'humilie dans un empirisme sans dignité, au sein duquel la pensée de Dieu (si ce nom existe encore) est détruite dans le fond, disparaît même complétement et à jamais effacée. L'homme, sous le prétexte de soumettre sa raison au cercle étroit et vraiment utile de l'expérience, renonce à l'esprit plus élevé comme à un effort illusoire; et c'est pourtant cet esprit qui seul sépare essentiellement l'homme de la brute. Ce qu'il y a de désespéré dans ce dernier état de l'esprit réveille ordinairement le penseur isolé, à qui il est impossible d'y persévérer; c'est ainsi qu'il commence à se chercher une voie pour retourner à une philosophie plus ancienne et meilleure; et alors, s'il le veut sérieusement, il est bien sûr de la trouver, cette voie.

Telle est la marche simple de toute philosophie

européenne, depuis les plus anciens Grecs jusqu'aux temps les plus nouveaux. Ce chemin circulaire, dans lequel du moins n'est pas encore perdue l'idée de l'infini et de la force spontanée, cette tendance au scepticisme pour arriver à l'empirisme a été renouvelée plus d'une fois ; mais chaque répétition s'est distinguée de la précédente, simplement parce que celle-ci était connue et pouvait être mise à profit par celle de l'avenir ; et ainsi la nouvelle évolution était unie à l'ancienne ou comme réforme ou comme réaction.

Mais encore plus d'irrégularité, une marche encore plus vacillante avaient lieu dans l'esprit européen par suite de l'invasion de la philosophie orientale, quand celle-ci intervenait de temps en temps et apportait son élément d'étrangère fermentation. Sans cette excitation continuellement renouvelée et produite par ce principe vivifiant, l'esprit européen ne se serait jamais élevé si haut, ou du moins depuis longtemps son essor se serait abaissé. L'idéalisme de la raison, cette antique philosophie des Européens, tel que l'ont représenté les penseurs grecs, comparé à la plénitude de force et de lumière qui se trouve dans l'idéalisme religieux de l'Orient, ne serait que comme une faible étincelle de Prométhée par rapport à la divine splendeur du soleil ; oui, une étincelle furtive, menaçant à chaque moment de s'éteindre. Toutefois, plus le contenu de cette philosophie était dépourvu de valeur, plus la forme en était tissue artificiellement.

Mais, sans doute, la sagesse orientale en descendant chez les Grecs, comme plus tard chez des nations plus modernes, était souvent provenue de sources troublées. Combien déjà, dans le temps des nouveaux platoniciens et des gnostiques, époque de la dégénération et du mélange des systèmes, combien, dis-je, cette sagesse orientale n'avait-elle pas porté son influence dans le cercle de la civilisation de l'Europe? C'est un point trop généralement reconnu pour qu'il soit nécessaire de le développer. Dans ce que l'on nomme la philosophie orientale, il n'y a rien qu'un mélange de l'antique système de l'émanation avec une dose plus ou moins forte de panthéisme et de dualisme, l'un emprunté à la philosophie orientale des nombres, et l'autre, je veux dire le dualisme, emprunté à la doctrine des deux principes.

Et ce n'est pas seulement le cas des temps modernes; il devait déjà en être ainsi du temps de Pythagore, si toutefois nous osons nous fier aux traditions que nous avons de ce philosophe, traditions qui passent d'ailleurs pour les plus anciennes et les plus sûres. Au moins est-il certain que la philosophie numérale des pythagoriciens

(dont on ne saurait dire si elle était vraiment de leur propre invention ou d'origine orientale) n'appartient nullement au système auquel ils ont pris la transmigration des âmes. On peut dire la même chose de la doctrine opposée, qui parle de l'existence de deux êtres, de deux principes fondamentaux, et qui n'appartient pas non plus au système de transmigration. Nous avons vu que dans l'Asie, déjà même dans les plus anciens temps, la doctrine postérieure se rattachait à l'antérieure, soit par mélange, soit par interprétation altérée ; mais si l'on a nettement saisi, chacune à part, ces philosophies, on trouvera peu de difficultés à s'expliquer aussi les phénomènes les plus compliqués et les plus obscurs.

La connaissance de la philosophie, tant pour la recherche des antiquités de l'Orient en général, que pour l'étude indienne en particulier, est tout-à-fait nécessaire, et à peine pourrait-on s'en passer. Sous le nom de connaissance de la philosophie nous entendons quelque chose de plus qu'un simple exercice dialectique, dans le but d'apprendre à construire toute chose d'après un système courant, qui paraît nouveau seulement à ceux qui ne connaissent pas les anciens. Nous entendons avant tout, par ce mot, une intime connaissance de l'esprit de ces anciens et célèbres systèmes qui ont eu aussi une influence très-grande sur le sort extérieur de l'humanité. Mais personne ne pourra comprendre cet esprit, à moins que la signification des idées spéculatives ne lui soit devenue claire par suite de ses propres recherches.

On reconnaîtra aisément quelle grande place occupe la philosophie dans la littérature, si l'on veut se rappeler ce qui a été établi dans le second livre, quand nous avons donné une revue de l'ensemble philosophique, d'après les quatre époques les plus importantes. Dans la première époque, disions-nous, celle des Védas et de tout ce qu'il y a de plus ancien, comme de tout ce qui se lie intimement avec ces livres sacrés, aussi bien que dans la troisième époque, celle des Pouranas et de Vyasa, la philosophie est inséparable de tout, et sans elle il ne faut espérer aucune intelligence de quoi que ce puisse être. Dans l'époque mitoyenne, c'est-à-dire dans la seconde époque, il peut arriver que la philosophie et la poésie paraissent plus séparées, mais non pas assurément comme elles l'ont été presque toujours chez les Grecs, et en général chez les Européens. Même la quatrième et dernière époque, celle de Kalidas et des autres poëtes, sous Vikramaditya, où la poésie indienne était surtout florissante, et qui était déjà plus séparée de la philosophie, cette époque néanmoins se fonde partout sur les époques antérieures, et il serait impossible de les en séparer totalement.

L'étude indienne pourrait contribuer en général à nous ramener à la méthode et au point de vue de cette classe d'hommes distingués qui, au xv° et au xvi° siècle, se sont livrés avec une extrême prédilection à l'étude des langues de la Grèce et de l'Orient. Dans ce temps, on ne croyait pas encore qu'une simple connaissance du langage pût donner des prétentions au titre de savant; et l'on ne pourrait citer aucun d'entre eux chez qui la parfaite connaissance du langage ne fût pas liée avec les plus sérieuses études de l'histoire et de la philosophie.

C'est alors, si l'étude de l'indien était ainsi répandue, que les parties de la connaissance, se trouvant agrandies et formant comme un ensemble indivisible, agiraient avec plus de force; la grandeur de l'antiquité influerait aussi d'autant plus puissamment sur notre époque, et la fertiliserait pour de nouvelles créations. Car jamais il ne s'est montré, chez les modernes, rien de réellement nouveau qui n'ait pas été traité, au moins légèrement, par l'antiquité, amené par elle sur la scène, instruit par son esprit, alimenté et formé par sa vertu. Aujourd'hui, pendant que d'un côté les sophistes, ceux surtout qui vivent dans le présent, qui se laissent conduire et dominer par l'esprit du présent, sont soumis, presque sans exception, à cette tendance désastreuse de vouloir toujours et *à priori* créer toute chose de nouveau et comme du néant; d'un autre côté, la vraie connaissance de l'antique et le sentiment qu'il inspirait ont presque disparu. La philologie est dégénérée dans une sorte d'érudition syllabique, en vérité bien insipide et tout-à-fait infructueuse. Il y a bien quelques progrès, tels qu'on pouvait les désirer, pour le détail; mais l'ensemble est morcelé, mis en lambeaux, et l'on ne voit en tout cela ni la force qui soutient, ni l'esprit qui vivifie.

Un préjugé qui, à cet égard, a beaucoup nui et qui nuit encore, c'est la séparation que l'on a coutume d'établir entre l'étude et l'esprit de l'Orient d'une part, et d'autre part, les mêmes éléments, l'étude et l'esprit du peuple grec, distinction bien plutôt vaine et arbitraire qu'elle n'est fondée sur la vérité. Dans l'histoire des peuples, il faut considérer les habitants de l'Asie et les Européens comme les membres de la même famille, dont l'histoire ne peut être séparée, si l'on veut comprendre l'ensemble. Ce qu'on appelle ordinairement en littérature l'esprit et le style de l'Orient ne concerne que certains peuples asiatiques, surtout les Arabes et les Persans, et quelques écrits de l'ancien Testament, à les considérer comme simple poésie. Il est vrai qu'on applique la même idée à d'autres peuples de l'Asie. Une littérature est dite orientale, du moins selon l'idée que l'on s'en forme, lorsqu'elle possède une grande richesse, une abondance pompeuse et prodigue d'images, et par suite un goût très-vif pour l'allégorie. Sans doute le climat du Midi peut être regardé ici comme une cause coopérante, mais il ne saurait être le principe unique de cette tendance de l'imagination; en effet, on ne la rencontre pas à un égal degré chez d'autres peuples qui sont encore plus rapprochés du Midi, et dont l'esprit est bien aussi poétique, par exemple chez les Indiens. La vraie cause de ce fait gît surtout dans la différence des religions. Partout où règne une religion intellectuelle ou abstraite, qu'elle soit profondément philosophique ou née de l'amour divin, ou bien encore grossière et sauvage, comme l'inspiration de l'orgueil dans la doctrine de Mahomet, jamais avec de telles religions, l'imagination, l'esprit poétique, obligé de se passer des ressources de la mythologie, ne trouvera d'autre issue que celle des images allégoriques et ambitieuses.

C'est pourquoi nous le trouvons, ce caractère que l'on est convenu d'appeler oriental, aussi bien dans beaucoup de poëtes du moyen-âge (non-seulement chez les Espagnols, mais aussi chez les Italiens et les Allemands), que dans les poésies romantiques des Persans et des Arabes, sans que nous ayons cette fois besoin de recourir à l'influence des croisades; il suffirait que de semblables circonstances en Europe et en Asie eussent dû produire nécessairement les mêmes résultats. Or, comment cette flamme splendide et brûlante peut-elle être comparée à la sécheresse prosaïque des livres chinois, ou à la belle simplicité du style indien ? Il est bien vrai que, dans la Sakontala de Kalidas, il ne manque pas non plus d'ornements, de fleurs, d'images en abondance; mais là du moins ces parures ne sont point dénaturées par l'exagération. Les poésies plus anciennes de l'Inde sont encore beaucoup plus exemptes de cette abondance d'images, que les productions grecques, même les plus simples et les plus rudes; le sentiment profond qui dans toute cette poésie vit et respire, la clarté sereine dans laquelle tout est représenté, n'ont pas besoin de cette ardeur sauvage, de ces coups, de ces rayons inattendus, émanés d'une brûlante imagination.

Une autre propriété que l'on regarde aussi comme étant caractéristique des ouvrages de l'Orient, est relative à la marche des pensées dans leur ensemble, ou même à l'ordre de la composition, qui souvent en Orient se distingue de la composition grecque par l'obscurité. Mais cela n'est pas applicable aux Indiens ; c'est plutôt le cas des nations que j'ai indiquées plus haut. Cette obscurité s'explique en partie par le luxe de l'imagination qui prodigue des images, et pour qui l'allégorie est un penchant irrésistible. Partout où ce luxe et ce penchant domineront dans le détail, là aussi, dans l'organisation, dans l'arrangement de l'ensemble, règnera la même hardiesse d'expression, vague et flottante, et ce sera la cause de l'obscurité que nous remarquons ici en général. Cependant il serait possible de s'expliquer encore ce manque de clarté, par les différences fondamentales de la grammaire, telles que nous les avons développées au premier livre. Je soutiens que toutes les œuvres de la parole suivent la loi qui est naturelle à l'idiome dans lequel elles sont produites, à moins qu'un esprit plus élevé ne plane au-dessus pour leur imprimer une autre direction, ou bien que l'auteur lui-même ne descende plus bas par l'effet de sa propre négligence. Or, comme dans les langues qui forment leur grammaire par suffixes et préfixes la construction est difficile en détail, ainsi la marche des pensées sera facilement obscure et confuse. Dans les langues qui, pour la brièveté et pour l'usage de leur construction, se servent de prépositions et de verbes auxiliaires, la composition, il est vrai, sera facile et intelligible ; mais elle sera négligée, elle manquera de formes arrêtées. Au contraire, celles qui, par des flexions intérieures de leurs racines, expriment de la manière la plus juste et la plus déliée toutes les significations nécessaires, toutes les nuances de la pensée primitive, par exemple les langues grecque et indienne, celles-là se feront remarquer par la beauté de leurs formes, soit dans le détail, dans la construction grammaticale, soit dans l'ensemble pour ce qui regarde l'arrangement et la composition.

Or, relativement à ce dernier point, il n'y a aussi qu'un petit nombre de peuples à qui on puisse appliquer ce qu'on appelle l'esprit et le style oriental. Après cela, il ne manque pas de transitions ou d'exceptions à cette règle. Ainsi, par exemple, l'obscurité, dans la marche des pensées d'Eschyle, et surtout dans ses chœurs, quoique sous une forme tout-à-fait hellénique, est cependant quelque chose de vraiment oriental; elle vient en général, chez ce poëte, d'un mouvement poétique, impétueux, passionné, et qui entraîne l'imagination, plutôt que de l'affectation des images, ou bien d'une impuissance réelle d'être plus clair. La hardiesse lyrique des comparaisons et des allusions, et la précipitation des tours, donne aussi à Pindare une sorte de vernis oriental. Sa douceur, sa grâce, à côté de la grandeur héroïque du sujet et de la pensée, ont quelque chose du caractère des poésies indiennes, autant que nous les connaissons jusqu'ici. Comme on a vu presque toujours les plus grands penseurs et les plus profonds philosophes européens se distinguer par une prédilection formelle pour l'antique Orient, on peut dire aussi que de grands poëtes, chez les Grecs et chez les modernes, Dante par exemple, et pour ne nommer que lui seul, aimaient à se rapprocher du caractère de l'Orient, de son génie original et de sa grandeur.

Or, comme dans l'histoire des peuples les Asiatiques et les Européens ne forment qu'une grande famille, l'Asie et l'Europe qu'un ensemble indivisible, ainsi il faudrait s'attacher de plus en plus à considérer la littérature de tous les peuples civilisés comme un développement successif, comme une structure intimement liée, comme une image, comme un grand ensemble; et c'est alors que plus d'un point de vue exclusif et limité disparaîtrait de lui-même, que plus d'une chose inintelligible deviendrait claire, et que, grâce à une telle alliance, toute chose apparaîtrait sous un jour entièrement nouveau.

S'il est naturel que l'esprit du moyen-âge, par son sens profond, cet esprit sur lequel se fondent et se fonderont encore longtemps toute notre constitution et notre vie actuelle, nous touche de plus près, nous autres Allemands, que toutes les autres nations, lorsqu'il s'agit d'histoire, de poésie, de morale; si l'on ne peut douter que la connaissance de cet esprit ne soit de la plus haute importance pour la vie; si les études grecques sont non-seulement les meilleures études, mais constituent une préparation nécessaire et sont l'école fondamentale de l'érudition, attendu que nulle part la critique, considérée comme art, n'a été autant perfectionnée que chez le peuple grec; si enfin, l'art, la philosophie et la poésie des Grecs (pourvu que nous ne nous arrêtions pas devant la forme extérieure, comme font les érudits syllabiques, les esthéticiens et les connaisseurs vulgaires en fait d'art) sont tantôt d'une grande valeur pour eux-mêmes, tantôt aussi sont un chaînon intermédiaire, indispensable entre la civilisation européenne et la tradition de l'Orient, comme la littérature romaine fait la transition de l'époque grecque à celle du moyen-âge; ainsi, par une raison analogue à toutes celles que je viens d'énumérer, l'étude de l'indien pourrait seule nous amener à ce point de jeter la lumière sur des contrées, jusqu'à ce moment tout-à-fait inconnues, de l'antiquité la plus reculée. Pour cela, elle pourrait nous offrir, en fait de poésie et de philosophie, des trésors qui ne seraient pas moins abondants.

Et, si une manière d'étudier les Grecs, exclusive, et presque bornée à un jeu, a trop écarté l'esprit du public, dans le dernier siècle, du sérieux de l'époque antérieure et de la source de toute vérité plus haute, ce n'est donc que cette connaissance tout-à-fait nouvelle, et cet aspect de l'antiquité orientale, qui pourrait, si nous consentions à l'approfondir, nous ramener plus sûrement à la connaissance de ce qui est divin, et à cette force du sentiment qui seule donne la lumière et la vie à tout art et à toute science.

QUATRIÈME LIVRE.

—

POÉSIE.

OBSERVATIONS PRÉLIMINAIRES.

Avant les fragments de la poésie indienne, je placerai quelques observations sur les manuscrits d'après lesquels la traduction a été faite, sur l'orthographe, sur la mesure des syllabes ou la quantité, et enfin sur le choix des différents morceaux.

Le manuscrit du Râmayan appartient aux plus beaux que possède la bibliothèque de Paris. Il est écrit en grands caractères dévanagaris, sur papier in-4º. Le manuscrit du Manavadharma-shastra, qui est écrit en caractères bengalis, sur feuilles de papier oblong, dans le format des manuscrits en écorce d'arbre, ne peut être placé, ni sous le rapport de la beauté, ni sous celui de la correction, parmi les meilleurs de ce genre. Quant au Bhagavatgita, il y en a quatre manuscrits différents, dans un petit format, reliés comme nos livres. Ils sont tous écrits en caractères dévanagaris ; quelques-uns avec des scholies. Le texte en est très-correct. Du Mahabharat, il existe un exemplaire bien écrit, en caractères bengalis, sur des feuilles d'écorce d'arbre.

Pour ce qui regarde l'orthographe, j'ai écrit *o* cette voyelle brève qui, excepté au commencement des mots, ne s'écrit pas ; dans le système grammatical, cette lettre équivaut à l'*a* bref ; mais, dans la prononciation moderne, elle se prononce comme *o*. Je me suis donc fondé sur plusieurs raisons : d'abord sur l'autorité que doit avoir ce son existant encore dans la langue usuelle, toute dégénérée que puisse être cette langue même. C'est ainsi que l'on ferait mieux peut-être, dans l'étude du grec, de ne pas négliger la prononciation des Grecs modernes. De plus, je l'ai fait pour éviter la dissonnance qui résulte des ˜ trop accumulés, et pour conserver plus facilement la quantité, attendu que nous sommes habitués à prononcer brève la voyelle *o* plutôt que l'*a*, surtout à la fin des mots. Le *d* du premier rang, qui a proprement le son d'un *r* et que Jones désigne par un point, les Persans, sous le nom du *dal* indien, par quatre points, je l'ai écrit *r* en suivant le son. Toutefois, les consonnes composées *ina* et *ksha*, qui se prononcent comme *ghya* et *khya*, je ne les ai pas écrites d'après la prononciation, bien qu'elles soient fort peu dures, mais d'après la rigueur grammaticale; cela était important dans quelques cas, même pour l'étymologie.

Il m'a semblé superflu de distinguer les différentes espèces de l'*n* nasale, par des traits; car cette différence, pour ceux qui ne connaissent pas la langue, est tout-à-fait perdue, et celui qui peut écrire en indien saura certainement, d'après les consonnes précédentes, quelle *n* il doit employer. Les consonnes *v*, *j*, *ch*, se prononcent comme en anglais. Le premier *s*, que Jones désigne par un trait, pour le distinguer, est marqué par les Portugais (dont l'auteur du manuscrit parisien n° 283 a suivi l'orthographe), comme au reste il l'est généralement, de manière à faire croire qu'il se prononce comme *sh*. D'après cela il faudrait, si l'on écrit et prononce *shastra* et non pas *sastra*, écrire aussi et prononcer *Shiva* et *Shakontala*, et non pas *Siva* et *Sakontala*; car c'est la même lettre dans tous ces mots. Cependant je n'ai pas voulu m'éloigner en ceci de l'usage adopté, cela n'étant point d'une grande importance.

La langue indienne a de commun avec la langue

grecque quelques-unes des lois fondamentales de sa métrique, tout différent que puisse être le système syllabique en général. Les voyelles sont tantôt longues de nature, tantôt brèves comme dans le grec. Sont longues *a*, *e*, *oi*, *au*; il faut prononcer brèves *o*, *u*, *i*, dans les noms indiens des poésies suivantes, à moins que leur longueur ne soit marquée expressément. La syllabe dont la voyelle est brève peut devenir longue par sa position, absolument comme dans les langues anciennes. J'ai bien remarqué, dans le *Gitagovinda* de *Jayadeva*, cette propriété de la métrique grecque, qui consiste à négliger le nombre des syllabes dans quelques endroits, et à mettre au lieu d'une longue deux brèves; ainsi, au lieu du dactyle, on se sert de quatre syllabes brèves.

Néanmoins, dans la mesure des syllabes dans laquelle sont rédigés les fragments qui vont suivre et la plupart des anciens écrits de l'Inde, cette licence n'a pas lieu, mais le nombre des syllabes est strictement observé. Ces dystiques indiens se composent de deux vers seize-syllabiques, dont chacun a dans le milieu une césure, de sorte que tout dystique est composé de quatre membres égaux, de huit syllabes ou *pieds*, d'après la dénomination indienne. Ces vers de seize syllabes ont tous une terminaison iambique, rarement d'une autre mesure. Mais, hors de là, on rencontre partout, au lieu du dijambe, la plupart des mesures connues, anapestes, choriambes, dichorées, ioniques, épitrites, plus rarement des piones de toute espèce. Cependant la cinquième syllabe, dans le premier et dans le quatrième pied ou membre du dystique, n'est presque jamais longue.

Dans cette métrique sont écrits tous les fragments qui suivent; ce n'est que comme une rare exception qu'on rencontre parmi ces vers seize-syllabiques quelques vers qui sont plus longs, ce qui a lieu quand il faut prendre un essor lyrique plus élevé. Ces vers sont aussi disposés par dystiques. Dans ceux qui se composent de quatre membres ou pieds et qui sont de douze syllabes, le schème est le plus souvent composé de quatre ïambes séparés en deux parts par un dactyle et une longue. Cependant j'ai remarqué plusieurs différences et exceptions; mais je n'ai pas par-devers moi assez d'exemples de vers de cette espèce pour être en état de déterminer toutes les variétés du schème.

J'ai cru que ce serait un plaisir pour le lecteur de voir jusqu'à quel point la flexibilité de notre langue allemande, qui a pu lutter si heureusement avec la grecque, pourrait aussi s'adapter à la marche de la langue si antique et, pour ainsi dire, si vénérable des Indiens. Bien entendu qu'un premier essai de ce genre ne saurait nullement prétendre à la perfection, qu'il sera peut-être possible d'atteindre dans la suite, lorsque nous connaîtrons le système métrique des Indiens, à l'aide d'un traité de prosodie indienne complet et intégral. C'est alors aussi que l'on pourra décider la question de savoir jusqu'à quel point il est possible, dans une traduction, d'avoir égard à la triple valeur des syllabes dans la langue indienne. (Voir le livre des lois de Manou, II, 125.) (1)

J'observe encore que partout où le sujet est instructif, comme dans les lois de Manou ou dans le Bhagavatgita, chaque dystique forme à la fois un sens périodique terminé; mais, dans les fragments épiques tirés du Ramayan et de l'histoire de Sakontala, le sens passe souvent d'un dystique à un autre.

Le commencement du Ramayan paraît ici tra-

(1) Au commencement de ce paragraphe, l'auteur fait allusion aux traductions si renommées des classiques anciens par Chr. Voss. Tous ces détails, inutiles quant à la traduction française qui est en prose, servent à montrer le grand mérite de la difficulté vaincue par F. Schlegel, dans sa traduction des poésies indiennes, en vers allemands, avec imitation exacte du mètre de l'original. Toutefois ces mêmes détails donneront aux lecteurs de ce livre une idée du système métrique des Indiens. Quant à ce qui est dit plus haut, page 220, sur la voyelle *o* que Schlegel préfère au son de l'*a*, dans les textes sanscrits, j'ai dit dans l'introduction pourquoi j'avais rétabli, au moins pour les noms propres, l'orthographe en usage; j'ai aussi expliqué la sorte d'indécision avec laquelle sont écrits dans ce livre quelques mots indiens. *(Note du traducteur.)*

duit pour la première fois ; c'est pourquoi je n'ai voulu en rien retrancher, pas même l'invocation qui est en tête. J'ai marqué dans les notes tous les endroits où le texte ou bien le commentaire m'ont paru douteux.

Quant au livre des lois de Manou et au Bhagavatgita, qui sont déjà connus par Jones et par Wilkins, j'ai recueilli du premier tout ce qui regarde la cosmogonie. De l'autre, j'ai choisi les endroits les plus remarquables dans lesquels se trouve développée la doctrine de l'unité, qui est le thème, l'objet, le but, l'esprit de tout le poëme du Bhagavatgita. Ces deux fragments servent comme de pièces justificatives pour les observations relatives à la philosophie indienne que j'ai pu faire dans le second livre de ce traité.

Les morceaux tirés de l'histoire de Sakuntala ou Sacontala peuvent servir comme exemples pour juger de la poésie indienne des plus anciens temps, lorsque l'on compare l'exposition de cette belle histoire, telle qu'elle se trouve dans l'ancien poëme épique, avec le drame, plein de charme et tout différent, écrit par Kalidas.

I.

COMMENCEMENT DU RAMAYANA.

Ce livre débute, comme tous les anciens livres indiens que nous connaissons jusqu'à présent, par une histoire vraie ou fictive de l'origine de l'ouvrage et de ce qui regarde son auteur. Le prophète Valmiki, auquel est attribué le Ramayan, est, aussi bien que Manou et Vyasa, un personnage en partie fabuleux.

Cette introduction comprend le récit de la manière dont le dieu-prophète Narada fait connaître à Valmiki la haute vertu et les actes de Rama encore vivant. Rempli de cet objet et déterminé par un incident que l'on verra, Valmiki invente l'art de la versification. Ensuite Brahma apparaît au poëte dans la cellule où habite ce solitaire ; il l'affermit dans sa résolution, l'encourage à célébrer Rama, et lui présage la perfection et la durée éternelle de son poëme.

Ce récit est précédé d'une courte invocation introductive, d'abord au héros, ensuite au poëte et à son ouvrage sacré, puis aux merveilleux frères d'armes du héros, à l'homme des bois doué de raison ou au prince des singes, et de nouveau au poëte.

BÉNÉDICTION ET SALUT!

GLOIRE AU DIVIN RAMA!

« Il existe un illustre vainqueur (1), issu de la race de Roghou, l'enfant le plus chéri de Kausolya, le fils aux yeux brillants du puissant Dasharatha : ce héros, c'est Rama; vainqueur, il a donné la mort à Dashavadana. Salut au prince des solitaires, à ce pénitent tout rayonnant de sainteté, au possesseur de toute sagesse, à lui, au prophète

---

(1) Rama était le fils de Kausolya et de Dasharata, de la famille des enfants du Soleil. Celui dont on mentionne ici la mort est sans doute un des nombreux géants et guerriers sauvages que Rama a vaincus.

Valmiki, salut ! Oui, je te salue, rossignol de Valmiki, toi qui, élevé sur la branche du poëte, chantes sans cesse le nom de Rama, et qui dis des choses si douces avec des sons si harmonieux !

Celui qui entend ce lion des solitaires habitant la forêt du poëte, celui qui entend le chant de Valmiki sur Rama, celui-là possède le plus grand bonheur. Le torrent puissant du Ramayana, qui découle des montagnes de Valmiki, en se précipitant dans la mer de Rama, glorifie avec magnificence le monde entier. Salut à celui qui a enfanté le chant du Ramayana, ce chant pur de toute tache et riche en ruisseaux et en fleurs ! Je le salue, lui qui s'abreuve toujours, aussi longtemps qu'il vit, du breuvage divin du Ramayana, qui n'en est rassasié jamais ; je le salue comme un sage nourri dans l'austérité et revêtu d'innocence. Je salue aussi le prince des singes (1), ce héros élevé dans l'humilité (2), qui a effacé la douleur de Janaki (3), qui tue par son regard, et qui a fait trembler Lonka. Je le salue !

Il est victorieux ce Valmiki, cet ornement de

---

(1) Hanouman, le compagnon des combats de Rama. Une représentation de Hanouman se trouve, entre autres figures, dans le Dictionnaire mythologique de Mayer, tome 2, planche 41.

(2) Allusion au bannissement de Rama.

(3) Janaki, c'est-à-dire la fille de Janaka, Sita, l'épouse chérie de Rama.

la famille de Brighou (1), le premier des poëtes et le prince des prêtres, lui qui a composé cette œuvre du Ramayana et qui l'a mise en vers pleins de charme. Là, dans cette œuvre sainte, on peut trouver la doctrine de tous les devoirs, l'amitié des héros ; on peut y lire complétement l'exposé de tout ce qui concerne les devoirs du disciple et ceux du maître. Y a-t-il un genre de beauté que l'on ne puisse trouver dans ce que chante l'auteur du Ramayana, Valmiki, de tous les grands poëtes lui le plus grand ? »

Le langage et le style qui se trouvent dans la précédente invocation sont beaucoup plus récents que dans le reste. Quant au morceau qui va suivre, on ne saurait trouver une différence notable entre le langage qui l'exprime et celui du Mahabharat ou des Pouranas, quoique la tradition attribue à Valmiki une beaucoup plus haute antiquité qu'à Vyasa.

DISCOURS DE NARADA.

Voici le sujet de ce discours : Valmiki demande à Narada où l'on peut trouver un héros parfait.

---

(1) Brighou, un des grands Rishis ou des saints ancêtres et des sages du monde primitif; il est ici nommé comme la souche du poëte Valmiki.

Narada désigne Rama comme ce héros, t il s'étend sur ses louanges.

« Recueilli dans sa méditation, et heureux de chercher la vérité, Valmiki, prince des grands prophètes, qui dans sa sagesse embrasse toute connaissance, vient consulter Narada.

VALMIKI.

Quel est celui qui dans ce monde mérite toute louange, qui est grand dans toutes les vertus, habile au devoir et prompt à l'acte, vrai dans ses paroles et ferme dans sa foi ? Quel est celui qui seul pratique la haute vertu, qui aime tous les êtres, qui sait à la fois et parler et agir, dont l'aspect est le plus aimable et le plus doux ? Quel est celui qui sait vaincre en soi l'aiguillon de la colère, qui est plein de dignité, et qui est environné de tant d'estime que l'éclat rayonnant d'un tel fils a illustré la déesse elle-même ? Qui a possédé la puissance sans bornes d'un héros capable de sauver trois mondes (1) ? Qui est celui qui fait du bien aux peuples, qui est le refuge des vertueux, et qui seul, parmi les mortels, s'approche

---

(1) Il y a trois mondes, d'après la doctrine indienne : un de la vérité, l'autre de l'éclat ou de l'apparence, et le troisième de l'obscurité.

de Lokshmi (1) la toute belle ; celui qui est semblable au dieu Oupentra (2), et dont la domination s'étend à travers le feu, l'air et le soleil ? — C'est là ce que je veux entendre avec vérité de toi, ô Narada ! Dieu et prophète, tu peux bien instruire même un homme qui déjà possède des connaissances.

Lorsque Narada, qui connaît les trois temps, a entendu ces mots de Valmiki : Ecoute, dit-il en s'adressant au saint personnage.

NARADA.

Oh ! qu'il est difficile de la trouver la toute vertu que célèbrent les accents de la louange ! Sur ce monde terrestre, qui peut espérer d'atteindre la perfection ! Parmi les dieux mêmes, je ne vois personne à qui il ait été accordé de parvenir à un pareil but. Apprends donc quel est celui qui, plein d'une telle vertu, rayonne comme le disque de la lune devant les mortels.

La race d'Ikshvakou (3) l'a fait naître ; il s'appelle Rama ; c'est lui qui pratique la vertu, qui, favorisé de ces dons immortels et de plus grands

---

(1) Lokshmi, la plus belle, la plus gracieuse, la plus heureuse des déesses, autrement appelée Sri, épouse de Wichnou.

(2) Oupentra, surnom de Wichnou, d'après l'Amaracosha.

(3) Ikshvakou, un des ancêtres royaux de la famille des enfants du Soleil ; il est fils de Sourya, ce même dieu du Soleil.

encore, brille de la plus haute splendeur. Maître de lui, généreux, plein de dignité, magnifique et puissant, plein de sagesse, fidèle toujours à son devoir, terrible et vainqueur de tout ennemi, c'est lui qui a tué le géant robuste et aux bras terribles Kauvougrivana; c'est lui qui a dompté l'ennemi Goudarjanou (1), aussi lui courageux et puissant : c'est lui, c'est Rama, à la tête élevée et dont les bras pendent jusqu'aux genoux. Fort, riche de la vraie vertu, il est d'une humeur égale; ses formes sont belles, sa couleur éclatante, son œil est grand, sa poitrine forte; qui mieux que lui connaît la loi, recherche la vérité, est maître de sa colère, maître de sa pensée? Il possède profondément la sagesse; pur, doué d'une puissance héroïque, protecteur et sauveur du monde entier, fondateur et conservateur du droit, connaissant tous les secrets de l'Ecriture (2), versé dans la connaissance des livres, dans l'interprétation de tous les textes sacrés, il est riche de vertus et brillant d'un éclat souverain. Tous les hommes l'aiment; loyal, d'un esprit enjoué, serein et docte à la fois, sans cesse il attire vers lui les bons, de même que les tor-

---

(1) Les deux ennemis de Rama, nommés en cet endroit, font sans doute partie des nombreux géants et des guerriers sauvages que Rama a vaincus.

(2) Toutes les parties des Védas.

rents roulent irrésistiblement vers la mer. C'est Rama qui se tient au but de la vertu, c'est lui qui est l'amour et le plus digne plaisir de Kausolya ; Rama est libéral comme l'Océan, constant comme l'Himayana (1), semblable à Wichnou pour la force héroïque, constant comme le maître des montagnes (2), brûlant de colère comme les volcans ; tranquille, il est semblable à la terre, distribuant ses biens comme le dieu des richesses, lui, le refuge de tout ce qui est vrai et juste. »

Avant de continuer à entendre Narada, qui passe maintenant à l'histoire de Rama, nous voulons d'abord mentionner brièvement ce qui précéda l'époque dans laquelle Narada commence à parler.

L'apparition de Rama est considérée, selon la tradition indienne, comme la septième incarnation de Wichnou ; elle avait été occasionnée par les plaintes qui s'élevèrent devant Brahma, sur les méfaits du géant Ravana, roi de Lonka, et de ses compagnons qui avaient vaincu même le dieu Indra. Pour le dompter, Wichnou se résout à prendre la forme humaine du fils de Dasharatha, roi d'Ayadhya.

(1) Les Alpes indiennes dans le nord.
(2) Surnom de Sivah.

Dasharatha a eu de ses trois épouses quatre fils : Rama de Kausolya ; Bharata de Kaïka ; de la troisième dont le nom est cité de différentes manières, il a encore Lokshmana, ami et compagnon de Rama, et enfin un quatrième fils qui était compagnon de Bharata. Dasharatha veut instituer Rama, son premier-né, pour son successeur. Mais Kaïka, qui a rendu de grands services à son époux, profite de la promesse qu'il lui a faite, par reconnaissance, d'accomplir toute prière qu'elle lui ferait. C'est pourquoi elle demande que Rama soit banni pour douze ans, et que Bharata soit déclaré héritier à sa place.

Ici commence la narration de Narada, que l'on peut regarder comme un argument précis et exact du sujet de tout le poëme. Pour que la multitude des noms et des allusions historiques accumulées dans un espace si étroit ne troublent pas trop l'attention, nous suivrons particulièrement le fil général de l'histoire, en omettant toutes les circonstances accessoires.

Rama s'en va dans la forêt, où le suivent son frère fidèle Lokshmana et sa chère Sita. Le vieux Dasharatha meurt de chagrin ; après sa mort, Bharata, conformément à la disposition antérieurement prise par son père, est appelé à la royauté; mais, ne voulant pas l'accepter, il va dans la forêt trouver Rama et lui offrir le royaume. Rama le refuse et engage Bharata à retourner ; alors celui-ci prend en main le gouvernement et tient sa cour à Nondigrama.

Rama erre plus loin dans la forêt, et, faisant usage des armes d'Indra qui lui sont prêtées, il se met à combattre les géants ; il en tue un grand nombre. Ravana leur roi, plein de courroux, médite une vengeance terrible : par ruse, il enlève la belle Sita, l'épouse chérie de Rama, et dans cette expédition il tue le merveilleux vautour qui était le gardien de l'habitation de Rama. Lorsque celui-ci a brûlé et enterré le cadavre de ce serviteur, une voix prophétique se fait entendre de la flamme, qui lui déclare ce qu'il a à faire désormais.

Alors Rama se ligue avec les deux hommes des forêts ou héros des singes, Hanouman et Sougriva. Soutenu par le conseil de ce dernier, il tue Vali, un de ses principaux adversaires, et l'un des plus formidables géants. Hanouman traverse la mer, gagne l'île de Lonka, délivre Sita, tue beaucoup de géants, et brûle la capitale de l'île. Ensuite il va trouver Rama à qui il apporte cet agréable message. Alors le dieu se dirige vers le rivage de la mer ; Samoudra, c'est-à-dire l'Océan lui-même, lui donne le moyen miraculeux de fabriquer le fameux pont sur la mer pour atteindre l'île de Lonka. Là il tue Ravana et retrouve sa chère

Sita; mais, comme il ignore si elle lui a conservé sa fidélité, Sita prouve son innocence par la preuve du feu. Tous les dieux en sont réjouis; et Rama, vainqueur, se rend à Nondigrama, où les frères réunis vont régner et prolonger leur vie dans la joie et dans la prospérité.

Suit un rapide tableau de l'âge d'or que les hommes passent désormais sous le règne de Rama, et une prophétie de l'époque à laquelle finira cet heureux âge.

Quant à ce qui regarde beaucoup d'autres noms des héros qui se rencontrent dans le récit, outre ceux qui ont été nommés, il suffit de savoir si ce sont des amis et alliés de Rama, ou bien ses adversaires et ses ennemis; ce qui, au reste, se reconnaît et se voit clairement par la liaison du discours (1).

Narada continue :

« Cependant le monarque a voulu élever à la royauté, comme chef héréditaire, ce vertueux Rama, marchant dans le chemin de la vérité, le

---

(1) En général, je n'ai pas voulu grossir cet ouvrage par l'éclaircissement de noms ou de détails qui ont été déjà éclaircis dans d'autres livres. A ceux pour qui la littérature et la mythologie indiennes sont encore étrangères, je recommande le Dictionnaire mythologique de Mayer, où tout ce qui est connu jusqu'à présent a été rassemblé avec soin et présenté avec une parfaite clarté.

fils chéri et premier-né de Dasharatha; car le peuple le favorise pour la puissance de son caractère plein de douceur. Mais, en voyant la fête de l'élévation de Rama, Koïka sa belle-mère, qui s'est rappelé la promesse du roi de lui accorder sa première demande, dit à ce prince: « Que Rama » soit banni tout à l'heure, et qu'ensuite Bharata » soit élevé sur le trône. » Le roi, captivé par un lien qu'il n'est pas maître de briser, puisque lui-même avait engagé sa parole, consent à bannir loin de lui son fils Rama, le fils qui lui était si cher.

Ce héros s'en alla donc vers la forêt, dévoué à son infortune, et soumis à l'ordre de son père, tel que l'avait suggéré la haine de Koïka. Là, le voyageur est suivi de Lokshmana, ami généreux qui, dans sa modeste pensée, veillait assidûment au bonheur de Rama; il était la joie de son frère, et faisait briller ainsi la beauté du noble lien fraternel. Avec lui s'exile également son aimable épouse, la belle Sita, regardée comme l'image de la vie; issue de la famille de Janaka, elle est égale en mérite à la déesse Maya (1). Abondamment douée de toute grâce, la première des femmes pour la pensée pieuse, florissante dans la beauté et dans la jeunesse, tou-

(1) L'illusion divine dont sort le monde de l'apparition.

jours agissant comme le devoir l'exige, Sita avait suivi Rama, de même que la lune est suivie par l'astre (1) de Rahini.

Une foule de peuple l'accompagne, et son père Dasharatha lui-même ne l'abandonne que près de Sringavera ; au bord du Ganga il se sépare de son fils. Rama se rend d'abord vers Gouha, digne roi de Nishada (2). Réuni à ce monarque et à Lokshmana ainsi qu'à la belle Sita, il marche dans une joie permanente, en suivant le cours du Ganga, vers la forêt. C'est ainsi que, passant de forêts en forêts, franchissant la plus large étendue du fleuve, et suivant l'ordre de Bharadvaja (3), ils arrivent à la montagne de Chittrakouda. Là, le vaillant Lokshmana construit des habitations, où s'arrêtent aussitôt Gouha, Sita et son époux Rama, celui qu'elle chérit d'un amour éternel. Pleins d'une joie divine, ils s'établissent en ce lieu, auprès des Gandharvas (4). Et lorsque tous les trois sont réunis sur la montagne de Chittrokouda, la montagne apparaît brillante comme

---

(1) Une déesse féminine et astronomique qui est aimée de la lune, et qui demeure toujours dans sa proximité.

(2) Si Nishada marque un peuple ou un lieu, cela ne se voit pas clairement d'après la forme du mot *Nishad'adhipotin*.

(3) Un des grands Rishis, ou patriarches du monde primitif.

(4) Les Gandharvas sont les bons et heureux esprits aériens, génies de la musique.

l'était jadis celle de Mérou, escaladée par Vaisrivana et Shankara (1).

Cependant, lorsque Rama était sur la montagne, son père le roi Dasharatha, accablé de douleur à cause de son fils, remonta au ciel ; et, en mourant, il plaignait encore son cher Rama. Après sa mort, Bharata, par le choix des prêtres de Vasishta (2), appelé aussitôt à la royauté, ne veut pas être roi ; magnanime héros, il s'en va à la forêt, pour tomber avec respect aux pieds de Rama ; il se hâte, arrive près de son frère, il veut lui prouver combien ses sentiments sont remplis de modération. Quand Bharata, généreux frère, sorti précipitamment de la ville, fut arrivé près de Rama, aussitôt, par sa noble prière, il lui dévoila son grand cœur : « Accepte le trône, ô » toi le plus juste des hommes ! ô Rama ! » Il n'en dit pas davantage ; Rama réfléchit à ces paroles, et à son tour il refuse de ceindre le diadème. Alors Bharata tombe avec respect aux pieds de Rama, toujours lui offrant la couronne, qu'il le supplie avec instance de vouloir accepter, mais vainement ; car Rama, qui était le frère aîné, détermine son frère Bharata à retourner chez lui et à

---

(1) Surnom de Sivah. L'escalade du mont Mérou est un de ses actes les plus célèbres.

(2) Encore un des grands Rishis, d'après cette tradition le chef des prêtres dans le royaume d'Ajadhya.

demeurer roi. Celui-ci, voyant qu'il n'a pas atteint son désir, saisit le pied (1) de Rama; puis il revient tenir sa cour à Nondigrama, espérant voir bientôt son frère de retour.

Cependant, dès que, pour complaire à Bharata, l'heureux Rama, toujours maître de lui, eut revu une fois encore la ville et son peuple, il retourna à son habitation, d'où il se dirigea aussitôt vers Dandaka, marchant en hâte vers la grande forêt. Rama, aux yeux brillants, tue le géant Viradha, visite tour à tour Sarabhanga, Soutikschna et Agastya (2), et le frère d'Agastya. Suivant le conseil de ce dernier, il saisit la flèche d'Indra (3) et le glaive de ce dieu, qui perce le

---

(1) Ces expressions, aussi bien que celles qui se trouvent un peu plus haut, signifient : il tomba à ses pieds avec respect. Mais il peut bien être que ces expressions contiennent l'allusion à une bizarre circonstance de l'histoire, que l'on trouve dans Roger, page 261 de l'édition allemande. On y voit que Rama n'ayant pas voulu accepter le trône, Bharata lui demanda ses souliers afin qu'il pût s'en servir jusqu'à ce que Rama fût de retour. D'après cela on pourrait bien expliquer le *paduke* (septième cas de la déclinaison), qui se trouve dans ces deux vers. *Paduka* est expliqué dans mon exemplaire d'Amarakasha dans le Bhaukanda, par *crepida ex corio*. Comme je n'étais pas tout-à-fait sûr de l'interprétation de tout ce passage, je l'ai laissé ainsi indéterminé dans la traduction.

(2) Un brahmane de l'antiquité qui est vénéré comme saint.

(3) Indra, comme roi des bons génies, est, dans celle-ci comme dans toutes les incarnations de Wichnou, son ami et fidèle allié. Les Rishis sont aussi à ses côtés.

cœur des ennemis. Dans cette même forêt où était Rama avec les habitants des bois, tous les saints vinrent près de ce héros pour anéantir la race des géants : c'était à l'époque où les divins patriarches habitaient la forêt de Dandaka. Là, réunie à son frère, demeurait aussi, dans Janashana, la géante Shmourganaka, hideuse et enflammée d'amour. Lorsque, sur l'avis qu'elle en donna, tout un peuple de géants se fut rassemblé, Rama vainquit dans la mêlée le Khourou et Doushana, géant à trois têtes ; seul il vainquit le peuple des géants, et défit aussi toute leur armée, qui était au nombre de 14,000 guerriers.

Ayant appris le résultat de cette bataille, le géant dont la louange a été entendue par trois mondes, géant d'une haute renommée, d'une taille supérieure et d'une force immense, roi des géants, puissant héros, enfin le géant Ravana, saisi d'un grand courroux, appela pour l'aider dans le combat son fidèle Maricha. Souvent celui-ci avertissait son chef en lui disant : « Oh ! n'aie pas de colère, Ravana, contre » ce puissant Rama ; mais aie patience, je t'en » conjure. » Ravana a bien entendu cette parole ; mais, déterminé à vaincre ou à mourir, il s'en va avec Maricha à la demeure de son rival. Par ses artifices (1), il entreprend d'éloigner de

(1) Voici quelle fut cette ruse : il transforma un des siens en un

leur demeure Rama et son frère Lokshmana. Puis lui-même s'y introduisant, s'empare de la belle Sita, l'épouse chérie de Rama, qui était égale aux enfants des dieux, après avoir tué le vautour Jayayoush. Quand le fils de Roghou a vu son vautour immolé et sa divine épouse enlevée, alors étourdi par la douleur, privé de sens, il se prend à pleurer. Puis, ayant brûlé les restes de Kakutsha et ceux du fidèle vautour, il regarde d'un œil terrible le puissant Kabandha (1), le terrible fils de Danou ; il le tue dans sa fureur, et réduit en cendres son cadavre sur le gazon de la plaine. Alors un être mystérieux se montra et parla ainsi à Rama : « A Shavari (2) la ver-
» tueuse, à Shavari la sainte, va, fils de Roghou. »

Rama a suivi cette parole. Pur de toute faute, illustre vainqueur, il s'en va sans délai, avec Lokshmana, trouver Shavari : hautement honoré

beau cerf d'or, et fit en sorte que Sita, en passant, ne pût s'empêcher de le regarder. Sita désira l'avoir, et pria Rama de l'attraper. Les frères chassèrent le cerf, qui prit la fuite. Alors, pendant qu'ils étaient éloignés, Ravana entre chez Sita sous la figure d'un pénitent Sonnyasi et lui demande l'aumône ; mais bientôt il la saisit de force, l'enlève, et la conduit à Lonka.

(1) Sans doute un de ses ennemis que, dans son chagrin, Rama a jeté avec le vautour dans la flamme du bûcher qui était dressé avec des herbes et des broussailles desséchées.

(2) Quelle part celle-ci a dans l'histoire, c'est ce qui ne résulte pas clairement de l'ensemble du poëme ; et d'ailleurs c'est un fait qui ne m'est pas connu.

de Shavari, Rama, le digne fils de Dasharatha, se joint sur le rivage du Ganga avec Hanouman le prince des singes, l'homme des forêts, et, suivant le conseil du géant, il s'unit encore avec Sougriva. C'est Hanouman, le singe de Rama, qui lui raconte comment tout s'était passé dès le commencement; il dit aussi les hautes vertus de Sita. Quand Sougriva a écouté tout ce détail sur le sort et sur la race de Rama, alors il contracte une étroite amitié avec ce héros, et le lien qu'il forme avec lui est consacré par le feu (1).

Ensuite Sougriva parla de Ravana, le terrible roi des singes; soumis et humble, mais triste, il donna à Rama tous les renseignements qu'il pouvait désirer; puis il fit une convention avec le fils de Roghou, pour donner la mort à Vali. Cependant le singe fit connaître à Rama la force du puissant Vali; et Sougriva fut rempli de crainte pour Rama, en songeant à ce redoutable ennemi. Plein d'amour pour le fils de Roghou, Sougriva lui montra le géant Dundoubhis, qui était grand comme la montagne (2). Alors, frappant du pied le corps de ce géant, Rama le lança à cent milles de là; puis avec une flèche il creusa sept lacs

---

(1) C'est un usage sacré de consolider autant que possible l'alliance contractée.

(2) Ce qui suit est tenté par Sougriva, à l'effet d'éprouver Rama et de savoir s'il est assez fort pour vaincre Vali.

à Anataparou. La montagne de Rosatala est le lieu sacré où s'accomplit l'alliance immortelle de Rama et de Sougriva Et maintenant ce dernier, prince des singes, généreux homme des forêts, a pris confiance dans l'amitié de Rama; heureux, il a atteint le but suprême auquel il tendait.

Ainsi, le héros ayant contracté le lien d'amitié avec Sougriva; quand tous les deux, le prince des hommes et le prince des singes, ont achevé leur serment de ne s'abandonner jamais, ensemble ils sont partis pour Kishkindha, la patrie du singe allié. Aussitôt la voix tonnante de ce dernier appela le grand Hori (1); à cet appel qui résonnait d'une manière formidable, Hori accourut sans retard. Et déjà Rama, s'armant d'une seule flèche, a fait mordre la poussière à Vali; puis il donne le royaume du mort à son fidèle Sougriva (2). Celui-ci, rassemblant tous les singes, lui, leur prince, affermit l'ordre du royaume, et il désire voir l'enfant (3) de Janaka.

De son côté, en suivant le conseil du vautour, qui de sa cendre avait parlé à Hanouman, celui-ci s'en alla, et, parcourant à la nage une route de

---

(1) Surnom de Wichnou, dont le secours est invoqué contre un géant redoutable.

(2) Dans ce vers la leçon était tout-à-fait confuse; je l'ai traduite d'une manière indéterminée d'après l'ensemble.

(3) Sita.

cent milles, passa hardiment à travers le royaume des poissons. Arrivé à Lonka, ville fondée par Ravana, il voit la belle Sita qui se promenait silencieuse et triste dans le bois d'Ashaka. Alors, lui ayant fait connaître son message et son prochain retour, il mit à mort le peuple des géants du midi. Il tua cinq chefs d'armées; Trisouta fut sa septième victime (1). Il immole le jeune Aksha, et se précipite sur Grahana, qui lui-même, avec son propre fer, sut s'affranchir de la vie, dès qu'il se vit poursuivi par Hanouman, le meurtrier de son aïeul. Mais le héros terrible, implacable contre le peuple des géants, rend sa vengeance aussi complète qu'il la pouvait désirer. Déjà, après avoir incendié la ville de Lonka, il a revu aussi Moithila (2). En cet endroit, il donna quelque repos à son corps fatigué, puis le prince des singes revint sur ses pas.

Alors, étant venu près du généreux Rama, Hanouman le salue et lui dit : « J'ai trouvé Sita! » A cette nouvelle, le héros prit Sougriva avec lui et vint sur le rivage de la mer; aussitôt il creusa l'océan par la force de ses flèches, semblables aux rayons du soleil; et, montrant ainsi que l'océan même lui obéissait, il suivit le conseil

---

(1) Peut-être Aksha est-il compté comme la sixième, puisque Grahana n'est pas tué par Rama et que lui-même se tue.
(2) Ce nom m'est aussi inconnu.

de Samoudra (1) et construisit sur la mer le pont de Nala; puis, s'étant acheminé vers l'île de Lonka, il y donna la mort au roi des géants. Mais Rama, après avoir retrouvé sa chère Sita, était pénétré d'une honte amère. Doutant de sa vertu, il lui adressa des paroles injurieuses devant l'assemblée des hommes; c'est pourquoi Sita, pour se justifier, monte volontairement sur un bûcher enflammé (2); puis, quand par le témoignage du feu l'innocence de Sita fut reconnue, le monde entier et tout ce qui existe se réjouit de ce qui s'était passé; tous les patriarches applaudirent à la conduite du divin Rama. Maître de Lonka, ce héros établit, pour régner sur cette île, le géant Vibishana (3).

Lorsque Rama a accompli toutes ces actions, libre alors de douleurs, il se réjouit; favorisé qu'il était dans ses désirs par les dieux, il renvoie tous les singes. Tous sont charmés de cette nouvelle action du héros. Ceux qui sont venus à la cité d'Indra, et même les saints patriarches que

---

(1) L'océan personnifié, le dieu Océan.

(2) Elle se purifie du soupçon d'infidélité par l'épreuve du feu.

(3) Un frère de Ravana, mais qui a averti et exhorté celui-ci de rendre à Rama, qui est un dieu, son épouse enlevée, et qui, lorsque Ravana n'a pas écouté son avertissement, est passé du côté de Rama.

vénère le fils de Roghou, et toutes les divinités, en témoignèrent leur joie. Quand cela fut terminé, Rama s'approcha de la félicité. Voyant ses désirs accomplis par les dieux, aussitôt qu'il a retrouvé Sita, il s'élance sur le char des fleurs (1), et vient à Nondigrama ; c'est dans cette cité que demeurait avec ses frères le fils de Roghou heureux époux de Sita, depuis qu'il est rentré vainqueur dans le royaume paternel. Il offrit des sacrifices selon l'usage ordinaire, il tua Lokokandaka, heureux d'être réuni avec son amie la divine Sita (2). Maintenant, semblable à un père tendre, il conduit avec amour le troupeau de ses peuples heureux, lui, généreux dominateur d'Ayadhya, lui, le noble fils du roi Dasharata.

Maintenant le monde est dans la joie ; il est heureux, fort et fidèle à la justice, se reposant dans les plaisirs, libre de douleurs, aussi éloigné de la haine que du désir. Aucun de ces hommes heureux ne voit jamais la mort de son fils ; les femmes qui sont dans l'état de veuve, sont contentes d'honorer la mémoire de leur époux. Un air pestilentiel n'apporte point l'épouvante ; au-

---

(1) *Puchpaka*, selon l'Amarasinha ; un char merveilleux de Kouvera, *currus ex floribus*.

(2) *Sitaya, Ramaya, Rame*. C'est un des nombreux endroits où l'affinité des mots employés avec le nom du héros Rama, venant de la même racine, ajoute un nouvel agrément au récit.

cune inondation, aucun incendie ne menacent les vivants; on croirait voir régner l'âge d'or. Dans le royaume de Rama, il n'y a point de veuves; il n'y a rien sans maître; il n'y a pas d'hommes insensés, ou bien en proie à la misère, ou tourmentés par la maladie. Il sacrifie cent fois des coursiers; en même temps il prodigue l'or, et de plus il veut immoler cent mille génisses en sacrifice aux immortels. Rama gouvernera encore son royaume pendant des siècles nombreux; il établira solidement, et selon la justice, quatre états dans ce monde terrestre; et quand, au bout de dix mille années et cent mille encore, Rama aura quitté son royaume, alors il s'élèvera vers le monde de Wichnou.

Tel est l'homme consommé en vertus, le législateur heureux dans la victoire, et dont tu demandais le nom, ô Valmiki! Rama est l'homme parfait.

Quand Valmiki eut écouté Narada, il lui parla ainsi : « O saint! tu rends claire la vertu que le mortel atteint difficilement. Je vais donc célébrer Rama qui est doué de toutes les vertus (1); car

---

(1) Dans la première moitié du 215e vers, la leçon me semble obscure. La pensée générale et la suite des idées sont pourtant claires. Le 216e vers appartient sans doute à ce que dit Valmiki. La conclusion qui suit est de nouveau un discours à la louange du poème lui-même.

la connaissance que l'on a de la vertu est immortelle, elle accroît la puissance héroïque de la gloire.

Celui qui lira les actions de Rama sera libre de tous ses péchés; il sera libre de tout malheur, lui, son fils, son petit-fils et tous les siens. Celui-là aussi sera affranchi de tous maux, qui aura entendu jusqu'à la fin le Ramayana, quand il n'aurait fait que l'écouter; ou bien celui qui, plein de foi, lira lui-même ce livre avec attention, seulement jusqu'à la moitié. Oui, ce livre donnera la sagesse au mortel régénéré (1); au noble, il donnera une magnifique domination; il apportera au marchand le gain le plus pur; et, si l'homme de la dernière classe l'entend, il sera aussi ennobli. »

VISITE DE BRAHMA.

Voici le sujet de ce morceau : Valmiki, dans sa solitude, se dispose à son grand ouvrage par de pieuses purifications. Il rencontre un amant et sa bien-aimée; le premier est tué par un guerrier sauvage. L'affliction de l'amante restée seule ex-

---

(1) *Dvija*, régénéré, doublement né, une fois naturellement, et l'autre fois spirituellement; c'est la désignation ordinaire des brahmanes. Selon la différence des quatre états, vient aussi la récompense qui est promise aux lecteurs du Ramayan.

cite la compassion de Valmiki, et, pendant qu'il était absorbé par cette pensée, l'expression de sa plainte se fait dans un discours en forme métrique. Le sage s'en aperçoit avec étonnement, et il communique à son disciple chéri la découverte qu'il vient de faire. Brahma lui apparaît, et se montre charmé d'apprendre que Valmiki vient de découvrir l'art de la versification. Le dieu engage de nouveau le poëte à commencer le grand ouvrage du Ramayana. A la fin et pour conclure, les disciples louent encore l'invention du *schloke*, mesure des vers indiens.

La mort de Kraunha n'est ici traitée qu'en passant. Il est remarquable que, dans cette fable sur l'origine de la poésie, toutes les merveilles de l'antiquité, relativement aux géants, sont considérées comme réelles et comme des données historiques, tandis que la mesure des vers ou la poésie est issue de la douce harmonie d'un cœur touché de compassion.

« Lorsque Valmiki avec son disciple eut fini d'entendre le discours élevé de Narada, un grand étonnement s'empara de tous les deux. Alors ce grand prophète offre dans sa pensée les honneurs à Rama; ensuite, avec son élève, il présente de la même manière et avec des pensées pieuses ses hommages au patriarche Narada. Ce patriarche à son tour, après avoir répondu aux questions de Valmiki, et reçu les adorations du poète, remonta vers la cité du ciel ; et lorsqu'il fut parti pour le monde des dieux, alors Valmiki s'en alla vers le rivage du Tamasa ; et enfin, sitôt que le chef des prophètes eut atteint le rivage de Tamasa, il parla à son élève qui était près de lui, en regardant le lieu, pur de toute tache, auquel ils étaient arrivés. « Cet asile, dont le fondateur était Bharadvaja, est auguste et pur, est bien établi, solide comme la décision des hommes justes. Asile de tranquillité, ce lieu possède dans son sein une eau salutaire. Je vais prendre ici le bain sacré dans les flots du Tamasa. Va chercher dans la hutte agreste, et apporte ici promptement le vêtement d'écorce d'arbre (1). Fais ce que je te demande, mon noble ami ; car sans différer, dans le lieu saint de Tamasa, je veux prendre le bain sacré. »

Obéissant à l'ordre du maître, le disciple revient en toute hâte de la cabane, et rapportant le vêtement d'écorce d'arbre, il le présente à Valmiki. Quand celui-ci est sorti du bain, et que, rempli de piété, il a adoré la croix de prière, et que par ses rites pieux il s'est concilié l'esprit des saints ancêtres, il traverse alors toute la forêt de Ta-

---

(1) Le costume ordinaire des solitaires.

masa, en jetant autour de lui des yeux incertains. Tandis qu'il se promenait sans trouble sur ce rivage, il aperçoit un couple de jeunes amants, couple joyeux et aimable à voir. Dans ce moment, voici qu'aux yeux du prophète, Nishada (1) sans pitié a tué l'amant. Lorsque Kraunki a vu son amant couvert de blessures se rouler dans son sang, pleine de frayeur elle s'abandonne à l'expression de la plainte et du désespoir. Cependant, dans le bois d'Andaja, le solitaire et son disciple ont été les témoins du crime de Nishada; une vive compassion a saisi le prophète, et exprimant ce qu'il éprouve par des paroles, il commence ainsi :

« O malheur! fallait-il que ce meurtre odieux, digne que le monde l'abhorre, fût accompli par le cruel et insensé Nishada! »

Et versant des larmes avec des soupirs sur le sort de Kraunki, qui pleurante était auprès de lui, le prophète ajoute :

« Tu ne vivras pas longtemps, Nishada! Comment atteindrais-tu de longues années, toi qui as

---

(1) Nishada est expliqué dans mon exemplaire d'Amaracasha, dans le *Bhoukanda*, comme un homme de la plus sauvage et la plus méprisable espèce, qui se nourrissait de chair crue, etc., *homo ferox, carnis vorax* : par conséquent ce nom signifie peut-être un sauvage en général; il ne serait pas un nom propre, ou du moins il pourrait être un de ces noms significatifs si ordinaires parmi les noms indiens.

tué un couple heureux qui était si vivement épris d'amour? »

Ayant dit ces mots, il devient pensif; puis, après un moment de silence, il se parle à lui-même et dit :

« Qu'est-ce donc qui s'est passé en moi dans ma douleur? Quel discours ai-je donc prononcé? »

Alors, élevant la voix, il continue de parler et dit à son disciple Bharadvaja qui était auprès de lui :

« Puisque maintenant, dans une plainte amère, j'ai prononcé un discours partagé en quatre pieds, symétriquement divisé et en nombre égal de syllabes, c'est donc un chant (1) que j'ai rencontré? »

Le disciple a entendu le discours métrique si parfait du solitaire; il a reconnu le génie poétique, et, en adoptant cette nouvelle invention (car maintenant les vers sont inventés), il fait voir combien son maître lui est cher. Et alors, tout en causant ensemble, en réfléchissant sur ce qui venait d'avoir lieu, tous les deux retournent dans leur sainte retraite. Bharadvaja, dans l'humilité de son cœur, la cruche remplie d'eau à la main, suivait modestement le prince des pro-

---

(1) Il y a ici un jeu de mots entre *shaka* et *shlaka* que j'ai tâché d'exprimer par les mots allemands *leid* souffrance, et *lied* chant.

phètes. Entré dans la cellule avec son disciple, l'homme sage monta sur un siége élevé, et là, plein de tristes pensées, il s'enfonça dans une profonde méditation.

Dans ce moment entra dans la cellule solitaire Brahma, le chef et l'ancêtre du monde; seul vivant par lui-même, éternel et bienheureux, il était venu pour visiter le saint prophète. Lorsque Valmiki l'aperçut, il se leva promptement et avec respect; et se mettant en position pour adorer, il se tenait debout rempli d'étonnement; ensuite, lui présentant un siége, il le salua d'un salut divin, et il l'adora, suivant le rite, en lui lavant les pieds. Lorsque le dieu est monté sur le siége d'honneur, il ordonne à Valmiki de s'asseoir également. Le poëte obéit et se place aussitôt vis-à-vis de l'ancêtre du monde. Comme cela se passait ainsi, la pensée de Valmiki était dirigée vers la pauvre Kraunki, telle qu'il l'avait vue en proie à une vive affliction pour la mort de son amant, et il chanta de nouveau son chant de douleur, lui dont le cœur était plein de compassion et qui par ses chants enveloppait sa tristesse comme d'un voile.

« Il a commis un crime, le meurtrier, lorsque dans sa méchanceté, dans son courroux insensé, poussé par un mouvement infernal, il a tué le beau Kraunka. »

Et Brahma lui dit en souriant : « Qu'est-ce donc, ô saint ! que tu as dit en plaignant la mort de Kraunka ? Tu as prononcé dans ta plainte un discours que tu as ordonné en forme de chant ; prophète, cela s'est opéré en toi par la vertu de Sarasvaka, déesse de l'harmonie. O saint ! célèbre donc ainsi la vie et les actions de Rama, car nul ne possède plus que lui des intentions pures, un esprit profond, un cœur plein de vertu. Fais donc connaître l'histoire de Rama, selon l'ordre et comme te la racontait Narada ; dis tout ce qui est caché et aussi tout ce qui est découvert sur la destinée de ce grand esprit. D'abord, tu diras Rama lui-même, ensuite ses compagnons, puis toutes les actions du peuple des géants ; fais connaître Boidehya, dévoile toute la vérité à la clarté du jour. Tout cela, ton esprit doit l'avoir médité et clairement reconnu. Tu chanteras aussi son épouse, la belle Sita ; tu diras le sort de son royaume et surtout du roi Dasharatha ; enfin, ce qui a été fait, ce qui a été dit, et le but et le résultat de toute chose. Forme donc le poëme divin de Rama, dans lequel le charme métrique du chant réjouira le cœur. Aussi longtemps que dureront le front des montagnes et le cours des fleuves sur la terre, aussi longtemps encore le Ramayana traversera tous les mondes. Aussi longtemps que le chant du Ramayana traversera les mondes, aussi longtemps les mondes que je gouverne dans l'immensité te décerneront le siége d'honneur. »

Quand le dieu Brahma eut ainsi parlé, il disparut, laissant Valmiki dans un grand étonnement avec son élève. C'est pourquoi, tous deux ensemble chantaient la merveille qui venait de s'accomplir, et souvent, dans leur admiration, ils s'écriaient à haute voix :

« Dans le discours qui comprend quatre pieds
» d'une mesure égale, et que le divin esprit de
» Valmiki a prononcé par l'horreur du meurtre
» commis sous ses yeux, le chant est né de la
» tristesse, et la mesure des vers en est sortie. »

Ainsi, l'art de la métrique a été inventé par le sage Valmiki. « Je veux, dit-il, former dans » cette sorte de chant le poëme du Ramayana. » Ce poëme, unissant en lui l'équité, l'amour et le bien, est plein de variété; il embrasse une foule de sujets ; pareil à la mer qui porte les perles, il contient en lui l'essence du monde. C'est ainsi que le prophète, doué de l'inspiration, a formé ce poëme de louanges, en mesurant les pieds du discours selon une métrique que l'art a dirigée, poëme ravissant consacré à Rama, divin chant de gloire inventé sur le héros de la gloire.

II.

COSMOGONIE INDIENNE EXTRAITE DU PREMIER LIVRE DES LOIS DE MANOU.

Dans l'admirable code des lois de Manou, le plus ancien livre de l'Inde que nous connaissions jusqu'à ce jour, on pourrait trouver le style et le ton de plusieurs ouvrages de l'antiquité réunis. Partout où le sujet roule sur les mœurs, on se rappelle l'ingénieuse simplicité et l'antique individualité d'Hésiode. Les endroits cosmogoniques et philosophiques ont un essor pareil à celui de Lucrèce, et d'Empédocle son modèle. Souvent aussi on y trouve une élévation d'un caractère plus sérieux encore et plus sévère : ce qui a conduit Jones à établir une comparaison entre le livre de Manou et celui de Moïse. La différence de l'époque entre le code indien et le Mahabharat est visible, sous le rapport de la langue même.

Nous prévenons d'avance que, dans la traduction de W. Jones, tout ce qui est imprimé avec d'autres caractères que le texte, se compose de scholies qu'il eût été mieux de ne pas introduire dans le texte même. De plus, la traduction du savant anglais est quelquefois explicative et déterminée d'une manière plus exacte que l'original. Car, quoique le langage de cet original soit généralement métaphysique, cependant il y est mêlé de figures hardies parmi les idées les plus abstraites. Et si, dans quelques endroits, le développement est tout-à-fait intelligible et clair, il arrive aussi ailleurs que le sens est entrecoupé par une brièveté énigmatique. J'ai cherché à laisser le sens aussi indéterminé, et même aussi mystérieux que je l'ai trouvé dans l'original, afin de donner au lecteur une expression de cet original aussi exacte que possible.

Nous n'avons placé ici que les passages du premier livre qui traitent de la cosmogonie. La marche des pensées est comme il suit : Au commencement tout était obscurité ; l'inconcevable existant par lui-même, a créé tout, produisant ce tout de son propre être. Là vient le symbole du monde-œuf, image qui est également reçue dans la mythologie égyptienne. Ensuite, il y est question d'une trinité de forces primitives et tout-à-fait spirituelles. Du fond incompréhensible de l'ÊTRE existant par lui-même, est né immédiatement l'ESPRIT ; celui-ci a produit le MOI, *atma, mana, ahankara*. Enfin, on voit apparaître les forces fondamentales, la grande âme du monde, les cinq sens ou éléments, et les émanations, *matra*, de l'être originel, de l'*atma*. Puis vient la multitude des êtres individuels et des natures opposées, tous soumis aux lois de la fatalité, d'après l'impénétrable décret de la prédestination.

MANOU *parle*.

« Autrefois tout ce monde était ténébreux, inconnu, non signifié, non dévoilé, vide et indiscernable, comme si tout eût été encore plongé dans le sommeil. Celui qui est heureux, existant par lui-même, non dévoilé mais dévoilant, le commencement des êtres, qui existe toujours, celui qui par son action a dissipé la nuit, celui qui n'est point conçu par les sens, invisible, incompréhensible toujours, être souverain, insondable, qui lui seul est dans la vérité, qui en réfléchissant en lui-même a voulu créer une multitude d'êtres de son propre corps, celui-là a d'abord créé l'eau, et la semence de la lumière a été produite (1).

(1) Le rapport de l'eau, de la semence de la lumière et de l'œuf du monde, n'est pas bien déterminé. On peut le concevoir ainsi qu'il suit : l'eau a été premièrement créée ; dans l'eau se mouvait la semence lumineuse, laquelle ensuite s'est réunie et s'est formée dans un œuf brillant. Il faut donc se représenter l'œuf comme nageant dans l'eau.

La semence lumineuse devint un œuf brillant comme l'or, étincelant comme l'astre aux mille rayons. Dans l'œuf vivait par sa propre force le divin Brahma, ancêtre de tous les mondes; c'est là que vivait cet être divin, durant une année, sans rien produire. Après ce temps, lui-même, par la vertu de l'esprit, a brisé l'œuf du monde. Des morceaux partagés il forma la terre et le ciel; dans le milieu il plaça l'air et les huit régions, la maison, l'éternelle maison de l'eau; ensuite il produisit de lui-même l'ESPRIT qui existe et qui n'existe pas (1).

De l'esprit il a produit la force du MOI (2), qui

---

(1) Il y a dans le texte, *Manahsadasadatmaka*. Jones traduit, en paraphrasant : *mind existing substantially, though perceived by sense*, l'esprit existant par lui-même, quoique non aperçu par les sens ; mais, comme dans le Bhagavatgita la même expression se trouve aussi prise dans ce sens que l'être suprême (aussi bien que dans le point de vue des néoplatoniciens) est un être également élevé au-dessus de l'être et du non-être, j'ai voulu, en donnant une traduction tout-à-fait littérale, laisser indécise la question de savoir lequel des deux sens doit être adopté.

(2) Dans le texte, *Ahankara*, le moi, a dans les écrits indiens, le plus souvent, une signification accessoire en mauvaise part, comme d'un être qui résiste à l'unité et à l'égalité de Dieu. Cependant ce n'est pas encore dans ce sens qu'il faut le prendre ici, comme on en peut juger par les attributs, « il est le guide et le roi. » En général, il faut sous ce nom comprendre le principe de l'individualité; il est d'ailleurs remarquable que Manou se nomme lui-même comme un autre créateur du monde, mais un créateur subordonné, qui a produit la multitude des êtres individuels,

est le roi et le conducteur. Ensuite il a produit la grande âme, il a créé tous les êtres, divisés selon les trois propriétés (1); il a produit les êtres que les sens aperçoivent, toutes les impressions, et les cinq sens (2); il a créé tout cela successivement et par degrés.

Ainsi cette image imperceptible, procédant par l'émanation d'elle-même (3), se décomposant en six êtres puissants, a produit toutes choses. Maintenant se meuvent tous les puissants mobiles dans toutes leurs opérations. De l'image subtile de l'esprit se forme le fond de toute existence qui ne périt jamais. Ensuite de ces sept éléments mâles ou puissances productives, et par l'émanation de l'image mortelle de cet être éternel, se produit tout ce qui est périssable. L'élément qui suit a toujours en soi la force et la qualité de celui qui précède, et dès le commencement à chaque chose sa place est assignée, à chaque espèce la dignité qui lui est propre.

après que Brahma eut préalablement créé les forces générales et fondamentales de la nature.

(1) Tous les êtres qui, d'après les trois *guns* du monde, appartiennent à la vérité, à l'apparence, à l'obscurité.

(2) Aussi bien les objets des forces immatérielles qui produisent et occasionnent les impressions des sens, que ces impressions elles-mêmes.

(3) *Atmamatrasou*. Si sous le nom de *matra* il faut comprendre les atomes, c'est une question importante, mais qui, du moins dans le livre de Manou, n'est ni claire ni certaine.

A toutes les choses il assigna des noms, des actes distinguant chaque être en particulier selon la parole des Védas, et il forma les êtres en les séparant. Il créa les divinités qui exercent la vertu ; il créa la race pure des esprits justes aussi bien que la victime de l'éternité. Ensuite il a exprimé de l'air, du feu et de la puissance du soleil, la triade divine éternelle, l'accomplissement du sacrifice, les trois Védas, Rig, Yadjou et Sama (1). Ensuite il créa le temps, les divisions du temps, les étoiles et les comètes, les torrents avec la mer, les montagnes, les plaines et les vallées profondes.

Il créa la dévotion, la parole et le plaisir, l'amour, et immédiatement après la colère. Ensuite, pour distinguer les actions, il a établi le juste et l'injuste, et il a soumis toutes les races animées à la double condition (2) de la joie et de la douleur et à toutes les contradictions.

Chaque homme aspire spontanément à réaliser en lui-même l'activité à laquelle le créateur l'a attaché aussitôt qu'il lui a donné l'être, le bonheur ou le malheur, la douceur ou la dureté, le juste ou l'injuste, le vrai ou le faux. Ce qu'il a

---

(1) Les noms des trois plus anciens Védas : le quatrième n'est point nommé dans les anciens écrits ; c'est pourquoi on peut le regarder comme étant d'une origine plus récente.

(2) Aux oppositions, aux puissances et aux qualités antagonistes.

destiné à chacun en le créant devient inévitablement son partage. De même que les saisons, en accomplissant leur cours régulier, atteignent leur but toujours renaissant; ainsi les actions préétablies ne peuvent manquer de s'accomplir sur la terre. »

Le morceau suivant traite du malheur de l'existence, de l'éternelle circulation des choses, de l'alternative inévitable de la force primitive, qui tantôt se réveille, tantôt retombe dans le sommeil.

MANOU *parle*.

« Enveloppés d'une multitude de formes ténébreuses, récompense (1) de leurs actions, les êtres ont tous la conscience de leur but; ils éprouvent le sentiment de la joie et celui de la douleur. Ils marchent vers ce but, à partir de Dieu jusqu'à la plante, dans ce monde horrible de l'existence qui toujours s'incline et descend vers la corruption.

Quand il eut tout créé, celui qui se développe constamment et d'une manière inconcevable, il retomba en lui-même, remplaçant le

(1) Tout malheur qui arrive non-seulement à l'homme dans cette vie d'ici-bas, mais à tout être sensible, est, d'après la doctrine indienne, une expiation du crime commis dans la vie antérieure.

temps par le temps. Tandis que le dieu veille, le monde vit et se meut; mais quand il dort, quand son esprit est en repos, l'univers aussi passe et s'évanouit aussi longtemps qu'il sommeille dans la béatitude; la foule des êtres terrestres agissant, chancelle; l'esprit même, se désistant de toute action déterminée, se lasse. Et alors les êtres sont plongés tout-à-fait dans le fond de cet abîme; car celui qui est la vie de toute existence sommeille doucement, privé de sa force. Ensuite, rentré dans l'obscurité, il y reste longtemps, avec la puissance du sentiment intérieur, ne faisant rien de ce qu'il lui appartient d'accomplir. Après quoi il sort de l'enveloppe terrestre; mais il la reprend, cette enveloppe, lorsqu'il pénètre le germe incertain, périssable et nouvellement créé de tout ce qui existe. C'est ainsi qu'échangeant tour à tour le sommeil et la veille, constamment il fait naître à la vie tout ce qui a le mouvement et tout ce qui ne l'a pas, puis il l'anéantit et demeure immobile. »

Nous joignons ici le morceau suivant. La chaîne des éléments et leurs caractères y sont plus clairement développés que dans ce que nous venons de rapporter. Manou a exposé à Brighou les points de vue les plus élevés de sa doctrine.

BRIGHOU *parle.*

« Après la fin du jour et de la nuit (1), il se réveille ; sorti du sommeil, revenu à soi, il crée de nouveau l'esprit qui existe et qui n'existe pas (2). L'esprit forme ce qui existe, et son activité redouble par le mouvement de la création. De l'esprit se produit l'air du ciel qui est reconnu comme la source du son (3) ; de l'air se produit le changement de forme qui produit toutes les pures odeurs. Alors naît le souffle du vent terrible (4) qui est la source de tout contact ; du changement de formes du vent se produit la force de la lumière dont l'éclat dissipe la nuit et qui s'appelle la source des formes. Du changement de formes de la lumière vient l'eau, la source des sucs agréables au goût ; de l'eau vient la terre, la source des parfums. C'est ainsi que dès le commencement toutes choses ont été produites. »

(1) Il est question ici des grandes époques du monde.
(2) Voir la note 1, p. 264.
(3) *Akashana*; quelques Européens traduisent ce cinquième élément des Indiens par espace. Mais comme on attribue à ce mot, ainsi qu'à *khana* dans le Bagavatgita la qualité perceptible du son, on peut lui laisser le sens que lui donne Jones : *subtil œther*.
(4) *Bayou* ou la force du vent, la partie palpable de l'air, à laquelle on attribue la propriété du sentiment.

III.

EXTRAIT DU BHAGAVATGITA.

Le second grand poëme héroïque des Indiens, le Mahabharat, contient la guerre civile élevée entre les princes et les héros de la tige des enfants de la Lune. Comme l'occasion et l'histoire de cette guerre n'ont aucun rapport direct avec l'épisode philosophique dont nous rapportons ici les passages les plus intéressants, nous ne nous en occuperons pas. Seulement, pour qu'il n'y ait pas de confusion relativement aux noms des héros qui passeront devant les yeux du lecteur, nous allons entrer dans quelques détails sur la généalogie de ces héros.

Pourou, fils de Bouddha et petit-fils de Chandra ou de la Lune, est le premier ancêtre de toute cette race ; Kourou, roi de Kouroukshetra, son fils, est le second : de lui descendent les deux partis entre lesquels la guerre est engagée au sujet de Draupati. D'un côté on voit Bhishma, Dhritarashtra, et tous leurs adhérents, appelés particulièrement les Kourous, sans doute comme étant la plus ancienne et la principale tige des fils de Kourou; de l'autre côté sont les enfants de Pandou. Un d'eux est le fils de Kounti, Ardjoun, protégé et défendu par Krishna, lequel n'est autre que le dieu Wichnou dans sa huitième incarnation.

Tous les deux sont ensemble, au milieu de la bataille, traînés dans un char de guerre. Les armées sont en présence et disposées à combattre. Alors Ardjoun, voyant tous ses amis et tous ses parents ainsi prêts à en venir aux mains, est saisi d'une grande tristesse. Krishna le console en lui enseignant la doctrine de l'unité immuable, éternelle, et du néant de toutes les choses visibles. Ainsi commence l'entretien philosophique dont se compose ce célèbre épisode du Mahabharat; il est appelé le Bhagavatgita, c'est-à-dire le chant de Bhagavan, surnom sous lequel Krishna est le plus généralement désigné dans le poëme.

Ce poëme didactique est un court et assez complet abrégé de la foi indienne; c'est pourquoi il est de la plus haute importance. Nous n'avons extrait que les passages les plus remarquables sous le rapport de la philosophie.

LAMENTATIONS D'ARDJOUN.

I.

« .... Lorsqu'il vit que les enfants de Dhritarashtra étaient près de commencer le combat, le fils de Pandou saisit une flèche, et adressant la parole à Bhagavan : « O maître du monde, lui dit-il, fais avancer mon char entre les deux armées, afin que je puisse connaître ceux qui sont préparés et quels sont les hommes avec qui je dois combattre, quand la bataille sera commencée; oui, que je puisse voir les intrépides guerriers qui sont ici rassemblés, cherchant la gloire dans la bataille terrible, pour la cause du fils de Dhritarashtra. »

Le disciple de Bhagavan ayant ainsi parlé, celui-ci poussa le char au milieu de l'espace qui séparait les deux armées : « Vois, ô prince, lui dit-il, la vaste armée des Kourous; vois, si tes yeux ne tomberont pas sur Bhisma, sur Drana et sur les autres chefs de leur parti. » Le prince regarda, et ne vit que pères, aïeux, oncles, cousins, frères, fils et petits-fils, instituteurs, proches parents, amis intimes, tous répandus dans l'armée ennemie. Le fils de Kounti, voyant tous ses amis préparés à le combattre, fut saisi d'une profonde douleur qu'il laissa éclater en ces mots : « Vois-tu, ô Krishna, comme ils sont impatients de commencer cette lutte impie! A cet aspect mes membres fléchissent sous moi, mon front pâlit, des frissons sillonnent mon corps, ma peau se dessèche, mes cheveux se dressent d'horreur, mon arc Gaudiva (1) lui-même échappe de ma main ; je ne puis plus me soutenir ; mon esprit troublé flotte dans l'incertitude ; je ne vois plus que des présages funestes. O Keshava (2) ! après avoir immolé mes parents dans la bataille, pourrais-je encore être heureux ? Je ne désire point la victoire, Krishna; la royauté ne fait point ma joie. Que me fait le trône, que me font les trésors, la vie elle-même, si ceux-là pour lesquels on désire le trône, les trésors et la joie, sont là, préparés au combat, n'ayant aucun souci ni de la fortune ni de l'existence ? Maîtres et disciples, frères, aïeux, pères, oncles, neveux, gendres et beaux-pères, parents et amis, ils sont tous unis du lien le plus étroit. Eh bien, si ceux-là désirent me tuer, moi je ne désire pas leur mort, ô mon divin guide ! Je ne veux pas les combattre, je ne le veux pas, même quand le prix de la victoire serait le royaume des trois mondes : comment le ferais-je pour un royaume terrestre ?

» Après avoir tué ceux qui nous sont unis par le sang, quelle joie pourrait être la nôtre, ô Mahadeva (3) ? S'il existe des hommes au cœur dénaturé qui ne voient pas un crime dans une telle

(1) Nom de l'arc d'Ardjoun.
(2) A la belle chevelure, surnom qui rappelle les attributs d'Apollon.
(3) Autre surnom de Krishna.

action, pour nous, ami, la destruction de notre propre race est un attentat qui nous fait frémir. O malheur! quel crime allons-nous entreprendre? Le vain désir d'un trône va donc nous faire exterminer nos amis et notre propre race? Ah! plutôt j'aime mieux rester ici sans défense, et tomber sur le champ de bataille, immolé par les enfants de Dhristarasthra. »

Lorsque Ardjoun eut ainsi parlé, il s'assit dans son char entre les deux armées, et, ayant déposé son arc et ses flèches, son cœur fut accablé d'une cruelle affliction; et Krishna, le voyant ainsi plongé dans la douleur et les yeux versant un torrent de larmes, lui parla en ces mots :

II.

« Au milieu du champ de bataille, d'où te vient, Ardjoun, cette faiblesse insensée qui n'est digne ni de ta gloire, ni des dieux dont tu es descendu? Ne te livre pas, ô prince, à la faiblesse du cœur; laisse là cette indigne passion, ô prince, et relève-toi.

ARDJOUN.

Comment, ô vainqueur de Madhou (1), me

(1) Toujours Krishna.

résoudrai-je à combattre avec mes flèches contre Bhrisma et Drona, qui de tous les hommes sont les plus dignes de mes hommages? J'aimerais mieux demander l'aumône, que de devenir ainsi le meurtrier de mes vénérables instituteurs. Quand je les aurai exterminés, il me faudra donc posséder des biens, des richesses, des trésors acquis au péril de leur sang? Nous ne savons s'il vaudrait mieux les vaincre ou en être vaincus ; car, ceux même dont je pourrais désirer la mort, ce sont mes frères, et les voici rangés en bataille devant nous. Mon cœur est abattu par la crainte du crime. Sois mon refuge, ô Krishna, parle-moi dans la vérité, dis le parti que je dois prendre : je suis ton disciple, instruis-moi. Je ne vois rien qui puisse calmer la douleur qui m'accable, non, quand même j'obtiendrais l'empire universel, ou quand j'aurais à commander le royaume céleste des héros.

BHAGAVAN.

Tu pleures sur des hommes qui ne méritent pas tes regrets ; le sage ne s'afflige jamais ni pour les vivants, ni pour les morts. J'ai toujours été, ainsi que toi, ainsi que tous les héros, et nous ne cesserons jamais d'être. L'âme, quelle que soit sa forme future, éprouvera l'enfance, la jeunesse, la vieillesse, comme elle les éprouve dans cette forme mortelle. Celui qui est bien affermi dans cette croyance n'est point ébranlé par les événements de la vie. C'est la sensibilité qui donne le chaud et le froid, le plaisir et la douleur, et toutes les impressions qui vont et viennent, qui sont passagères et changeantes. Supporte-les avec patience, fils de Bharat (1); car l'homme sage qu'elles ne troublent pas, qui se montre le même dans la joie et dans la douleur, obtiendra l'immortalité. Une chose imaginaire n'a point d'existence; cela seul qui est vrai est étranger au non-être. Celui qui considère les principes des choses y voit leur véritable but. Apprends que celui par qui tout existe ne saurait être lui-même anéanti, et que rien n'est capable d'anéantir ce qui est immortel. Ces corps périssables ne sont que l'enveloppe du principe qui ne périt pas, et que rien ne saurait détruire. Ne crains donc pas de combattre, ô fils de Bharat. Celui qui croit que c'est l'âme qui tue, et celui qui pense que l'âme peut être tuée, sont tous deux dans l'erreur : l'âme ne tue point, elle n'est point tuée. Elle n'est point née, elle ne mourra pas; d'elle, on

---

(1) Ardjoun descend de Kourou ; celui-ci descendait de Bharat, fils de Dushvanta et de Sakountala. De là le surnom d'Ardjoun, que nous trouvons ici.

ne saurait dire qu'elle a été, qu'elle sera, qu'elle est en ce moment; ancienne, immuable, éternelle, elle ne peut mourir dans le corps, qui n'est que son enveloppe d'un jour.

L'homme qui croit l'âme incorruptible, éternelle, immuable, peut-il penser qu'il soit en son pouvoir de la faire tuer ou de la tuer lui-même ? De même que l'homme jette les vieux vêtements pour en revêtir de nouveaux; de même l'âme, ayant quitté sa forme mortelle, entre aussitôt dans un nouveau corps. Le fer ne peut la diviser, ni le feu la brûler, ni l'eau la corrompre, ni l'air l'altérer, car elle est indivisible, incombustible, incorruptible, inaltérable; elle est éternelle, universelle, permanente, inexplicable et invisible. Si donc tu crois que cela est ainsi, tu ne dois pas t'affliger. Mais, soit que tu regardes l'âme comme éternelle, soit que tu penses qu'elle meure avec le corps, ô noble héros! ce n'est pas pour toi le temps de gémir... Tout ce qui a commencé d'être, est destiné à la mort, et ce qui est mort doit être régénéré; c'est pourquoi, puisque cela est inévitable, il ne faut donc pas que tu pleures. L'état antérieur des êtres est inconnu, leur état actuel est visible, et celui qui va suivre ne peut être découvert. Pourquoi donc te tourmentes-tu pour de pareilles choses ?

Il en est qui regardent l'âme comme une merveille ; d'autres en parlent ou écoutent ce qu'on en dit avec surprise; mais aucun ne la connait. Cet esprit ne pouvant point être détruit dans cette forme mortelle où il habite, il n'est pas digne de toi de t'abandonner à la douleur pour tous les hommes que tu vois dans cette plaine, ô fils de Bharat ! jette seulement les yeux sur tes devoirs, et tu verras qu'il ne te sied pas de trembler. Pour toi qui appartiens à la caste des guerriers, le premier devoir est de combattre. La porte du ciel est ouverte devant toi, selon ton désir. Ils sont heureux, ô prince ! les guerriers qui se trouveront dans le glorieux combat que tu vas livrer. Mais si tu ne remplis pas ton devoir de guerrier en combattant, tu abandonnes ton devoir et ton honneur, et tu es coupable d'un crime. Ce sera pour toi une honte éternelle, dont le souvenir restera parmi les hommes; car le déshonneur du guerrier s'étend par-delà le tombeau. Les chefs des armées diront que tu as eu peur, et tu seras méprisé de ceux même qui te respectaient auparavant; tu seras en butte aux railleries et à mille paroles outrageantes de tes ennemis; ils rabaisseront ton courage et ta vertu. Dis-moi, est-il rien de plus horrible à supporter ? Si tu es tué, tu obtiendras le ciel ; vainqueur, la terre sera ta récompense. Lève-toi donc, fils de Kounti, et dispose-toi au combat. Que le plaisir et la douleur, que la perte ou le profit, que la victoire ou la mort te soient indifférents. C'est ainsi que ta conduite sera pure ; mais, si tu ne fais pas ce que je te dis, tu seras bien criminel.

III.

J'ai autrefois enseigné cette doctrine immortelle à Vivasvana (1), et celui-ci l'a communiquée à Manou. Manou la fit connaître à Ykshvakou (2), et, passant ainsi de l'un à l'autre, elle fut étudiée par les chefs des prêtres, jusqu'à ce qu'enfin, par la suite du temps, elle s'est perdue. C'est la même doctrine antique que je t'ai communiquée aujourd'hui, ô prince ! parce que tu es mon serviteur et mon ami. C'est là le plus élevé des mystères.

ARDJOUN.

Comme ta naissance est postérieure à celle de Vivasvana, comment comprendrai-je que cette doctrine ait pu être révélée par toi ?

BHAGAVAN.

Moi et toi, Ardjoun, nous avons eu plusieurs naissances ; les miennes ne sont connues que de moi ;

---

(1) Vivasvana, fils du dieu du Soleil.
(2) Ykshvakou, fils de Vivasvana, et ancêtre de toute la race des enfants du Soleil.

tu ne connais pas même les tiennes. Par ma nature, je ne suis point sujet à naître ou à mourir; je suis le maître de tout ce qui existe, et cependant, comme je commande à mon propre être, je me rends visible (1) par la force qui est en moi. Toutes les fois que la vertu décline dans le monde, et que le vice et l'injustice l'emportent, ô fils de Bharat, alors je me manifeste, je me crée moi-même; et ainsi j'apparais d'âge en âge, pour le salut du juste, la destruction du méchant, et l'établissement de la vertu. Celui qui a la conviction que telles sont en effet et mes actions et mon origine, celui-là, ô Ardjoun, n'entre point, après avoir quitté sa dépouille mortelle, dans un autre corps; non, mais il vient en moi. Tout vient de moi, tout en sort; et déjà plusieurs qui se sont délivrés du désir, de la crainte et de la colère, et qui, remplis de mon esprit, sont venus à moi avec confiance, sont rentrés dans l'unité de mon être (2).

IV.

Apprends à connaître le vrai solitaire, celui

---

(1) La naissance et la mort ne sont rien qu'une apparence, *maya*. Mais cette maya, qui est la source du monde des apparences, est une opération de la puissance de Dieu.

(2) Il faut comprendre ce mot dans un sens purement métaphy-

qui ne désire ni ne se plaint, qui vit libre et heureusement délivré du lien de l'action. Sois-en persuadé, roi puissant, il n'y a que des enfants qui parlent de la doctrine pratique et spéculative comme de deux doctrines; elles ne sont qu'une seule science, et pareils sont les fruits qu'elles laissent recueillir.

Ceux dont l'esprit est fixé dans cette égalité, même ici-bas, gagnent le ciel; ils mettent leur confiance en Dieu, puisqu'il est partout le même, toujours la perfection pure. Celui qui connaît Dieu et se repose en lui, dont l'esprit est ferme et libre de folie, ne se réjouit pas dans la prospérité, ne s'afflige pas dans l'adversité. Celui dont l'âme n'est point asservie aux sens extérieurs éprouve un plaisir intérieur tout spirituel; celui qui accomplit son unification avec Dieu jouit d'un bonheur que rien au monde ne saurait détruire.

Celui qui peut résister aux aiguillons de la chair avant même d'en être affranchi par la mort, qui n'est pas l'esclave du désir et de la colère, celui-là est heureux, sa vie est occupée pour le ciel. L'homme heureux, dont le cœur est intérieurement éclairé, est un dévoué serviteur de Dieu, il rentre dans l'unité de l'Éternel. Les

---

sique; tout consiste dans l'unité, comme cela est établi suffisamment dans plusieurs endroits du poëme.

saints qui sont purs de péchés, dont l'esprit est libre de doute, dont la foi est ferme, qui jouissent de l'amour de tous les êtres, entreront dans l'existence de Dieu.

v.

Le véritable dévot (le yogny) exerce continuellement son esprit dans la retraite; séparé du monde, vainqueur de toute perception, libre de tout désir, aucune impression ne saurait l'émouvoir. Celui qui veut unir son intérieur à l'être infini (1) et qui soumet son esprit à la contemplation, celui-là a atteint le plus haut degré du repos spirituel, et il habite en moi.

Un homme est appelé dévot quand son esprit demeure dans une parfaite égalité et qu'il est exempt de tout désir désordonné. Le solitaire, dont l'esprit est calme et qui est occupé aux exercices de la dévotion, peut être comparé à la lumière paisible d'une lampe placée dans un lieu où le vent ne pénètre point. Il se réjouit en lui-même, car c'est en lui que son esprit se plaît à demeurer; c'est là que son âme, par sa propre vertu, se contemple. Alors il apprend qu'il y a des plaisirs sans bornes, bien plus dignes de l'esprit que toutes les félicités sensibles. Lorsqu'il est

---

(1) Voyez la note 2, p. 176.

parvenu à cette hauteur, il ne trouve plus rien qui soit préférable au divin état qu'il pratique ; et de toutes les douleurs mortelles qui pourraient l'accabler, il n'en est point qui soit capable d'ébranler sa constance.

Toujours et de plus en plus il jouit de ce sentiment calme, qui est la dévotion. Quand il a appris à replier fortement son esprit sur lui-même, il ne doit plus s'occuper d'autre chose. En quelque lieu que se porte l'esprit, inconstant de sa nature, il doit le subjuguer, le ramener, et le fixer en lui-même. La suprême félicité attend l'homme dont l'esprit est ainsi dans la paix; qui, affranchi du monde des choses sensibles, est uni en Dieu et libre de tout péché. N'en doutez pas, cet homme, ainsi libre de péché et livré aux exercices de la vie intérieure, jouit d'une félicité éternelle, constamment uni avec l'Être suprême. Celui dont l'esprit est doué de cette faculté, qui regarde toutes les choses du même œil, voit l'âme universelle dans tous les êtres, et les êtres, à leur tour, il les voit dans l'âme universelle. Celui qui me voit dans tout, et qui voit tout en moi, je ne l'abandonne pas, et rien ne peut le séparer de moi. Celui qui m'adore comme présent en toutes choses, et qui croit à mon unité, partout où il marche, il marche dans mon espace, partout il habite en moi.

VI.

Apprends, ô prince, comment, en attachant ton esprit à moi, en vaquant aux exercices de la dévotion, et en me faisant ton seul asile, tu parviendras en même temps et sans aucun doute à me connaître. Je vais t'instruire sans réserve de cette sagesse et de cette science. Quand on l'a une fois acquise, il n'y a plus rien dans cette vie qui mérite d'être connu.

Entre mille mortels bien peu tendent à la perfection; et, parmi ceux qui y tendent, il n'y en a qu'un petit nombre qui me connaisse selon la vérité. Mon principe est divisé en huit parties : terre, eau, feu, air et éther (1), avec l'esprit, l'entendement, le moi ou la connaissance de soi-même. Mais, de plus, apprends que j'ai un autre principe distinct de celui-ci et bien supérieur, celui qui donne la vie aux êtres terrestres, et par lequel ce monde est conservé. Apprends donc que ces deux principes sont la matrice de toute la nature. Je suis l'auteur de la création et de la dissolution de l'univers. Il n'y a aucune chose plus grande que moi, et toutes dépendent de moi,

---

(1) *Kahna* est traduit par le mot éther; *vayou* est la partie sensible de l'air auquel les Indiens attribuent les impressions du contact et les effets de la sensibilité. Kahna est la partie la plus cachée de l'air dans laquelle s'opère le son.

comme les perles du cordon qui les retient. Je suis l'humidité dans l'eau, la lumière dans le soleil et dans la lune, l'invocation dans les saints livres, le son dans l'air, l'esprit dans l'homme, le doux parfum dans la terre, la gloire dans la source de la lumière; je suis la vie en toutes choses, la ferveur dans le fervent; je suis la semence éternelle de toute la nature. Je suis l'entendement du sage, la gloire du superbe, la force du puissant. Dans les êtres vivants, je suis l'amour réglé par la raison. Mais sache, ô prince, que je ne suis pas dans les choses qui appartiennent aux trois mondes de la vérité, de l'apparence, de l'obscurité (1); elles procèdent de moi cependant, elles sont en moi. Le monde entier, séduit par l'influence de ces trois propriétés, ne sait pas que je n'ai rien de commun avec elles, et que ma nature divine est inaltérable (2). Ce pouvoir divin et surnaturel que

---

(1) Ces trois mondes de l'ancienne doctrine indienne, vérité, apparence et obscurité, sont quelque chose dont le sens m'échappe entièrement; et, à proprement parler, ce point de vue n'est pas conforme à la réalité, et cette triade est une pure illusion. Un autre endroit du poëme est encore plus fort contre la même doctrine des trois mondes et des trois attributs, et pareillement contre l'esprit des Védas, dans lesquels domine aussi ce point de vue. « Les Védas nous parlent de trois êtres; pour toi, ô ami, tu n'es pas triple, tu n'es pas double, mais constamment véritable, immortel, sensible et spirituel. »

(2) Voyez la remarque 1, p. 278.

je possède, et qui crée les mondes visibles, est difficile à surmonter; mais ceux qui viennent en moi surmontent ce pouvoir créateur des choses de l'apparence. Les méchants, les fous, les hommes aux basses inclinations, ne viennent point en moi, parce que leur entendement est égaré par le monde des choses visibles, et qu'ils s'abandonnent aux mauvais esprits.

Quatre espèces d'hommes, tous bons, me servent, ô fils de Bharat ! les malheureux, les savants, les riches et les sages. Mais de tous ceux-là, le plus élevé c'est le sage, qui est toujours attaché à mon service et qui est toujours uni avec moi. Je suis l'ami du sage, et le sage est le mien. Tous ces hommes me sont chers; mais j'estime le sage comme moi-même, parce que son âme pieuse se confie en moi seul comme son dernier refuge. L'homme sage ne vient en moi qu'après plusieurs naissances; car un esprit élevé, qui croit que le fils de Vasoudeva (1) est tout, ne se trouve pas facilement. Pour ceux dont l'esprit est entraîné tantôt par une chose, tantôt par une autre, ils suivent les divinités inférieures. Ils n'ont point de règle fixe de conduite, et ils sont gouvernés par leurs propres principes. Quelle que soit l'image que le suppliant désire adorer dans sa foi, c'est moi seul

---

(1) Vasoudeva; Krishna est fils de Vasoudeva.

qui lui inspire cette ferme foi avec laquelle il tâche de rendre cette image propice, et obtient enfin l'objet de ses désirs, ainsi que je l'ai déterminé. Mais la récompense de ces hommes, dont la vue est ainsi bornée, est finie. Ceux qui adorent ces vaines divinités vont en elles, et ceux qui m'adorent seul viennent en moi. L'ignorant, ne connaissant pas ma nature qui est supérieure à toutes choses et exempte d'altération, croit que j'existe dans la forme visible sous laquelle il me voit, moi qui suis invisible. Je ne suis pas visible à tous, parce que je suis caché sous l'enveloppe des choses visibles (1). Le monde insensé ne peut connaître cette vérité que je ne suis point sujet à la naissance ni à la mort. O Ardjoun ! je connais tous les êtres qui ont passé, tous ceux qui sont à présent, et tous ceux qui viendront plus tard ; il n'en existe aucun parmi eux qui me connaisse. Tous les êtres terrestres, dès leur naissance, sont errants dans le monde de l'illusion, ô fils de Bharat ! Mais ceux dont la vie est réglée, dont les péchés sont effacés, dont le cœur est libre d'amour et de haine, ces deux passions opposées,

---

(1) *Yoga* ; c'est un dogme de foi. Les dévots dont il est question dans le Bhagavatgita sont appelés des Yoguis. Ici est mise en évidence la fausseté des religions purement sensualistes, aussi bien que des religions polythéistes et adoratrices des démons.

ceux-là m'honorent et demeurent fermes dans la foi.

VII.

Ceux qui ne tendent que vers moi, et qui ont atteint la suprême perfection, ne renaîtront plus dans cette vie mortelle, séjour permanent de la douleur. Apprends, ô Ardjoun, que tous les mondes où la vie recommence sont du domaine de Brahma (1), mais que celui qui me trouve ne renaît plus dans un corps mortel. »

IV.

EXTRAIT DE L'HISTOIRE DE SAKOUNTALA, D'APRÈS LE MAHABHARAT.

Il y a dans l'épisode du Mahabharat, qui contient l'histoire de Sakountala, deux circonstances de cette histoire traitées avec assez de développe-

---

(1) La supériorité sur Brahma est évidemment attribuée ici à Krishna ; de Brahma sortent les mondes de l'apparence, dans lesquels on trouve la transmigration des âmes et le perpétuel retour à la vie qui ici est regardé comme un malheur. Krishna est le dieu de l'unité éternelle et de l'être véritable.

ment. La première est la naissance de Sakountala, qui n'a été qu'effleurée dans le drame de Kalidas ; l'autre est la scène du désaveu suivi de la reconnaissance de Sakountala par le roi Dushvanta : elle est exposée ici tout autrement que dans le drame.

Nous donnons ces deux morceaux principalement comme des exemples de la poésie indienne des temps antérieurs. C'est pourquoi, lorsque nous l'avons pu sans faire de tort à la liaison de l'ensemble, nous en avons retranché quelques distiques dont le sujet était simplement dogmatique ou chargé d'allusions à l'histoire ; nous l'avons fait surtout pour ne pas ralentir par nos remarques l'effet de l'impression poétique.

NAISSANCE DE SAKOUNTALA.

Le roi Dushvanta, se trouvant à la chasse, s'enfonce dans la forêt afin d'y chercher le saint pénitent Kanva, qui y vivait dans la retraite. Il rencontre la belle solitaire, et il est fort curieux d'apprendre qui elle est ; si elle était, comme il le croit, la fille d'un brahmane, alors il ne pourrait songer à l'épouser.

« Le prince s'en alla seul, aucun de ses conseillers ne l'accompagnait. Le saint ne paraissait pas dans sa retraite solitaire. Voyant donc vide cette habitation, le roi fait résonner du son de sa voix toute la forêt d'alentour. Alors une jeune fille, aussi belle que la déesse Sri, ayant entendu sa voix, sort de la cabane dans son vêtement de solitaire. La jeune fille aux yeux noirs regarde Dushvanta; elle le salue avec respect, et promptement elle lui dit : « O roi, sois le bienvenu. » Puis, lui offrant un siége et lui lavant ses pieds fatigués, elle l'interroge sur sa santé et lui souhaite le bonheur et toute bénédiction. Enfin elle lui dit en souriant : « Que demandes-tu de moi ? » Le roi la salue, regarde sa taille charmante, et lui répond : « Je suis venu ici pour rendre hommage à Kanva, le grand saint. Où donc est-il allé ? ô belle, dis-le-moi ! »

SAKOUNTALA.

« Mon père divin s'est absenté seulement pour chercher des fruits, attends un moment et tu le verras de retour. »

Ne voyant pas le saint revenir, et charmé de voir la jeune fille sourire avec douceur, aimable et brillante, et dans tout l'éclat de la dévotion, de l'humilité et de la vertu, le prince de la terre lui dit :

« Aimable jeune fille, quelle es-tu, et quel est

ton pays? pourquoi t'es-tu réfugiée dans cette forêt, douée de tant d'attraits? de quel lieu es-tu, toi qui es venue ici? Par le rayon de ta beauté tu m'as enlevé mon cœur; je désire te connaître, ô beauté; parle-moi, je t'écoute. »

En entendant ces mots, la jeune fille sourit, et elle lui répond d'un ton gracieux : « Je passe, grand prince, pour la fille du divin Kanva, ce pénitent dont les pensées sont élevées, ce sage qui connaît la justice. »

DUSHVANTA.

« Il est d'une pensée élevée et divine, il est saint et honoré de tous; Dharma (1) lui-même peut s'écarter un peu du sentier, mais un saint comme ton père ne chancellera pas. Comment es-tu sa fille, aimable enfant? Réponds, je te prie, au doute que je t'exprime. »

SAKOUNTALA.

« Tu désires savoir comment je suis venue en ce lieu, apprends-le donc, prince, selon la vérité; je te dirai comment je suis la fille du saint. Un jour il vint ici un homme pieux, qui demanda mon

---

(1) Le Dieu de la justice.

origine, et le divin Kanva lui raconta ce que je vais te redire, écoute bien.

KANVA disait :

« Viswamitra exerçait l'œuvre d'une si grande pénitence, que le roi des esprits, Indra, s'en effraya vivement : il craignait que la ferveur pieuse de ce héros ne le fît descendre lui-même de son trône divin. Dans la crainte de ce danger, il parla ainsi à la nymphe Menaka :

INDRA.

» On loue en toi, ô Menaka*, les attraits les plus doux que l'on admire chez les nymphes ; rends-moi, jeune fille, un service, et écoute ce que je te dirai. Il y a là Viswamitra, le saint, qui brille comme le soleil dans son éclat ; il exerce une pénitence si sévère, que mon esprit en est troublé. Menaka ! ce sera ton ouvrage si mon trône ne tombe pas devant ce terrible pénitent qui me menace, qui d'un esprit ferme marche sans repos dans une terrible expiation. Va auprès de lui, n'oublie aucun de tes artifices, toi qui fleuris dans la beauté de la jeunesse. Au charme de ton sourire, aux accents de tes paroles, essaie de l'enchaîner à son tour ; et par les attraits du plaisir, détourne-le de l'œuvre sainte qu'il est près d'accomplir.

MENAKA.

» Ce divin solitaire rayonne de vertu, sa piété est sublime. On sait combien il est porté à la colère. Oh! comment ne craindrais-je pas le courroux de ce saint homme, devant lequel tu trembles toi-même? Oh oui, je dois bien le redouter cet homme, qui jadis a privé le grand Vasishta (1) de ses deux fils chéris; de qui toi-même, ô maître des esprits, tu es venu demander le secours contre la terre révoltée; cet homme enfin qui a accompli toutes les œuvres d'expiation. Apprends-moi, ô maître! comment je pourrai échapper à son courroux. Comment une jeune fille comme moi pourra-t-elle toucher le cœur d'un saint dont la piété reluit comme la flamme luit dans le feu, dont l'éclat peut embraser les mondes, dont le pied peut ébranler la terre, qui peut facilement écraser le mont Mérou et troubler l'immensité (2)? Comment, ô maître, une d'entre nous peut-elle toucher le

---

(1) D'une foule d'allusions historiques de ce genre aux actions de Viswamitra, nous avons conservé celle-ci, pour servir de transition au discours qui suivra.

(2) Les espaces du monde.

gouffre de Kala (1), lui dont la figure rayonne comme la flamme, dont le regard brille comme le soleil et la lune? Cependant, puisque le roi m'a parlé, j'obéirai, j'irai devant le visage du saint; mais veille sur moi, ô maître! pour que je puisse, y allant pour toi, ne pas mourir. »

Le poëte, dans une description épique analogue aux détails mythologiques qui se trouvent dans les poëmes et les fictions de l'antiquité grecque, raconte les séductions de la fille de l'air, pour faire tomber la vertu du juste Viswamitra. Les piéges tendus à la piété du saint sont couronnés du succès désiré par Indra; il ne craindra plus d'être remplacé par un plus grand que lui sur le trône du soleil. La vertu du saint s'est éclipsée devant les séductions dont ce dieu a voulu qu'il fût entouré. « Enfin, continue Sakountala, toujours rapportant le discours de Kanva, la belle Menaka donna au prophète une fille, celle qui est devant vous.

» Là, dans la forêt de l'Himayana, sur le rivage de Maligni, Menaka a mis au jour l'enfant de son sein (2). Et alors, ayant fait réussir son complot, elle s'éleva de suite vers Indra, laissant son doux fruit dans la forêt déserte, habitée seu-

---

(1) Le dieu du temps, de la destruction et de la mort.
(2) Le dieu de l'amour.

lement par les tigres et les lions; cependant les Sakountas (1), ayant vu cette enfant sommeiller, l'entourèrent avec soin pour que la troupe des animaux errants ne pût la tuer dans la forêt. C'est ainsi que la fille de Menaka fut protégée dans les bois par les vautours. Un jour que j'allais au bain, je vis l'enfant se reposer dans le sommeil, là, dans la solitaire vallée de la forêt, entourée d'une troupe de vautours qui semblaient veiller sur elle. Je l'ai prise et je l'ai adoptée pour ma fille. Comme je l'ai trouvée dans la forêt solitaire au milieu des Sakountas, je lui ai donné le nom de Sakountala. Tu sais maintenant, ô saint (2), comment Sakountala est devenue ma fille; l'innocente Sakountala croit toujours que je suis son père.

» C'est ainsi qu'il a fait connaître ma naissance au saint auquel il a raconté ce que je viens de te dire. Tu connais donc, grand prince, comment je suis la fille de Kanva. J'ai regardé Kanva comme mon père, car je ne connais pas mon père; tu as entendu, ô roi! cette histoire telle qu'elle s'est passée. »

---

(1) Une espèce de vautour; Wilkins le traduit par *vultures*.
(2) Que l'on se rappelle que c'est Kanva qui parle au pieux pèlerin, lequel l'avait interrogé sur l'origine de Sakountala.

DISCOURS DE SAKOUNTALA A DUSHVANTA.

Pour le détail de cette partie de l'histoire, l'ancienne épopée s'écarte beaucoup du drame de Kalidas. Dans le Mahabharat, Sakountala est aussi d'abord méconnue et rejetée de Dushvanta ; puis vient la reconnaissance et la réconciliation. Mais, quant à la circonstance de l'anneau enchanté, il n'y a rien de cela dans le poëme. L'enfant de Sakountala est déjà âgé de six ans, lorsque sa mère vient avec lui à la cour du roi, demander à ce prince l'accomplissement de la promesse qu'il lui a donnée, de déclarer son fils pour l'héritier du royaume. Dushvanta désavoue Sakountala, seulement parce qu'il craint qu'une reconnaissance trop facile et sans preuve n'éveille chez les grands des soupçons contre la légitimité de l'enfant ; peut-être bien aussi fait-il ces difficultés pour mettre à l'épreuve celle qu'il veut épouser.

Sakountala, animée par sa dureté, tombe dans un grand courroux, et sa douleur éclate enfin par le discours suivant, dans lequel elle tente de rappeler au perfide la voix de la conscience et la crainte de la divinité qui voit toutes les actions des mortels. Elle lui peint la sainteté du mariage et la grâce de la nature enfantine, et finit par une plainte mélancolique sur son malheur.

« Pourquoi, grand prince, me tiens-tu ce langage, lorsque tu connais qui je suis ? Pourquoi dis-tu : « Je ne te connais pas, » d'un ton craintif, comme si ton origine était vulgaire ? Ton cœur sait pourtant bien ce qui est vrai et ce qui est faux; en rejetant ce fruit de ton amour, tu te fais tort à toi-même. Tu dis : « Je suis seul ; » et moi je te dis à mon tour : « Ton cœur ne connaît donc pas celui à qui sont révélées toutes les actions du coupable et qui voit tous les péchés commis par les hommes ? » Quand le crime est accompli, tu dis : « Personne ne connaît que c'est moi. » Oh! tu te trompes, Dushvanta, tous les dieux le savent; et l'homme intérieur en a, aussi lui, la conscience. Le soleil et la lune, le feu et l'air, le ciel, la terre et les flots, l'abîme même, en sont émus. Oui, le jour et la nuit, les deux temps ainsi que le dieu de la justice, voient les actions de l'homme; dans son gouffre profond le dieu de la mort détruit tout ce que l'homme a fait de mal. L'esprit, qui demeure en nous et qui contemple nos actions, est satisfait de l'homme de bien ; mais celui dont le cœur n'est pas droit, qui nourrit de coupables intentions, il détruit ce criminel, avant même qu'il ait récolté le fruit de son crime ; il le livre au dieu de la mort. Oh ! ne me repousse pas, moi fidèle, que toi-même as choisie ; considère-moi, comme tu dois le faire, comme la femme qui t'est donnée, qui t'appartient. Pourquoi me regarder avec mépris, comme si j'étais d'une basse origine ? Ici, le lieu où je fais entendre mes plaintes n'est pas un désert; pourquoi donc ne m'écoutes-tu pas ? Mais, si tu ne veux pas accorder à la suppliante une seule parole, oh ! bientôt, Dushvanta, mon front ira se briser contre ces murailles qui nous entourent.

» Dès que l'époux s'approche de l'épouse, il est régénéré par celle qui devient mère par lui, selon le témoignage des anciens prophètes. La femme est bien la moitié du mari ; elle est la plus intime de toutes ses joies, elle est la source de tout son bonheur : que dis-je? elle est la racine du sauveur (1). Les amies, par leurs doux propos, font la consolation du solitaire ; elles exercent le devoir comme les pères, elles consolent dans le malheur comme les mères. Si la femme,

---

(1) Le mystère du mariage, selon la doctrine indienne, repose d'abord sur ce point, que cette union continue à durer dans l'autre vie ; de plus, le fils qui dans la nouvelle transformation est le père même, possède seul la faculté de délivrer, par des œuvres et pratiques de piété, l'âme de son père des peines que celui-ci doit souffrir dans l'autre monde, pour les péchés commis ici-bas. C'est pourquoi le fils est appelé sauveur du père, et l'on considère comme un grand malheur de n'avoir pas de fils.

enlevée par la mort, se sépare la première de son époux, elle meurt les yeux fixés sur lui, elle va l'attendre. Mais si c'est le mari qui est mort le premier, sans regrets elle le suit dans le tombeau. C'est pour cela, ô roi, que le mariage est vivement désiré ; car l'homme possède son épouse dans ce monde-ci, et il la possède aussi dans l'autre. Puisque, d'après la pensée des sages, le fils engendré par le père est l'image même du père, quelle estime l'homme ne doit pas avoir pour sa femme, puisqu'étant la mère de son fils, elle est l'image encore de sa propre mère, à lui !

» Ainsi qu'il est doux au bienheureux de regarder le ciel, de même il est doux au père de regarder, comme son image dans un miroir, le fils que sa tendre épouse lui a donné. Quoique les hommes soient brisés par la douleur de l'âme, quoiqu'ils souffrent de la maladie, leurs femmes pourtant sont leur joie, comme le flot rafraîchit ceux qui languissent de soif. Quand l'enfant qui se joue sur la terre se tourne vers son père et s'attache fortement à lui, oh ! qu'y a-t-il de plus sublime que ce spectacle ? Pourquoi donc le méprises-tu ce fils que tu as formé toi-même, qui, près de toi, te regarde avec tant d'amour ? Les oiseaux mêmes ont soin de leurs œufs et ne les brisent pas ; comment se fait-il que toi qui connais ce qui est juste, abandonnes ton propre fils? Ni les femmes, ni les vêtements, ni les flots même ne sont aussi doux que le contact d'un enfant qui s'approche pour embrasser. Qu'il te touche donc, qu'il t'embrasse, cet enfant chéri dont le doux regard est maintenant fixé sur le tien. Il est né de toi, Dushvanta; c'est un homme né d'un autre homme, tu dois l'estimer. Regarde donc dans ton fils un autre toi-même, comme on voit une image vivante se réfléchir dans la source limpide. Comme le feu du foyer qui est devenu la flamme du sanctuaire, de même ce fils est engendré de toi; et cependant tu es demeuré toi-même, seul et indivisible.

» Un chasseur errait dans la forêt, il songeait à poursuivre le gibier; c'est moi, prince, qui fus prise, hélas! moi pauvre jeune fille, dans le bosquet de mon père. La première des compagnes célestes, la divine Menaka est descendue du ciel sur la terre, elle m'a conçue de Viswamitra; nymphe céleste, elle est ensuite accouchée de moi près d'une montagne couverte de neige, et la méchante s'en est allée, m'abandonnant comme l'enfant d'une autre. Quel crime ai-je donc fait dans ma vie précédente, pour que je fusse abandonnée, étant enfant, de ceux qui m'avaient donné le jour; et aujourd'hui délaissée par toi, ô mon époux? Si tu l'ordonnes, je vais revenir à ma retraite; mais tu n'oseras pas abandonner l'enfant qui est le tien. »

APPENDICE.

CONSIDÉRATIONS SUR LA PHILOSOPHIE DES TEMPS PRIMITIFS, SERVANT DE COMMENTAIRE CRITIQUE AU SECOND LIVRE DE L'ESSAI DE FRÉDÉRIC SCHLEGEL, SUR LA LANGUE ET LA PHILOSOPHIE DES INDIENS.

APPENDICE.

J'ai dit dans ma préface que la seconde partie du livre de Schlegel était celle qui m'avait surtout amené à la traduction de cet ouvrage : c'est qu'en effet, indépendamment du petit nombre de critiques sur ce morceau que l'on peut avoir lues dans cette même préface, j'ai entrepris de refaire, autant qu'il serait en moi, le travail de Schlegel, du moins pour ce qui regarde son tableau des quatre phases évolutives par lesquelles il lui semble que l'esprit humain a passé dans la philosophie de l'antique Orient. Les considérations générales que je vais soumettre ici au lecteur, dans le but de développer, d'éclaircir, et, en quelques points, de corriger l'oeuvre de Schlegel contenue dans son second livre, pourraient elles-mêmes être envisagées comme préliminaires d'un travail plus étendu, dans lequel, ainsi que je l'explique un peu plus loin, on essaierait de soulever un coin de la vérité, par une méditation assidue du petit nombre des textes cosmogoniques que l'antiquité nous a transmis. On pourrait aussi examiner la question posée par Schlegel au 3° chapitre de son 3° livre, sur l'influence que la philosophie des sanctuaires antiques a dû exercer sur la philosophie européenne par l'intermédiaire des écoles grecques. Plus tard, je pourrai aborder ces questions toutes positives et fondées sur l'explication de textes obscurs; mais, dans tous les cas, je ne ferais guère qu'indiquer la route à suivre, laissant le soin de la parcourir à des travaux mieux autorisés que les miens par la science. Ici, j'ai seulement le dessein de donner un commentaire explicatif et quelquefois contradictoire de la plus intéressante partie du livre dont je viens de publier la traduction.

La première philosophie a été une cosmogonie; c'est une chose hors de contestation. Ce n'est point dans les écoles, c'est dans les sanctuaires qu'il faut assigner le berceau des spéculations de la pensée. Il a fallu que l'esprit humain courût bien des siècles à la poursuite des questions redoutables sur le secret de l'infini, avant de descendre sur lui-même, et de se rendre compte des problèmes plus accessibles, relatifs à la nature propre de l'humanité. L'homme a d'abord été terrassé par le sentiment de sa faiblesse, par la conscience instinctive de l'Être infini qu'il ne connaissait pas, mais dont il se sentait émané. Ayant perdu presque entièrement le souvenir des révélations faites à son berceau, il s'égarait, craintif ou frappé d'une admiration stérile, en présence de la nature matérielle qui l'environnait. Quelquefois aussi il sentait renaître en lui d'une manière indistincte ces souvenirs primitifs de spiritualité que sa chute n'avait pas détruits, et qui se faisaient jour en éclairs soudains, trop vite disparus à travers les permanentes ténèbres de son esprit. D'une part ténèbres profondes, d'autre part rayons furtifs de la vérité primordiale, tel est le double élément qui amena les hommes des premiers sanctuaires à se proposer tous un problème identique et à le résoudre par des solutions analogues, dont les bizarres éléments se retrouvent ensemble, et avec une confusion que nous tâcherons d'expliquer, dans les débris de cosmogonies que nous ont laissés les anciens.

En écartant des religions orientales tout ce qu'il y a de légendes capricieuses, produits de l'imagination du vulgaire, et dépourvues de signification allégorique, on arriverait à dégager l'élément philosophique qui se trouve dans toutes ces religions; on trouverait un problème unique, éternel, fondamental, bien qu'en chaque sanctuaire il se montre revêtu de formes multiples et plus ou moins enveloppées (1). Ce problème, le voici :

La première pensée qui s'éleva dans le sein de l'homme, lorsqu'il errait après sa chute sur une terre ennemie, avant qu'il fût remonté à la possession de lui et de sa pensée, et de ses relations avec l'univers, lorsqu'il commença à franchir le cercle étroit de ses besoins matériels, la première question qu'il s'adressa ce ne fut pas encore : que suis-je ? Il se demanda : qu'est-ce qui est ? d'où viennent les grands corps qui m'entourent ? Ce monde, ce ciel étoilé, cette terre que je foule avec les objets variés qui la peuplent ou la décorent et dont moi-même je fais partie, d'où viennent-ils ? Quelle est enfin l'origine des choses ? Sans doute ce sont les écoles grecques qui ont ainsi dégagé des nuages des sanctuaires le problème primordial, et ont dû le poser comme je viens de le faire ; mais c'est lui, c'est ce même problème qui s'agitait mystérieusement sous le voile des religions de l'antique Orient. Or, il y a eu dans le monde ancien trois solutions du problème cosmogonique, quatre si l'on y joint celle

(1) Dans notre *Tableau historique des temps primitifs*, 1 vol. in-12, nous avons essayé de distinguer tous les éléments divers dont se composent les religions de l'antiquité. Ici nous nous attachons exclusivement à l'élément philosophique.

qui n'a pu être donnée au monde que par la seule révélation.

1° Tout ce qui existe est une seule et identique nature, et cette nature est tout ce que nous voyons et ce que nous pourrions voir. C'est elle qu'il faut adorer; ses forces vives sont les êtres surnaturels qu'il faut déifier. Le soleil, la terre, la lune, et la mer, sont les personnifications de cette immensité matérielle qui est tout et qui engendre tout. Tel est l'élément fondamental des religions de la première antiquité. Cette première solution est le pancosmisme, la nature-tout, le naturalisme absolu. 2° Les prêtres, en acceptant les plus anciens objets de l'adoration populaire, introduisent une conception entièrement opposée, qu'il est facile de recueillir dans diverses cosmogonies, confusément mêlée avec le matérialisme primitif. La conception du tout infini, de l'immuable, a fait évanouir celle de l'indéfinie multiplicité de la nature. Dans cette conception, terrible à force de spiritualité, tout ce qui est, tout ce que nous sommes en tant que matière, n'est que la manifestation, sans réalité substantielle, de la substance impalpable, indivisible, et, pour la désigner par son attribut suprême, de l'unité idéale qui est appelée Dieu. C'est la seconde solution du problème cosmogonique; sa formule est le panthéisme, Dieu-tout, le spiritualisme universel.

3° Mais la raison et l'expérience réclament tour à tour contre l'absorption de l'un des deux principes par l'autre. Il y a deux natures, deux forces opposées; il y a la matière et l'esprit, il y a le bien et le mal, dont l'origine inexplicable doit pourtant être sondée par l'esprit humain. Qui dira l'origine, la génération du bien et du mal? Qui expliquera leur existence, leurs luttes, leur antagonisme éternel? La pensée humaine se brise dans ce mystère ; et c'est pourquoi, dans l'impuissance de l'expliquer, la coexistence des deux principes a été admise comme un fait et comme un point de départ, dans les sanctuaires de l'Orient. Là se trouve une solution du problème, connue sous le nom de dualisme absolu. 4° Il n'y avait plus qu'une solution, c'était la vraie; c'est celle qui, tenant compte de ce qu'il y a d'inaccessible dans le mystère des existences, ne cherche point à sonder l'impénétrable, et qui, fidèle à la tradition première et à la conscience du genre humain, annonce l'existence d'un Dieu unique, éternel, distinct de la nature matérielle, perçue par les sens. C'est bien encore un dualisme; mais celui-là du moins sait le rapport de Dieu avec la nature, et ce rapport il le détermine et le conclut par un mot sacramentel, LA CRÉATION. Nous lui donnerons le nom de dualisme conditionnel ou orthodoxe; il a été proclamé une seule fois dans l'antiquité, par un seul peuple, dans un seul livre.

Ainsi, quatre solutions différentes, mais exclusives, d'un problème unique et fondamental. C'est cette communauté du même problème, et ce cercle des mêmes solutions, qui donne, en matière de philosophie primitive, leur parenté originelle à tous les peuples naissants. Non-seulement chez les nations qui auraient pu participer au même berceau, qui se reconnaissent comme sœurs par l'affinité du langage; mais chez les nations les plus opposées par les distances, par les mœurs, par les idiomes, par tout ce qui décèle la plus profonde séparation, nous retrouvons à la fois et le problème et les solutions que je viens de produire. Ainsi, dans le temple d'Isis à Thèbes, comme dans la forêt druidique; ainsi, dans les cavernes des Troglodytes, comme dans les sombres retraites de la Germanie, pour peu que vous vous placiez à des degrés analogues de civilisation, toujours et partout vous êtes au sein du problème cosmogonique; c'est l'une de nos solutions qui est agitée, et toujours c'est la première, c'est le naturalisme matériel qui est le point de départ de la pensée éclose dans les sanctuaires.

Or, c'est ce que j'ai entrepris de rendre sensible dans un travail sur les cosmogonies de l'Orient. Il ne saurait s'agir ici de refaire l'interprétation des mythologies anciennes. Je n'aurai point à m'occuper de la diversité des légendes, mais bien de ce qu'il y a de commun et d'identique au fond de ces mythologies. Pour cela, au lieu de fatiguer le regard sur une foule de textes isolés, commentés par des scoliastes d'époques plus ou moins récentes, je me suis attaché, plus qu'on ne le fait d'ordinaire, aux textes cosmogoniques les plus avérés; et, en étudiant ces cosmogonies, j'ai tâché d'en faire jaillir, comme d'un foyer central, le génie véritable des religions antiques, le trésor de la première philosophie, et de marquer la filiation de la pensée à travers les trois formules dans lesquelles elle s'est renfermée. C'est surtout cette filiation d'une triple pensée que je voudrais avoir expliquée, en montrant un point de vue peu exploré jusqu'ici, savoir, que les principaux groupes de légendes mythologiques s'interprètent comme symboles des trois doctrines philosophiques qui viennent d'être nommées, et en montrant aussi que l'incohérence qui règne dans les mythologies vient des dépôts successifs qui y furent apportés dans trois phases également successives de la civilisation, tour à tour matérialiste, idéaliste, dualiste. Il serait curieux de voir comment le développement de ces religions n'a été qu'un passage à travers ces trois phases inévitables de toute pensée relative à l'origine des choses. Dans le sol mythologique, comme dans celui de la terre, il y a des couches distinctes et superposées, soit primordiales, soit de transition et d'alluvion ; le grand secret est de savoir les découvrir et les classer.

La plupart des mythographes ont bien coutume de mentionner ces cosmogonies; mais ils ne les donnent pas, ils ne les traduisent pas; ils n'en font point le texte de leur enseignement et le point central de leurs spéculations; c'est pourquoi ces dernières sont obscures, du moins dépourvues de cette lumière qui résulte presque toujours de la concentration de l'esprit sur un texte ou sur une idée. Nous espérons trouver dans ces cosmogonies un fil conducteur pour marcher à travers les progrès de la pensée, et surtout en ce qui regarde le passage de la théologie de l'Orient à la philosophie grecque, afin d'aborder la question peu traitée encore des relations qui existent entre chaque école grecque et chaque sanctuaire oriental (1).

Les recherches que j'ai entreprises appartiennent moitié à la méthode philosophique, moitié

(1) Il est clair que tout ce que nous venons de dire dans ces deux pages ne regarde point le travail que nous soumettons ici au lecteur, mais le travail plus étendu dont nous avons parlé sur la philosophie des cosmogonies antiques, et dont ce discours pourrait être regardé comme l'introduction.

à la méthode d'érudition. Pour arriver au résultat difficile que nous venons de présenter, pour démêler quels éléments philosophiques se rencontrent dans les sanctuaires de l'Orient avant l'introduction de la philosophie grecque, il faut, n'en doutons pas, faire la part inévitable des conjectures. On ne remonte pas au berceau de la pensée avec autant de facilité que l'on peut, en suivant les fanaux historiques que le temps n'a pas éteints, rebrousser la route des siècles, et remonter aux origines mêmes de l'histoire. Pour saisir dans sa première lueur cette pensée humaine, alors que n'ayant pas encore conscience de soi, elle n'a que le sentiment indistinct de l'infini qui l'environne; pour atteindre, en un mot, le point de départ, le germe originel de la philosophie, non-seulement il faut sortir des limites de la philosophie écrite, mais encore il faut savoir franchir les barrières de l'histoire même traditionnelle. Il faut qu'à l'insuffisance des monuments vienne suppléer l'induction psychologique. En effet, une fois la nature de l'homme bien connue, bien explorée, j'entends de l'homme en soi, à part des variétés accidentelles qui ont pu être apportées à sa nature par les phases mobiles de la culture intellectuelle et du temps, il est possible alors d'appliquer cette science psychologique de l'homme aux temps où la vie de l'homme sur cette terre ne nous est plus connue, perdue qu'elle est sous ses ténèbres originaires ; on peut toujours, à l'aide d'une divination hardie, appliquer à toute époque présumée de l'âge des sociétés ce que les lois de la nature humaine nous ont révélé sur l'homme en général. En voyant la mesure de l'homme, l'élargissement progressif de sa pensée, on peut deviner quel dut être l'état de cette pensée à une époque inconnue dont le souvenir aurait été dévoré par le temps ; on peut toujours dire ce qui a dû être, si l'on ne peut pas toujours dire historiquement ce qui a été.

C'est pourquoi, et pour préciser ici ces règles de méthodes en matière d'investigations protophilosophiques, nous croyons qu'elles peuvent se réduire à deux conditions essentielles : 1° chercher ce qui a dû se passer au berceau inconnu de l'homme, à l'aide de l'induction philosophique qui découvre les lois de l'humanité ; 2° recueillir les documents les plus certains, les mieux reconnus pour contenir la vérité sur les doctrines primordiales, entreprendre d'éclaircir ces documents en interprétant leur sens obscur, soit au moyen de ces inductions métaphysiques dont je viens de parler, soit d'après les légendes et les traditions incohérentes qui nous viennent des anciens sanctuaires. Cette double méthode sera notre guide ; et d'abord la première dominera dans cette introduction, dans laquelle nous allons exposer rapidement la chaîne des solutions que nous venons d'indiquer à l'égard du problème cosmogonique.

I.

PANCOSMISME, OU LE MONDE EST TOUT.

La contemplation philosophique des premiers siècles ressembla au procédé que la nature nous fait voir au berceau de l'homme. A peine l'enfant est-il né, à peine du moins est-il arrivé au premier début de sa pensée, lorsqu'il ouvre ses regards devant ce cercle éblouissant dans lequel il est placé, ce qui le frappe, c'est l'univers lui-même; il ne pense pas encore à la main intelligente et créatrice qui a formé cet univers, il le voit, il s'éblouit, il l'admire.... il va l'adorer.

Mais, en même temps qu'il voit la beauté du monde, il est effrayé de ce que ce monde contient de supérieur à lui, de plus fort que lui; et si l'enfant au sortir du berceau ne sentait sa faiblesse soutenue par la puissance de la société qui l'entoure, bien vite il tomberait sans vertu, délaissé, écrasé même par cette nature dont les forces redoutables ne sauraient être vaincues que par l'humanité devenue intelligente. On peut se représenter ceci comme l'image de ce qui arriva dans les temps primitifs, quand les hommes, ayant perdu le souvenir de leur origine, quelques générations après la dispersion de Babel, vécurent de longs siècles, sans défense et perdus parmi les éléments de la nature révoltée. De toutes parts, à l'entour d'eux, cette puissance étendait ses forces ennemies. Les torrents qui entrecoupaient des forêts impénétrables, où il fallait pourtant se construire des habitations; les monstres des eaux et les bêtes féroces de la terre qui venaient, en rugissant, faire douter l'homme de sa supériorité; les puissances du ciel, la foudre de l'air qui, brisant devant eux la cime des arbres, venait tomber terrible et dévorante à leurs pieds : tous ces objets ont dû frapper d'une terreur invincible l'homme primitif, incapable de réagir par lui-même contre tant de causes de destruction.

Or, l'homme avait bien, dans cet état, conservé un souvenir vague d'une puissance supérieure à laquelle sa destinée était suspendue. Mais chez lui les vérités primordiales, qui devaient se retrouver plus tard, avaient été profondément altérées par l'effet de sa dispersion, de la confusion de son langage, et par l'instinct fugitif mis en lui par le Dieu de Babel qui l'avait poussé jusqu'aux extrémités de la terre. C'est pourquoi l'homme ne tarda pas à attribuer à toute cette nature l'idée d'une puissance infinie. Tous les éléments matériels qui tour à tour avaient causé ses terreurs reçurent aussi leur part dans ses adorations. Il se prosterna donc devant le génie inconnu de l'impénétrable forêt, devant le fleuve majestueux dont les flots ensevelissent, devant les troubles de l'atmosphère, devant cette foudre terrible qui lui semblait être la parole de ce ciel éclatant au-dessus de sa tête; et alors de toutes ces adorations, de tant d'objets divers devant lesquels s'humiliait l'homme tremblant, il résulta, pour ainsi parler, une adoration unique quoique vague; de sorte que cette infinie variété de la nature, tout en demeurant variété, nature et matière, fut élevée à sa plus haute puissance, jusqu'à la conception de l'unité.

Ce ne sont pas là de simples hypothèses, c'est l'origine de toutes les histoires : aussi loin que vous puissiez remonter par l'induction historique dans les temps dont les souvenirs se sont perdus, vous trouvez le point de départ dans l'adoration des forces de la nature. C'est ce qu'on appelle le fétichisme, première religion des peuples naissants. Le sauvage a pris pour objets de son culte grossier les grands corps de la nature matérielle, ceux même qui, dans l'origine, ont pu causer ses souffrances ou éveiller ses terreurs. Tel est aussi le sabéisme, adoration des astres et du feu pris en eux-mêmes, et comme source du bien et du mal pour les mortels. D'autres fois, le malheureux, descendu encore plus bas sur l'échelle de la pensée, il s'agenouille devant les objets les plus humbles, débris plus que vulgaires de ce qu'il foule aux pieds, objets informes et sans nom, qu'il recèle dans l'intérieur de sa hutte pour leur offrir ses déprécations. Il est certain toujours que vous trouvez le fétichisme au berceau de toutes les sociétés. Les nations les plus policées de l'ancien monde et du monde moderne ont commencé par ce début leur vie intellectuelle; avant qu'il y eût la Grèce, Rome, la France et l'Allemagne, il y avait la terre des Pélasges, il y avait la Celtique et la Germanie, terres primitives dont les peuplades, errantes au sein de leurs forêts séculaires, s'élevaient peu, en matière d'intelligence religieuse, au-dessus de la stérile adoration que je viens de mentionner.

Eh bien, c'est là ce que nous cherchons comme le premier système de la philosophie naissante. Elle naît, cette philosophie, non dans une école, mais dans un sanctuaire; et ce sanctuaire n'est point un temple bâti de main d'homme : c'est la forêt profonde ou la montagne exposée aux inclémences de l'air. C'est la philosophie naissante, ai-je dit : n'avons-nous pas en effet, sous cette enveloppe misérable, reconnu déjà son premier problème, celui de l'origine des choses et de la génération des êtres? Il n'y a rien là pour la psychologie, rien pour cette science des peuples avancés, qui consiste à interroger les secrets obscurs de la conscience, afin de constater ses phénomènes et ses lois. Les premiers penseurs, qui sont les premiers hommes (car la pensée, quelle que soit sa direction ou sa portée, est née avec l'homme et ne l'a jamais délaissé), ne s'occupent point des phénomènes fugitifs de leur âme; et, chose remarquable qui décèle la témérité autant que l'impuissance de l'homme, l'esprit humain s'est élancé du premier bond au problème de l'être, de l'être en soi, de l'essence absolue, enfin du grand tout qui apparaît à ces hommes des premiers temps sous les caractères les plus divers. Enfin, il ne faut pas s'y tromper, on ne saurait trouver que de l'ontologie dans tous les systèmes de la haute antiquité.

Mais ici, au premier degré du développement intellectuel des sociétés, l'ontologie appartient à l'ordre des faits matériels. Sur ces races primitives chez qui la sensibilité est la seule faculté qui soit développée, ce sont les phénomènes de la nature qui agissent au premier rang. Le sauvage sait-il s'il y a quelque chose par-delà ces puissances matérielles qui le captivent et l'oppressent? Il ne connaît pas la matière, il en divinise les forces isolées, il en adore la substance en général ; les premières sont les dieux, l'universelle matière est la suprême divinité.

Voilà donc l'origine de cette première philosophie, qui est ancienne comme le monde, et que les antiques cosmogonies recèlent comme l'épi naissant sous la tige verdoyante qui le protége et le captive. D'abord la philosophie et la cosmogonie ne sont point séparées, elles vivent et respirent de la même vérité mêlée du même alliage d'erreur. Plus tard, le dédoublement s'opère ; la philosophie n'adore plus les forces de la toute-nature qu'elle ose sonder d'un regard pénétrant ; elle marche dans sa liberté, et proclame, le front levé, le symbole matérialiste que récite à genoux l'adorateur superstitieux. Cette philosophie première n'a pas non plus disparu de ce monde, bien qu'elle se soit mainte fois transformée, que bien des fois elle ait modifié sa portée, sa direction, son symbole ; elle est représentée chez les anciens par les célèbres écoles de Thalès, de Démocrite, d'Epicure ; elle occupe aussi une grande place dans l'époque moderne où, devenue psychologique, elle corrompt toutes les branches du savoir, les détruit à leur source, en ramenant tout l'homme à la propriété de sentir, c'est-à-dire, ainsi qu'au berceau du monde, à la déification de la nature.

L'existence du matérialisme, comme secte permanente dans la philosophie, est un fait que l'on ne saurait contester. En partant du temps où nous sommes, on le suit à la trace, on observe ses variations, ses progrès, ses empiétements dans l'époque moderne, dans le moyen-âge, dans l'empire romain, surtout dans la philosophie grecque avant Socrate. Pour moi, je voudrais faire remonter cette école désastreuse par-delà les temps historiques, et montrer son berceau au point même où les hommes ont commencé à formuler des idées, alors qu'ils s'agitaient au sein de la barbarie où ils s'étaient précipités après leur dispersion.

La connaissance des procédés de l'esprit humain et de son développement pour connaître, nous montre qu'en effet telle et aussi reculée, c'est-à-dire au berceau même de la pensée, se trouve l'origine de la philosophie des sens. La psychologie, observatrice patiente des faits, et fidèle aux lois analogiques qu'ils imposent, a consulté la marche naturelle de l'esprit, soit dans l'enfant échappé du berceau, soit dans le vulgaire avant que soit venue la culture intellectuelle. Elle a vu alors comment l'esprit va du connu à l'inconnu, du visible à l'invisible, des choses sensibles aux choses intuitives et accessibles à la seule raison. C'est pourquoi la première pensée adoratrice de l'homme naissant, ou plutôt (car ici la différence est grande) de l'homme renaissant, et au point de départ de la société, a été pour la nature, pour la nature personnifiée.

Et l'histoire, à son tour, n'est pas moins formelle sur ce point; elle évoque les documents peu nombreux que l'antiquité nous a transmis sur les peuples barbares, tels que les Scythes, les Celtes, les Germains; elle interpo e ces documents à l'aide d'une critique élevée; puis elle nous renvoie aux relations des voyageurs modernes sur les peuplades de premier âge qui habitent encore les solitudes de l'Amérique ou les états de la mer du Sud; et partout, à ce premier âge de la civilisation, apparaît avec pleine évidence cette vérité, savoir, que le premier degré de la pensée c'est la philosophie des sens, c'est la religion de la nature matérielle.

Ainsi donc, si nous interrogeons les traditions les mieux avérées de cette haute antiquité, si nous cherchons à dégager l'élément philosophique du sein de tant de légendes obscures et compliquées, toujours nous trouverons comme élément primordial l'idée du naturalisme absolu. Cet élément, il est partout, il est empreint à chaque ligne des débris de la science primitive qui sont parvenus jusqu'à nous. De lui sont frappés les mythographes, ceux surtout qui, comme Dupuys et Volney, ont écrit dans le sens de la philosophie du xviii° siècle et du mauvais vouloir de la pensée du temps. Le tort immense de ces écrivains est de n'avoir reconnu dans les religions anciennes que le point de vue du matérialisme ; d'avoir oublié la sagesse plus profonde et plus voilée qui s'associe à la portée matérielle des légendes primordiales; mais on ne peut leur refuser d'avoir saisi une partie de la vérité, en reconnaissant quel rôle joue le matérialisme sous les anciennes religions.

Il ne faut pas croire que ce principe se montre seulement dans l'état des peuples sauvages; il persiste, et se retrouve fondu avec des éléments supérieurs dans les légendes les plus mystérieuses de l'Orient. Il est bien facile de le désarmer à travers le vaste faisceau d'idées dont se composent ces religions. Tantôt c'est la déification de la terre, du soleil et de leur cortége d'étoiles, qui se retrouve sous les symboles de Sivah, d'Osiris, de Zeus; tantôt ce sont les puissances de l'atmosphère, la foudre, les orages, les pluies, telles que la Junon Aérienne, et le Jupiter Ombrios. D'autres fois c'est la personnification du chaos, de la nuit, des ténèbres, du principe sec et du principe humide, se disputant la souveraineté de l'Erèbe pour en faire jaillir les existences et le jour. Partout vous retrouvez sous les mythes divers, les divers effets matériels que je viens d'énumérer; partout la conception de la nature matérielle, d'abord conçue comme unité, puis, sans changer sa nature, se dédoublant, se fécondant elle-même, sans le créateur et sans le formateur, et devenant plastique, ainsi qu'elle l'est, par elle-même et par sa seule vertu (1).

Et c'est ainsi que l'éternel problème cosmogonique, sitôt qu'il se présente à l'esprit du sauvage, cet enfant nouveau-né de la vie civilisée, s'est trouvé résolu par une généralisation matérialiste, mais puissante, qui part de l'unité, traverse la multiplicité, et, par un retour assuré, produit par le mouvement alternatif de dilatation et de concentration de la pensée, ne tarde pas à s'élever de nouveau à la conception suprême de l'unité. Car il ne faut pas s'y tromper, le matérialisme, même le plus élémentaire et le plus barbare, le fétichisme enfin, c'est la conception du tout matériel se manifestant par la pluralité, mais de telle sorte que cette pluralité n'est qu'apparente, et que les parties de ce tout matériel ne sauraient plus ni se séparer ni s'anéantir. Une

(1) C'est aussi ce caractère d'unité toujours persistant dans la pluralité du matérialisme, qui donne aux objets de l'art chez les peuples orientaux, même dans leurs symboles matériels, ce je ne sais quoi de terrible et de violent qui ne peut être contesté et que F. Schlegel a très-bien observé.

fois l'idée du tout reçue dans l'intelligence, c'est une nécessité que l'idée de la pluralité et de la divisibilité perde sa valeur ; le mouvement et l'anéantissement d'un atome est impossible dans le tout.

C'est pourquoi cette même conception exerce une influence terrible sur l'intelligence du sauvage, esclave prosterné sous les manifestations de cette puissance visible dont il ignore la génération. L'idée d'une puissance incorporelle et vraiment divine n'entrera dans l'esprit de l'homme qu'à mesure qu'il se saura lui-même, qu'il apprendra que lui, homme, mortel d'un jour, et fragment sensible de la nature, il en est le roi, qu'il peut l'enchaîner, parce que ce droit divin lui a été donné par l'être encore inconnu, qui est à la fois le maître de cette matière adorée, et de l'homme qui s'en est fait le stupide adorateur.

Pascal a une admirable pensée que tout le monde sait par cœur, mais que je redirai ici pour mieux faire saisir la pensée qui préside à ce développement. « L'homme est un roseau, le plus faible de la nature : une vapeur, une goutte d'eau suffit pour le tuer ; mais, quand l'univers l'écraserait, l'homme serait encore plus grand que ce qui le tue, parce qu'il sait qu'il meurt ; et l'avantage que l'univers a sur lui, l'univers n'en sait rien. » Cette pensée est la mesure qui sépare l'adorateur du fétiche matériel d'avec l'homme qui a conscience de lui-même, et qui connaît trop bien la nature pour consentir à l'adorer. L'homme en effet ne peut sortir des voies du matérialisme, il ne peut remonter à la conception de l'être immatériel, que par l'intermédiaire d'une plus digne psychologie qui lui révèle le prix de la pensée, sa supériorité sur la matière inactive, et le crime de se faire l'esclave de ce dont il est roi ; mais, en attendant que survienne ce nouveau jour, combien longtemps l'homme demeure aux liens du fétichisme primitif !

Sans doute, et nous ne pouvons pas le méconnaître, il y a dans le fétichisme une profonde dégradation de l'esprit humain, attestant combien fut terrible ce tonnerre de Sennaar, qui troubla les intelligences malheureuses, et les précipita en aveugles, pour courir par tout l'univers, dans une fuite sans repos. Mais une chose aussi qu'il faut voir, c'est que, si l'on compare ces premiers essais de religion avec la philosophie matérialiste qui en est issue, on ne manque pas de leur trouver une certaine grandeur, que ne possède pas la philosophie des sens. Du moins, le sensualisme religieux est parvenu du premier bond à sa plus haute, à sa plus intime expression, et cette forte conception de l'unité et de la

puissance matérielle dans le sauvage qui adore
ce qui le menace, a quelque chose de plus énergique que les froids raisonnements par lesquels,
aux époques raffinées, les opinions de toutes les
nuances arrivent avec effort au même résultat.
Ceux-ci ferment librement leurs yeux à la lumière, dont l'homme primitif, vu qu'il est
du sentiment religieux, entrevoit du moins le
crépuscule, attendant que le voile soit levé
pour ses yeux trop faibles.

II.

PANTHÉISME, OU DIEU EST TOUT.

Vainement, après sa rapide dégradation, l'esprit humain s'était laissé tomber jusqu'aux ténèbres du fétichisme; il avait conservé en lui des
traces de sa première destinée et de sa première
révélation. Mais cette pensée s'était trop profondément altérée, pour que de la conception de la
nature matérielle, fonds primordial de la religion
des peuples enfants, l'esprit ait pu passer à la
conception claire, implicite, complète d'un Dieu
immatériel, distinct de la nature et créateur de
tout ce qui existe. C'est pourquoi l'esprit, flottant

dans l'unité indéfinie de la matière, ne sortit de cet océan que pour embrasser une conception d'unité encore plus terrible, celle qui, frappée de la contingence et de la passivité des choses mortelles, ne reconnaît qu'une nature invisible, impalpable, universelle mais idéale, puissance inconnue, mystérieuse, et dont les choses matérielles, ombres de l'être, sont des manifestations variées. Divinité idéale et personnifiée comme précédemment le dieu-nature, l'être abstrait se multiplie en une foule de divinités assises sur les autels, et qui ne sont que les divers points de vue, les qualités, les attributs de la substance universelle que les sens ne peuvent atteindre.

Comment donc du point de vue que j'ai exposé précédemment, du naturalisme pur, exclusif, l'esprit a-t-il passé à l'extrémité de l'autre point de vue à celui du panthéisme? Je voudrais qu'il me fût donné de saisir et d'exposer avec précision ce passage mystérieux, par lequel l'esprit passe de la conception du tout matériel à la conception d'une idéalité infinie, dont les choses matérielles ne sont que des apparences dépourvues de réalité. Or, voici en peu de mots la solution que je puis proposer de cette difficulté :

Si l'esprit de l'homme est arrivé à n'envisager dans toute la nature qu'une force aveugle, irrésistible, dont lui-même, simple individu, est à la fois le fragment et la victime; si cet homme est arrivé au point de diviniser cette image effrayante, et de lui prêter je ne sais quelle vie universelle à laquelle participent tous les éléments, vous pouvez concevoir qu'en cela même il y a un idéalisme véritable. Bien que vous partiez de la nature, dès que vous arrivez à la conception du tout, vous sortez forcément des limites de l'expérience et des sens, et vous êtes dans l'infini, et l'infini est idéal. Entre l'idée du tout matériel et celle du tout spirituel il n'y a donc pas l'opposition que l'on a coutume de supposer.

Et puis, à considérer la question sous le point de vue de la haute ontologie, je veux dire de la différence essentielle des deux êtres, peut-on bien se la démontrer cette différence, à la prendre en soi et à part de la différence des phénomènes qui les caractérisent? Qui a vu jamais la substance? Le physicien l'a-t-il découverte au fond de l'alambic où s'analysent les propriétés, où se séparent les éléments? Le psychologue a-t-il saisi la substance humaine, indépendamment de la pensée qui manifeste sa présence? La substance matérielle, à part de sa propriété d'être étendue, est-elle substance matérielle? La substance spirituelle, si on la considère sans l'attribut de penser, est-elle substance spirituelle? Or, si on envisage les deux substances à part de leurs attributs, où donc sera leur différence intrinsèque ? Cette substance première, qu'elle soit vraiment substance de deux attributs, comme le voulait Spinosa, qu'elle soit plutôt force vive ou mixte, comme la monade de Leibnitz (car Spinosa et Leibnitz sont deux unitaires sous deux points de vue différents), ne peut-elle pas être regardée comme la même dans sa racine mystérieuse, comme identique, mais ayant deux aspects, deux séries de phénomènes qui peuvent être indifféremment suivies selon la direction de celui qui les contemple, de même que deux lignes opposées se touchent par le sommet d'un même angle ? Et enfin ne conçoit-on pas comment les hommes, à force de fixer leur regard sur l'indéfinie matérialité, ont fini par s'éblouir, et, franchissant le faîte de l'angle, ont pu revenir par la ligne opposée, c'est-à-dire par le point de vue de la spiritualité sans bornes ?

Non, il n'en saurait être ainsi pour quiconque aborde les problèmes de la philosophie par le point de vue plus humble et plus sûr de la psychologie, de l'étude des phénomènes de l'âme. La diversité des phénomènes est alors, aux yeux de l'induction, la démonstration la plus complète de la diversité des substances (1). Mais, comme nous

---

(1) Voir les arguments développés, *Cours de philosophie*, t. 1, p. 363, et autres endroits où j'indique la difficulté.

le disions, c'est du côté de l'ontologie que le problème est attaqué par les nations primitives; or, dans le point de vue ontologique, il n'est pas surprenant que l'esprit ait promptement franchi l'indivisible point qui sépare le panthéisme matériel du panthéisme idéal.

Et enfin, ma conviction bien arrêtée, et fondée sur l'étude scrupuleuse des documents, c'est que les anciennes cosmogonies, bien qu'elles contiennent le double élément, la conception phénoménale du visible et de l'invisible, cependant, à considérer de près ce point-sommet de l'angle dont je parlais tout à l'heure, là où s'établit la jonction de la ligne visible et de la ligne invisible, à ce point indécis qui est matière ou qui est esprit, selon le côté où l'on s'est placé, selon la ligne que l'on saisit du regard pour monter jusqu'à lui, ce point, dis-je, sur la nature duquel les ontologistes des temps postérieurs ont pu ne pas s'entendre, je crois que les peuples primitifs, les fidèles des premiers sanctuaires, les intelligents des premières écoles, le regardaient comme matériel. Dans les sanctuaires et dans les écoles où l'idéalisme était le plus prononcé, comme on ne concevait pas la double substance, on ne rejetait pas la matérialité; seulement on se distinguait des autres écoles purement matérialistes par un progrès, par une nouvelle interprétation, en idéalisant cette matière, en la réduisant à sa substance la plus subtile, la plus une, la plus inhabile à toute réalité d'agrégation ou de décomposition.

Je montrerai ceci particulièrement dans les écoles grecques de Parménide et de Pythagore, où la différence ontologique, avec le plein naturalisme de Thalès et de Démocrite, n'est que la substitution de la nature ignée, de l'éther invisible et sidéral, à l'élément plus grossier de l'eau, ou bien de l'air respirable, considéré par les Milésiens comme la source primordiale des choses. Ce point de vue sera frappant surtout dans la philosophie pythagoricienne, dont le dualisme n'est, je le crois, que la lutte de l'éther éternel et des régions incessamment troublées où vivent l'air et les météores qui le modifient. Cependant, grâce à cette tendance idéaliste, l'esprit en vint à se détacher de plus en plus de la chaîne des sens et de l'esclavage des choses visibles; et ainsi la conception de cet invisible éternel se faisait jour dans les esprits, en attendant une meilleure et plus digne lumière. C'est enfin par cette voie, en admettant ce point de départ, puis, cette lente et progressive conversion, que la doctrine vraiment morale, et plus tard le principe d'une pure spiritualité, la conception du νοῦς ou de l'intelligence pure, immatérielle, s'introduisit avec Anaxagore dans les écoles grecques, pour être encore un peu plus tard exaltée et divinisée par le génie de Platon.

Maintenant je voudrais établir avec précision comment s'est opérée la transition de l'idée du naturalisme à celle du panthéisme ou de l'unité idéale.

Si la conception de l'universalité matérielle appartient à l'esprit populaire ; si l'adoration de l'astre brillant qui dispense le jour, et des étoiles qui forment son cortége, est née dans la pensée du sauvage, lorsqu'ayant perdu le souvenir de la Divinité, il leva les yeux vers la voûte immortelle d'où lui descendaient tant de signes lumineux d'une grandeur dont il ignorait la cause, il n'en fut pas ainsi du second système que nous considérons en ce moment : celui-là n'est point né dans les forêts, mais dans les temples de l'Orient. Sans doute, des peuplades errantes ont pu s'en former une idée obscure, confuse, indistincte, par l'effet même de cette idéalisation du monde matériel dont je parlais ; mais, pour rencontrer ce même système sous des formules arrêtées, il faut se placer sous l'influence d'une époque plus rapprochée. Le temps vint où les prêtres, ayant pris de l'ascendant sur les populations, ont pu les courber sous le poids d'un spiritualisme excessif, en leur montrant par-delà ces objets visibles, par-delà cette terre et ce ciel où s'était répandue la flottante adoration des premiers hommes, en leur montrant, non pas encore une divinité créatrice, ordonnatrice de cet univers, non pas Dieu, auteur de tout ce qui existe, et se distinguant de tout ce qui existe, mais seulement une puissance mystérieuse, invisible, infinie, en qui toute chose s'absorbe et se réduit à l'état de fantôme et d'idéalité.

C'est pourquoi, si nous voulions systématiser, par rapport aux grandes divisions de l'histoire universelle dans l'antiquité, la manifestation de ce système, nous le trouverions d'une manière pleine, intégrale, et dans sa domination effrayante, au second degré de la civilisation, alors que les idées ont pris déjà un large développement, quand les sanctuaires se sont ouverts et que des systèmes religieux compliqués se sont introduits. C'est l'époque de l'antiquité et de l'Orient; c'est l'époque du prêtre. Or, nous répéterons ici ce que nous avons établi, les prêtres, les hommes des sanctuaires, bien qu'ils aient procédé par l'introduction du panthéisme, ont civilisé le genre humain.

Ce que nous avons observé jusqu'ici montre la tendance irrésistible des peuples à matérialiser l'objet de leur culte; partout aussi les prêtres systématisent ces rites, ces liturgies; ils s'assimilent la disposition superstitieuse des peuples, ils inventent des symboles pour personnifier cette nature qui écrase l'homme du poids de ses rigueurs. De là le caractère solennel, imposant, de l'art et de la religion sous l'inspiration matérialiste de l'Orient. Mais à côté de ces symboles attestant le fétichisme primitif, le culte de la nature, s'ouvrent les doctrines intérieures, les mystères récités dans les sanctuaires et révélés par l'initiation. Les idées de la spiritualité sont propagées avec mesure à l'usage des intelligents; elles sont placées dans les rites, dans les cosmogonies, voilées encore et associées aux traditions du matérialisme primitif; et ainsi, le sentiment religieux, inné au cœur humain, se fait jour; l'instinct de la moralité, également puissant, contraint les législateurs religieux et politiques de la faire vivre dans leurs institutions; il se forme enfin, dans le sein et sous le voile de ces religions matérielles ou idéales, une doctrine plus pure, plus accessible, et sous laquelle se révèlent déjà Dieu, l'âme humaine, la double nature, et toutes les vérités conservatrices du genre humain.

Mais ce dégagement est bien tardif. Le premier pas du progrès dans lequel s'arrête l'esprit sacerdotal, c'est le panthéisme idéalistique dont j'ai parlé; c'est la philosophie du tout abstrait et éternel, de la matière idéalisée, de la substance infinie dont nous sommes tous des fractions non détachées, des rayonnements et des émanations. Telle est, au reste, l'influence des prêtres. Comme, dans tous les temps et dans toutes les nations, cette classe d'hommes s'est composée de la partie du genre humain la plus cultivée, et que surtout elle a contenu les penseurs; comme, d'un autre côté, la marche de la pensée en matière de métaphysique est de ne pouvoir s'arrêter dans les limites de la raison; les premiers prêtres ont dû promptement pousser à l'idéalisme, dans l'impuissance de s'arrêter sur un milieu qu'une révélation seule aurait pu déterminer. Un sanctuaire est, sous un rapport, une école de philosophie qui procède par voie de mystère et d'initiations. Vous y trouvez déjà la subtilité obscure qui plus tard se déploie dans les écoles d'ontologie, comme les Eléates chez les Grecs. Voyez, en effet, au moyen-âge, ce qui se passe dans les écoles ecclésiastiques : c'est l'esprit subtil de l'idéalisme qui régnait dans ces écoles; la pensée panthéistique aurait nécessairement offusqué la religion entière, si le dogme lui-même n'avait été préservé contre les témérités de la pensée par l'inflexible barrière de l'Église. Le prêtre tend à l'ascétisme, aux rêves mystiques; sa pensée, une fois dans cette route, est mue par un ressort irrésistible; elle monte, elle poursuit l'infini, elle s'y perd, elle se repose dans le panthéisme, dans l'absorption de toute chose en Dieu. C'est ce qui explique la hauteur obscure des formules sacerdotales dans tout l'Orient.

Mais voici comment l'émanation est sortie du panthéisme. Quand on eut ainsi changé le point de départ ; quand, au lieu de partir de la pluralité comme les hommes antérieurs, l'esprit sacerdotal partit du tout comme principe, la voie idéalistique fut ouverte, et alors il fallut bien revenir à la pluralité, expliquer la nature des choses qui nous entourent et qui nous limitent, dont nous-mêmes faisons partie. Combien alors ne dut pas promptement arriver la doctrine qui fait de tous les êtres une émanation passive et intégrante de l'être ? Et l'être étant idéalisé, la matière primordiale étant conçue indivisible, impalpable, la propriété sensible des êtres ne dut-elle pas être regardée comme une apparence, comme une chimère impossible à réaliser? C'est là le point de vue dominant de la métaphysique religieuse chez les Indiens, et Frédéric Schlegel s'est trompé en séparant du panthéisme le système de l'émanation.

Voilà pourquoi le passage de l'idée pancosmistique à l'idée panthéistique ne changea pas le système de la pensée religieuse dans l'Orient. Cette seconde conception, quoique l'opposée de la première, arrive au même résultat. Elle aussi, est-ce qu'elle ne détruit pas la personnalité humaine sous le poids d'une existence une, d'une seule nature, la même réellement, qu'elle soit appelée nature, qu'elle soit appelée Dieu ? C'est ce qui explique pourquoi, sans trop de contradiction, vous trouvez des principes si divers et si opposés assortis ensemble dans les cosmogonies.

Bossuet s'exprime d'une manière bien vive à l'égard des prêtres des antiques religions ; après avoir reconnu qu'ils étaient dépositaires d'une doctrine meilleure que celle des cosmogonies matérielles, il tourne contre eux un mot de l'Évangile contre les docteurs hébreux. « Les docteurs, dit-il, voulaient s'approprier la clef de la science; que n'ouvraient-ils donc au peuple ? » Sans doute, les docteurs juifs, qui enseignaient une religion dont toute la lettre était révélée, étaient coupables de tenir la lampe sous le boisseau; mais les prêtres des nations étaient bien obligés de distiller avec prudence, avec mesure, des opinions métaphysiques, fruits de leur génie, sur lesquelles, sans doute, ils ne furent jamais unanimes, et qui d'ailleurs ne furent jamais assez mûres et assez claires pour s'appeler des vérités.

Maintenant que j'ai établi par quelques preuves ce point que l'introduction du panthéisme dans la religion et dans la pensée des peuples de l'Orient indique un second degré de la pensée, un progrès apporté par les prêtres, il faudrait chercher dans les souvenirs traditionnels de l'histoire quelque moyen de confirmer ce résultat. Evidemment, quand il s'agit de temps si reculés, ce sont des inductions, des vraisemblances seulement que l'on peut demander; or, nous croyons que cette lumière, quoique incertaine par son éloignement, ne manquera pas à notre théorie.

C'est surtout dans la religion et la philosophie des Indiens que la coïncidence des deux idées que nous venons de considérer est plus frappante. Il serait très-facile de détacher, dans les textes nombreux de la littérature sanscrite, la part du premier système et celle du second. M. Colebrooke a accompli parfaitement cette tâche dans ses grands travaux sur la philosophie de ce peuple. Il n'y a même que cette manière d'expliquer l'incohérence qui règne dans les cosmogonies indiennes. Il faut y voir la succession des deux systèmes philosophiques introduits tour à tour et remplacés l'un par l'autre, mais non tellement absorbés que les traces primitives ne se laissent voir encore fondues dans l'ensemble des traditions écrites. Les recherches qui se sont faites de nos jours sur la géographie, les langues, l'histoire, concourent à cet égard avec les explications de la mythographie. Et quant au point de vue historique par lequel je voudrais étayer une théorie purement philosophique, voilà, autant que j'ai pu les recueillir, les résultats actuels de la science. Les développements idéalistes que nous trouvons dans la cosmogonie de Manou et dans le Bhagavatgita s'expliquent historiquement par l'hypothèse d'une civilisation seconde qui aurait apporté la pensée sacerdotale et l'aurait greffée sur le naturalisme primitif. Certaines inductions parlent d'une race aborigène plus grossière ; l'histoire a des souvenirs favorables à ces inductions. Le savant Anglais Colebrooke croit avoir retrouvé les types primitifs de la race indienne dans les montagnes de l'Hymalaya, et des indications plus récentes ont montré les mêmes traces même dans la province du Bengale, et bien loin des régions du nord. Il est question de peuplades tout-à-fait barbares, indomptées, non soumises aux dominateurs politiques de l'Inde, pas plus aux Anglais qu'aux rajas, race non caucasique, et différente de la population hindoue par sa langue, par son culte, par l'absence totale de civilisation. Cette race ne serait-elle pas le débris longtemps oublié de la population primitive conquise, civilisée, et dont les rebelles auraient été refoulés par les vainqueurs sur leurs montagnes inaccessibles ?

Quoi qu'il en soit, il est certain que le culte de Sivah est le culte primitif de l'Inde. Or, Sivah représente l'époque du naturalisme primitif. Dieu terrible, Bacchus primitif, symbole du feu formateur et destructeur, dieu de la nature et de l'énergie matérielle, Sivah était adoré primitivement dans les rochers de l'Hymalaya ; et plus tard, cela est bien reconnu, le culte meilleur de Brahma a été apporté dans ces contrées barbares avec la civilisation sacerdotale brahmanique, par une race choisie, descendue du Caucase et des bords de la mer Caspienne. Brahma ou Brahm, c'est la transformation de l'idée matérialiste dans l'idée panthéistique, amenée par l'influence de prêtres conquérants.

Voyez le souvenir de cette révolution à la fois politique et religieuse, dans la célèbre épopée indienne, le Ramayana, dont Frédéric Schlegel vous a fait connaître la donnée principale. Rama, le héros parfait, la pure émanation de Brahma, est, à n'en pouvoir douter, la personnification idéale dans la forme, mais réelle dans le fond, d'une race conquérante, sacerdotale et civilisatrice, à qui Dieu aurait donné l'Inde pour la conquérir, pour la soumettre au joug des croyances et des mœurs. Ce poëme contient la longue histoire des expéditions et des triomphes du géant Rama contre les ours et les singes, c'est-à-dire contre les hommes sauvages primitifs, qu'il défait tour à tour et qu'il poursuit par-delà la limite méridionale de l'Inde jusqu'à l'île de Ceylan. Rama, victorieux, transforme le pays, remplace la barbarie des forêts par les éléments de cette civilisation hindoue qui a persisté tant de siècles, et qui règne encore sur les bords du Gange.

Ici, et en partant de ce point que le brahmaïsme représente dans la religion indienne l'élément panthéistique coïncidant avec le shivaïsme antérieur, je vais extraire de mon travail seulement ce qui concerne l'existence du panthéisme dans la doctrine indienne la plus reculée, je veux dire dans la cosmogonie du livre de Manou. Ce livre, comme nous l'avons dit, est l'expression la plus fidèle du dogme politique, moral et religieux de Brahma; il se rapporte évidemment à l'époque, sinon de l'introduction, du moins du plein établissement du brahmaïsme. Sivah, antérieur à Brahma, Vichnou, qui lui est postérieur, n'y sont ni l'un ni l'autre mentionnés. — Voir plus haut la traduction de la cosmogonie, et la contrôler par celle de M. Loiseleur des Longschamps, dont le sens est plus vraisemblable et plus clair.

Une rapide analyse de cette frappante cosmogonie nous y fait voir le panthéisme dans son type le plus accompli, du moins dans le type le plus élevé auquel il soit parvenu parmi les religions anciennes. La cosmogonie égyptienne, telle qu'elle se trouve au livre des récognitions, rencontre ici la meilleure preuve de son authenticité, quant au fond des documents qu'elle contient; car on ne peut méconnaître un grand air de parenté entre cette cosmogonie et celle de Manou. Or, cette dernière est entièrement originale, intacte de toute profane altération qui aurait pu venir de l'imagination des Grecs ou des intérêts toujours suspects de secte philosophique ou de religion; mais le panthéisme, dans le document sur la religion de Phta, n'est qu'à l'état d'embryon, si on le compare avec la pleine magnificence sous laquelle il se déploie dans cette page émanée avec toute sa pureté de la plus antique pensée des prêtres de Brahma.

Voyez ici l'être éternel, infini, Brahm, le seigneur existant par lui-même, immobile avant tous les temps; il entreprend de se manifester, il veut produire, faire *émaner* de sa substance toutes les créatures, donner la visibilité à l'obscurité première, à ce monde impalpable qui semblait enseveli dans le sommeil. Et alors, au sein des eaux, il dépose l'œuf cosmogonique, c'est-à-dire la sphère céleste dans laquelle est enfermé Brahma; puis Brahma, après son séjour d'une année dans l'œuf, le brise, et de là éclosent avec lui les objets sans nombre qui composent l'univers.

Or, dans le système indien, Brahma, avec les autres dieux, qui est ici distinct de Brahm, l'être suprême, indéterminé, est la transformation de Brahm, il est sa première émanation ; il est Brahm lui-même, mais Brahm sortant de son sommeil mystique, se manifestant, et considéré comme le formateur des choses, comme l'énergie organisatrice de l'univers. Toutes les choses sont donc produites par Brahma, mais par voie d'émanation, remarquez ce procédé ; c'est de la substance même du maître souverain que naît l'œuf suprême, et, par suite, ses fragments brisés qui sont le monde. Le monde n'est donc que la transformation, l'expansion de ce même être souverain. C'est par ce point de vue que vous distinguerez d'une manière radicale la production de Brahm dans celle de Jéhovah dans l'orthodoxie. Ici il y a la création proprement dite, celle que Dieu fait de rien, mais non par émanation ; car le monde créé n'est point dieu, n'est point sa nature, sa substance, mais son œuvre mystérieuse et distincte. Au lieu de cela, dans la création de Brahm, tout va du même au même ; les points extrêmes sont similaires, le producteur et le produit ; c'est l'identité absolue, c'est Schelling anticipé. Je prie que l'on fasse bien attention à cette distinction radicale ; j'ai dit et je soutiens que l'idée de la création pure, *ex nihilo*, ne se rencontre point en dehors du livre sacré des Hébreux.

Si maintenant, à son premier verset, Manou a

parlé d'une obscurité préexistante, d'un monde imperceptible et dans le sommeil, vous verrez là le monde idéal, le monde dans ses linéaments éternels, un dessin à qui manque le corps et la réalité ; là du moins vous ne voyez pas ces formes grossières et matérielles, qui peuplent l'abîme du chaos, comme dans la cosmogonie chaldéenne par exemple, bien longtemps avant qu'au sein de l'abîme on vit apparaître l'organisateur, l'équivoque Bel. Ici le Seigneur est représenté immédiatement, coexistant avec ce monde idéal qui va plus tard sortir de lui réel et vivant. C'est ce monde primitif, modèle, archétype divin, qui joue un si grand rôle dans Platon, et d'après lequel modèle Dieu aurait formé le monde matériel, cette ombre visible du monde intelligible, seul véritable. La ressemblance de la doctrine indienne et de celle de Platon ici est frappante : je le ferai comprendre en rapportant quelques lignes du Timée. « Quand le Père, dit Platon, eut connu que l'œuvre de sa puissance, l'image des êtres intelligibles, avait commencé à vivre et à se mouvoir, il fut content de son ouvrage, et voulut le rendre encore plus semblable au modèle. » Et ailleurs, parlant de l'origine des astres, qui parcourent des orbes déterminés au sein de l'infini : « Dieu, dit Platon, le fit ainsi, afin d'imiter d'une manière complète la nature éternelle, c'est-à-dire l'essence parfaite, et vivante et intelligible. » Et plus loin : « Il acheva son ouvrage, en le modelant d'après la propre nature du paradigme éternel. » Et enfin : « Autant d'espèces d'êtres que l'esprit divin contemplait dans les idées éternelles, il voulut qu'elles existassent. »

Nous ne pouvons charger ces pages de tout le texte grec correspondant à ces citations. Mais si vous considérez les mots essentiels, tels que ἄγαλμα, παράδειγμα, ἀποτύπον, τὸ νοητόν ζῶον, ὃ τὰς οὐσίας ἰδέας καθορᾷ, vous reconnaîtrez clairement l'idéalisme dans ce système platonicien. Or, ce monde intelligible de Platon, coéternel à Dieu, conçu par lui et par la vertu de son λόγος, de sa raison, la même que la Neith égyptienne, ou peut-être que le Kneph, dieu démiurge, en un mot par la vertu de sa première émanation, ne serait-ce pas aussi le monde imperceptible, ce monde dans le sommeil, qui est rendu perceptible, selon Manou, avec la première manifestation de Brahm ?

Et l'idéalisme contenu au fond de ce système est complété, dans la mythologie indienne, par le mythe de Maya, dont il est si souvent question dans le livre des lois de Manou. Maya, déesse de l'illusion, est souvent prise pour l'ensemble même des choses existantes; son voile subtil est chargé de figures emblématiques, et n'est autre chose que la figure fantastique et passagère de l'univers. De la même manière, l'allégorie si connue de la caverne de Platon, au livre 7 de la République, réduit évidemment tout le monde matériel à n'être qu'une ombre éphémère dont le monde intelligible lui seul possède la réalité.

Puis, si vous doutez que l'idéalisme soit le fond et l'enveloppe de la pensée sacerdotale contenue dans la cosmogonie de Manou, continuez l'analyse commencée, et essayez d'expliquer les paroles que je vais vous remettre sous les yeux. « Après avoir ainsi produit cet univers et moi, celui dont le pouvoir est incompréhensible disparaît de nouveau, absorbé dans l'âme suprême, remplaçant le temps par le temps, etc. » Evidemment l'âme suprême ici, c'est Brahm, l'être indéterminé ; celui qui produit l'univers, c'est Brahma, l'émanation de Brahm, Brahma sorti de l'œuf cosmogonique afin de créer ou plutôt de faire éclore le monde en l'organisant. Or, lorsque Brahma a ainsi produit cet univers, quand son œuvre est terminée, il dort, sa force conservatrice et productrice est voilée ; il disparaît avec le monde qu'il a produit ; il retombe absorbé en Brahm ; il n'y a plus rien que Brahm, l'être infini, indéterminé. Enfin, par une nouvelle émanation, Brahm redevient Brahma, l'œuf cosmogonique rejaillit, une autre création naît soudainement, par la vertu d'une autre expansion de Brahma; et ce monde, cette autre manifestation, n'est jamais qu'une illusion de l'être; il est fait pour revivre, pour mourir éternellement, pour rentrer absorbé à jamais dans le sein de l'âme universelle qui était et qui sera avant comme après tous les âges. Qu'est-ce donc que ce système, sinon le plus vaste, le plus effrayant abîme de spiritualité qui se puisse concevoir, sinon un mysticisme sans bornes, lequel se résout tout entier dans cette terrible équation, identité du néant et de l'être?

Après la cosmogonie de Manou, Schlegel vous a donné un extrait du Bhagavatgita, ce grand épisode du Mahabarat, poëme sacré des Indiens, qui, mieux que la philosophie, renferme une empreinte immédiate de la pensée des sanctuaires; on y trouve un parfum d'antiquité et un air de brahmaïsme auquel on ne saurait se méprendre. Là, vous avez vu le panthéisme dans sa puissance de formules la plus complète. Si les extraits eussent été plus longs, vous y eussiez vu tous les préceptes pour parvenir à l'unification de l'homme en Dieu. Ce sont les œuvres passives, la pratique des extravagantes dévotions encore en vogue dans cet immuable pays, les égarements des bonzes et des faquirs, qui regardent comme le plus haut degré de la béatitude de se réduire à l'état le plus radical de l'être, à l'état d'Yogui et de Sannyasa, à l'état de végétal, de pierre, afin de mieux se confondre dans le tout, d'abdiquer la pensée qui personnalise l'homme, et de pouvoir enfin le réduire à l'unité dans l'être universel dont il est une émanation. Il ne saurait donc y avoir aucun doute sur l'exaltation sans pareille du panthéisme indien; et, je crois pouvoir le dire, cette doctrine est particulièrement représentée dans l'Inde par la personnification de Brahma.

Alors, après l'introduction de l'idée brahmanique dans l'ensemble des idées antérieures sur l'adoration de la nature, il dut y avoir un traité d'alliance, une sorte de fusion de l'une et de l'autre idée, représentée chacune par leur propre personnification, Sivah et Brahma. Plus tard le mythe de Brahma se perfectionne et se complète par la personnification toute spiritualiste de Wichnou, troisième personne de la divine Trimourti; car, au temps du code de Manou, le Wichnouisme ne paraît pas exister encore. Ce qu'il y a de certain, et ce que nous observerons ici transitoirement, c'est que la conciliation ne fut pas seulement immédiate, indistincte, et concentrée dans la spontanéité des sanctuaires; mais même les deux doctrines matérialiste et panthéiste sont soutenues avec une égale liberté dans les écoles. Les deux philosophies connues également sous le nom de sankya;

l'une athée, l'autre théiste, sont regardées l'une et l'autre comme orthodoxes, parce que les traditions premières, les livres sacrés, les oracles des sanctuaires prêtent une égale part à l'interprétation du dogme fondamental sur l'origine des choses.

La remarque que je viens de faire pourrait être aisément généralisée; nous expliquerions par cette transition d'un point de vue ontologique à un autre point de vue, la dualité ou la trinité divine dans plusieurs religions de l'Orient. Ainsi le dieu des sauvages habitants du Delta, Typhon ou Nephtis, s'est vu détrôné par le dieu Kneph, et plus tard associé au culte même de ce dieu. Chez les Persans, on peut croire que le génie du mal, Ahriman, est antérieur à Ormuzd; et que même le grand Akérène (analogue au dieu indéterminé Brahm), que les prophètes persans, après la réforme de Zoroastre, ont regardé comme supérieur aux deux divinités antagonistes, n'a été introduit que plus tard, à une époque panthéistique, avant que s'opérât la troisième phase de la religion persane, le dédoublement de l'unité absolue dans la dualité qui fait le fond de la théologie du Zend-Avesta. Ainsi peut-être Jupiter, succédant à l'impitoyable Saturne, dieu-nature qui dévore ses propres enfants, signale en Grèce l'introduction de l'élément idéalistique, dans le culte primitif qui était celui des peuples pélasges. Mais par la suite du temps le principe a été mis en oubli, et les mythes se sont bien souvent altérés et confondus par leur réunion.

Cette manière d'expliquer les divinités anciennes se succédant ou coexistant dans le texte des mêmes cosmogonies, par la transition de l'idée matérialiste à l'idée panthéistique, deux idées qui elles-mêmes se succèdent ou existent dans les sanctuaires, cette explication, dis-je, a peut-être quelque nouveauté, mais il faudrait une science mieux fondée et plus sûre d'elle-même, pour la consacrer et l'établir sur les faits.

Il faut donc le reconnaître, l'existence du panthéisme qui domine chez les peuples antiques au second degré de leur civilisation, est donc le privilége, il est la propriété des sanctuaires; je dirai plus, c'est lui qui a ouvert les sanctuaires, en a fait sortir l'idole barbare du milieu de ses forêts, son premier asile. Plus tard, comme il arriva chez les Grecs, la religion se sécularise; elle devient populaire, et se dénature, altérée par les poëtes et par les libres penseurs. Alors le sens profond du panthéisme se perd, le matérialisme réagit; il règne encore dans la religion, mais avec beaucoup moins de grandeur et de sombre domination que dans son époque première. Telle fut, après leur âge héroïque, la religion des Grecs. Quoi qu'il en soit, le panthéisme alors ne périt pas; exilé du temple, il se réfugie dans les écoles et se crée une nouvelle voie dans les mystères et les initiations. Ainsi nous verrons qu'il joua le principal rôle dans les cérémonies et les initiations d'Eleusis. Ces doctrines obscures, qui servent d'ailleurs à établir la puissance et le crédit des prêtres, constituent cette science ésotérique par laquelle se perpétue de siècle en siècle ce qu'il y a d'idéal et d'inaccessible au vulgaire dans le problème cosmogonique interprété par l'idéalisme sacerdotal.

Mais il vient surtout un moment où la philosophie, échappée des sanctuaires, commence à vivre de sa vie propre; immédiatement elle recueille la conception panthéistique, qu'elle dégage des formes légendaires ou mythiques dont les religions l'avaient enveloppée. Cette pensée devient alors un système régulier soutenu par des métaphysiciens, non plus seulement par la voie de la contemplation et de l'extase, mais bien avec les armes de la dialectique la plus acérée, souvent même avec le sophisme et tout l'excès du raisonnement, comme on ne tarda pas à le voir en Grèce dans les obscures spéculations de l'école d'Elée, ou chez les Indiens dans l'école idéale de Patandjali. Alors enfin apparaissent les Zénons d'Elée, niant avec une grande force de logique l'existence et la possibilité du mouvement, attendu que toutes les individualités visibles sont des apparences, qu'il n'y a qu'une nature abstraite, idéale, indivisible, et que, puisque tout est un, il est impossible que le mouvement, qui suppose nécessairement la diversité et le vide, puisse avoir lieu dans le plein et dans l'unité.

C'est pourquoi cette doctrine du panthéisme, ou, si l'on veut s'exprimer autrement, du spiritualisme universel, règne et tient ses écoles à toutes les périodes de la philosophie. On la trouve aux temps modernes comme au moyen-âge et dans l'antiquité. Et, de même que dans sa phase religieuse, le spiritualisme exalté n'était survenu qu'au temps où l'esprit humain avait déjà reçu les symboles du matérialisme, de même aussi, à considérer cette doctrine dans son époque philosophique, c'est toujours postérieurement au sensualisme qu'elle apparaît et qu'elle se développe; c'est aux époques où l'esprit philosophique est le plus avancé, et quand déjà se manifeste, à l'égard de la doctrine opposée, une réaction qui, suivant la marche des choses humaines, pousse toujours à l'extrême et franchit constamment les bornes légitimes de la raison.

Mais vous devez observer que le spiritualisme, ainsi considéré dans son point de vue ontologique, ne se sépare pas, on peut le croire du moins, de la doctrine bien connue sous le nom de mysticisme ; et nous n'admettons point la division bien connue et encore récente qui tire une ligne de séparation entre le spiritualisme de Parménide et de Platon, et l'école mystique, perpétuée aussi à travers les siècles, des Plotin, des Marsile et des Jacob Bœhme. Ainsi considéré, le mysticisme, tel qu'il règne surtout chez les Indiens, où il abolit toute personnalité, toute liberté de l'homme, n'est que la formule extrême du spiritualisme et de cette émanation dont nous a parlé F. Schlegel.

Ainsi, et pour ne parler que de l'époque contemporaine, quand la philosophie des sens en France et en Angleterre eut parcouru son cercle intégral, il se manifesta, en Allemagne surtout, une opposition à cette stérile et fausse philosophie ; mais cette opposition elle-même ne tarda pas à se convertir en idéalisme exalté et à revêtir diverses transformations, comme cela s'est passé dans ce pays depuis Kant. L'idéalisme a fini par se reposer dans le panthéisme, et depuis trente années l'Allemagne en est encore à ce point de vue suprême de toute spéculation. Chose surprenante, en effet, et bien digne d'être considérée, que cette perpétuelle variation de l'esprit humain, dans laquelle se retrouvent toujours, comme deux points culminants, la double doctrine de la double et éternelle vérité ! C'est qu'en effet, pour peu que l'on ait accoutumé son esprit à réfléchir sur les ténèbres profondes de l'ontologie, il est difficile de se tenir contre l'entraînement de l'unité; et, soit que l'esprit ait été préoccupé du principe matériel ou du principe spirituel, il arrive que la difficulté de les concilier fait resserrer de plus en plus l'union fatale, impossible, et qu'il faudrait briser. Mais l'histoire de l'esprit humain atteste dans quelle chaîne d'erreur on est tombé, sitôt que l'on a cédé à ce funeste entraînement.

Cependant toutes les spéculations philosophiques de la haute antiquité n'ont pas eu le même résultat, du moins ne se sont pas reposées dans cette unité absolue; il y a eu des sanctuaires, il y a eu des écoles qui ont scindé en deux parties, soit égales, soit inégales, l'unité primitive, absolue, et qui se sont arrêtées dans la philosophie dualiste, qui est celle que nous allons considérer.

III.

DUALISME ABSOLU.

La philosophie des deux principes se retrouve d'une manière plus ou moins explicite dans tous les sanctuaires, on peut dire aussi dans toutes les écoles de l'antiquité. Parmi ces mêmes religions de l'antiquité orientale dans lesquelles le principe unitaire se montre avec tant de souveraineté, il nous sera facile de trouver associée la conception d'une philosophie qui reconnaît les deux éléments coexistants chacun avec leur caractère propre, indépendant, et n'ayant point de subordination l'un sur l'autre. Nous avons seulement à chercher ici la raison psychologique qui a fait éclore ce système au sein des philosophies panthéistiques et unitaires, qui a fait briser en deux parties cette unité absolue que nous avons trouvée sous son double aspect au berceau de toutes les philosophies.

Quand l'esprit humain, par le ressort violent de sa pensée, a pu se représenter l'idée d'une substance universelle, qui est le monde ou qui est l'esprit; quand, dès le premier élan de cette pensée, il est arrivé à la conception exclusive de l'unité de substance, il reste toujours à résoudre une immense difficulté, à savoir la conciliation, non-seulement du fini et de l'infini, non-seulement de l'esprit et de la matière, mais surtout de la grande lutte, de la lutte éternelle qui existe dans l'univers sous le nom de bien et de mal. C'est par la difficulté de résoudre ce problème du mal coexistant avec le bien, que les hommes des premiers temps sont sortis du panthéisme ou de la conception de l'unité absolue pour entrer dans celle de la dualité.

De même que nous nous sommes attaché à marquer la transition du naturalisme au panthéisme, de même nous dirons comment l'esprit humain a passé du second de ces deux points de vue au troisième, qui est le dualisme universel. C'est l'éducation du monde primitif que nous essayons de tracer, et le passage au dualisme est le troisième degré de cette éducation. Il se fit un progrès dans la pensée humaine, quand l'esprit, impatient de cette unité terrible qui absorbe tous les éléments les plus divers, aborda le problème dans sa redoutable profondeur. Je voudrais donc établir ici en peu de lignes qu'en effet le dualisme absolu a dû exister comme principe dans toutes les philosophies, parce que dans la réalité il est essentiel à la pensée humaine qu'il occupe une grande part dans cette pensée, et parce qu'il repose sur un problème qui a dû se présenter à l'esprit humain sitôt que les pressentiments ontologiques ont suscité l'éveil de l'intelligence. C'est ce que nous allons essayer de rendre clair.

L'idée dominante du système persan, c'est la distinction du principe bon et du principe mauvais; celui-ci n'est autre chose que les ténèbres opposées à la lumière, le chaos sans bornes que nous trouvons en tête de toutes les cosmogonies, enfin la matière inerte et résistante, dans son opposition à l'esprit vivant et agissant. Or cette question de l'origine du mal, qui avait si vivement préoccupé les premiers sages de la Perse, était bien vraiment une question redoutable, à laquelle ces mêmes sages assignèrent par le dualisme une solution également terrible, mais du moins franche, explicite, et que la logique primitive de l'esprit humain, dénué qu'il était de force intérieure et de secours étranger, ne pouvait s'empêcher de reconnaître.

En effet, si le mal n'a pas une existence réelle, distincte de celle de Dieu, il est donc émané de lui ; c'est l'excès dans lequel tombe le panthéisme, excès tellement choquant, que les premiers mages échappèrent au panthéisme, ne voulant pas admettre que le mal fût émané de Dieu, source ineffable de la justice et de la vérité. Telle est la cause du dualisme. Comme il y avait eu déjà deux phases de la pensée, que l'esprit avait passé tour à tour de la matière à la spiritualité, tout l'effet du dualisme absolu porte sur la distinction réelle de ces deux principes et sur leur éternelle séparation. Schlegel n'a pas vu que la doctrine de l'émanation n'est autre qu'un point de vue du panthéisme, et que c'est pour éviter le blasphème de faire venir le mal d'une source divine, que le dualisme était éclos, avec son cercle immense de contradictions, mais portant du moins en lui-même un principe de juste opposition à l'ontologie unitaire des époques antérieures.

Ainsi on ne peut s'empêcher d'admirer ce génie humain qui, dans son impuissance de trouver l'équilibre qu'il poursuit, est cependant si fort dès son premier berceau d'intelligence, qu'il ose sonder et pénétrer les problèmes les plus ténébreux de l'infini. Comme Hercule, cet enfant étreint aussi lui les serpents de la pensée qui l'étreignent; mais, tandis qu'il les comprime de ses mains déjà vigoureuses, et qu'il les tient en respect devant lui, il ne voit pas que les cruels reptiles s'allongent, le dépassent de leur tête sifflante, et l'enveloppent par-derrière de leurs nœuds inévitables, dont il ne pourra sortir que bien tard et fortifié par un secours divin.

L'éducation du genre humain, passant du panthéisme au dualisme, était sans doute bien lente, imparfaite et grossière. Que servait-il de s'être posé le problème du bien et du mal, d'avoir entrevu la lutte et reconnu la diversité des éléments, si on ne s'élevait pas à la conception de l'Etre suprême, dont le génie du mal n'était qu'une créature déchue? Voyez en effet combien elle est cruelle cette doctrine du dualisme absolu, absurde en soi comme système cosmogonique; car, si on admet deux principes, ils doivent être absolus, infinis; or comment tous les deux seront-ils infinis? et pour l'homme, combien n'est pas terrible cette indépendance mutuelle de l'un et de l'autre principe? Malheureuse victime du mal, l'homme, que le bien ne saurait soutenir, puisque la lutte du bien contre le mal est perpétuellement incertaine, l'homme est le plus misérable des êtres; il en est du moins le plus inexplicable, lui, cet abrégé du monde qui porte en son sein une dualité spéciale, dont le dualisme ontologique ne saurait lui révéler le mystère.

De plus, j'ai lieu de croire que, dans tout l'Orient, et dans la Grèce avant Anaxagore, le dualisme n'était encore qu'une scission, un dédoublement de l'élément matériel, par exemple, l'air opposé à l'éther, ainsi que je le montrerai dans mes cosmogonies, pour ce qui regarde l'école grecque, surtout au sujet du pythagorisme qui n'est que l'empreinte du dualisme persan.

Il est certain que si l'on opère le dépouillement des mythes de toutes les religions antiques, on trouvera dans chacune une part bien manifeste pour le dualisme. Partout vous voyez la double personnification du dieu du bien, protecteur et conservateur de l'humanité, et en même temps la conception d'un dieu ou d'un génie du mal, en qui sont personnifiés tous les maux, toutes les adversités qui assiégent l'homme et qui sont répandus à travers tous les pores du monde matériel. Et d'abord, quant à la doctrine et à l'histoire des Indiens, on ne saurait pas en douter.

En établissant, dans le paragraphe 2, que les deux doctrines absolues des premiers temps se trouvaient clairement déterminées par la succession de la religion de Brahma à celle de Sivah, je faisais voir par là même l'intervention du dualisme dans la religion des Indiens. En effet, le culte de Brahma ne fut point postérieur à celui de Sivah, il ne fut point purement successif, il en est resté le contemporain. Les deux principes ont fait alliance, et les deux divinités se sont partagé l'adoration dans la religion des Hindous. Dans l'origine, le dualisme commence donc à poindre sitôt que la doctrine de l'idéal se lève pour s'opposer à la matière. Plus tard, l'esprit sacerdotal intervient encore, adoucit la conception de l'antagonisme éternel, en purifiant les deux éléments opposés, et les soumettant l'un et l'autre à la domination suprême de Brahm.

C'est une chose surprenante, et qui montre bien quels efforts successifs ont dû être faits dans ces temps reculés pour concilier les éléments opposés, que de considérer les mythologies anciennes, particulièrement celles de la Grèce et de l'Inde, qui d'ailleurs ont des traits généraux d'une ressemblance frappante. Pour ne parler que de l'Inde, voyez les Devatas, divinités matérielles, subsistant encore dans une région inférieure à celle des dieux suprêmes ; Indra, Couvera, Kammada, dieux des richesses, de l'atmosphère, des voluptés ; divinités malicieuses ayant les vices et les passions des hommes, comme on a vu Indra dans le fragment du Mahabarat que nous avons rapporté d'après Schlegel : ces Devatas représentent les dieux du matérialisme; ils sont assez pareils à ces dieux ayant la forme humaine, que reconnaissait l'épicurisme grec dans son obscure et misérable théologie. Toujours donc, dans le polythéisme de l'antiquité, de l'Inde en particulier, vous retrouvez les deux éléments ; d'abord il y a une lutte violente, puis, par le travail des prêtres, auteurs des légendes sacrées, les deux éléments se montrent associés dans une conception pacifique, sous laquelle on démêle avec facilité, je le répète, la double unité de laquelle s'était formé le dualisme absolu.

L'introduction du dualisme est très-sensible dans la cosmogonie de Manou ; on y reconnaît d'une manière assez distincte, bien qu'enveloppée dans les obscurités du texte, les trois doctrines si diverses que je viens de présenter. C'est qu'en effet, la cosmogonie de Manou suppose un développement très-avancé de la pensée cosmogonique chez les anciens, alors que les trois phases de la pensée font effort pour se concilier dans le champ d'alliance des cosmogonies, mystérieux confluent où se rencontrent trois idées génératrices, comme trois sources différentes arivent au même point de trois diverses directions.

Mais c'est surtout dans la Perse, du moins avant Zoroastre, ainsi que dans les derniers temps de l'empire romain, sous les Arsacides, que l'on trouve la doctrine des deux principes régnante et portée au point extrême de la spéculation. Ormuzd et Arihman, ces deux fameuses personnifications, étaient deux puissances égales et rivales; et qui devaient être indépendantes jusqu'à la fin, comme elles l'avaient été depuis le commencement des siècles. Après la réforme de Zoroastre, cette pensée excessive devint un dualisme mitigé : les deux principes étaient subordonnés à un dieu absolu, analogue à l'Egyptien Kneph, à l'Indien Brahm ; et la victoire définitive de la lumière sur les ténèbres, dans un temps plus ou moins long, était regardée comme un article de foi. Mais, comme je l'ai dit, à considérer la religion des Perses, soit dans son berceau, soit dans ses derniers temps, soit même à sa meilleure époque, dans la foule ignorante des adorateurs du feu, c'était toujours la grossière conception d'une double puissance éternelle, infinie, conception absurde, et que plus tard Manès, célèbre hérésiarque du IIe siècle, érigea en une doctrine demi-chrétienne, demi-païenne, également désavouée par l'Église et par la raison.

Je démontrerai tout ceci ailleurs, c'est-à-dire l'existence, avant et après Zoroastre, du dualisme absolu, qui aurait été modifié profondément par ce philosophe. Mais il importe que l'on ne s'exagère pas la réforme de Zoroastre lui-même, et c'est un point sur lequel je crois devoir m'arrêter quelques instants. F. Schlegel, dans son chapitre d'ailleurs très-intéressant sur le dualisme, exalte peut-être un peu outre mesure la doctrine persane, telle qu'elle fut améliorée sous Zoroastre ; je ne puis donner ici que de bien rapides aperçus, mais nous pouvons voir les différences profondes qui séparent dans leur principe la doctrine de Zoroastre d'avec celle du christianisme.

Il ne faudrait pas croire que la doctrine persane, même réformée, fût au fond différente du dualisme des autres nations. Nous avons reconnu qu'il existe trois phases dans les religions de l'antiquité ; que chacun de ces points de vue y tient concurremment sa place, au moyen d'importations successives. Ainsi partout nous trouvons, comme couche primordiale, le naturalisme, puis, avec des alternatives plus ou moins prononcées, tour à tour le panthéisme et le dualisme absolu. Mais, en Perse comme ailleurs, le matérialisme régna en premier lieu ; il en sortit, et, tandis que dans la religion indienne, qui avait sans doute la même origine que celle des Perses, comme on peut le conjecturer, entre autres raisons, par l'affinité du langage, le panthéisme prévalut, ce fut le dualisme qui s'établit plus fortement dans la Perse, favorisé par quelques circonstances imprévues. Mais, quelle que soit la subordination d'Ahriman et d'Ormuzd au Dieu suprême, ni l'un ni l'autre n'en sont les créatures : Ormuzd est l'émanation de Dieu, Ahriman est le principe mauvais existant par lui-même; il est la matière, il est le monde; je le répète, il n'est pas la créature de Dieu; ainsi, malgré l'adoucissement de ses formules antiques, le dualisme absolu existait au cœur de la philosophie des mages.

La doctrine chrétienne seule produit une explication claire, ni dualiste ni panthéiste, dans la révolte de l'ange né parfait, mais libre, puis corrompu et devenu le génie du mal et de la perdition, soumis à Dieu toujours, et ne luttant que sous sa volonté, parce qu'il est l'instrument de l'épreuve et de la purification des mortels. Les Persans, voulant expliquer l'existence du mal, ont été conduits à la fiction symbolique de la lumière et des ténèbres; or, dans toutes les cosmogonies, vous voyez les ténèbres régner avant la lumière. De là est venue la conception d'un principe du mal égal à celui du bien; puis, ce qui devait arriver à ces esprits peu familiers avec les abstractions métaphysiques, la matière elle-même fut le mal; or le principe de l'éternité de la matière, universel dans l'antiquité, se retrouve encore là pour éterniser la lutte et l'égalité des deux principes : donc encore une fois la doctrine des mages est soumise au dualisme absolu.

Cependant on ne peut nier que, sous le point de vue de la morale surtout, la doctrine des anciens Persans ne se soit rapprochée de l'orthodoxie plus qu'aucune autre religion, et c'est là ce que Schlegel a très-justement observé.

Il y a en effet dans cette doctrine un admirable essor de spiritualité : elle est fondée sur l'éternel antagonisme de la matière et de l'esprit; le feu est son symbole le plus vénéré, parce qu'il est le symbole le plus vivant de la lumière céleste, en lutte éternelle contre les ténèbres, contre l'erreur et le mal. Et remarquez combien ce système diffère, heureusement pour la morale, du principe panthéistique : tandis que ce dernier anéantit nécessairement la distinction du bien et du mal, du bon et du mauvais principe, et, détruisant par le mysticisme la valeur justificative des œuvres, ne donne aucun précepte moral, excepté celui de se résoudre dans l'unité, d'aspirer à l'indifférence, de revenir à cet océan de la lumière infinie d'où l'âme est descendue, le système des deux principes, reconnaissant que la matière est en lutte permanente avec l'esprit, qu'Ormuzd doit vaincre Ahriman, recommande l'action, les œuvres qui sont la perfection, le salut et la vie de l'humanité.

Ce fut là la vraie révolution introduite dans le culte des Perses par Zoroastre; elle fut surtout une réforme de morale et de piété. La lutte du principe du mal contre celui du bien se montre partout dans la religion persane, au temps des Achéménides. Voyez-la parmi les bas-reliefs de Persépolis, dans la grande procession hiérarchique représentée sur la rampe du vaste escalier du temple ou du palais des rois. « Le groupe répété le plus souvent est bien caractéristique; ce sont, dit M. Raoul Rochette dans ses intéressantes leçons sur les antiquités persépolitaines, deux systèmes d'animaux de très-haut relief et d'une dimension colossale, figurés dans l'action d'un combat. L'un, sous la forme d'un taureau, d'un cheval, d'un âne sauvage, d'un unicorne, est toujours terrassé; l'autre, toujours assaillant et vainqueur, est un lion; et c'est l'emblème du triomphe passager du mal sur le bien, dans le règne temporaire d'Ahriman sur la terre. »

Cependant, il faut aussi le reconnaître, cette doctrine morale des Perses était fondée sur des formules excessives qui la placent bien au-dessous de la parfaite simplicité de la morale chrétienne. Les Perses admettaient dans le corps du même homme deux âmes distinctes, celle d'Ahriman et celle d'Ormuzd; on peut le voir dans la Cyropédie. On voit aussi quelque chose d'analogue dans ce passage des oracles chaldéïques, recueil regardé assez généralement comme la fidèle doctrine de Zoroastre : « Hâtez-vous de vous acheminer vers la splendeur du père, de qui vous avez reçu une âme pénétrée d'une lumière divine; car il a placé l'intelligence dans cette âme, et les a renfermées l'une et l'autre dans le corps. » Tout ce dualisme, comme on le voit, est bien confus; nous ne nous chargerions pas de l'expliquer, pas plus que les deux âmes de Platon, dont on voit ici l'origine. Nous ne chercherons pas comment la personnalité, la liberté, et par suite la moralité elle-même, peuvent trouver place, quand il y a deux personnes réelles en lutte intestine et permanente, dans le même être humain. Je comprends, dans une saine philosophie, deux motifs opposés qui se combattent dans le moi, et entre lesquels celui-ci, longtemps flottant, se décide enfin; mais deux âmes qui coexistent et qui se combattent, il n'y a là rien qui puisse se comprendre, il n'y a rien pour la moralité, pas plus que pour la raison.

Par tout ce qui précède, j'ai seulement voulu

montrer que la conception dualiste est une conception organique, primitive dans la pensée humaine; qu'il ne faut pas être surpris de lui voir tenir son rang au berceau même de la philosophie, et que, malgré les efforts de Zoroastre, cette doctrine funeste n'a jamais abandonné ni la doctrine des mages, ni aucune des cosmogonies de l'antiquité.

Que dis-je? à toutes les époques le dualisme a régné, toujours il a eu ses sanctuaires et ses écoles; maintenant, même au temps où nous parlons, ne croyez pas que le dualisme ait cessé d'exister; il se cache, il est vrai, mais il règne dans les ténébreux mystères qui se sont transmis de siècle en siècle jusqu'aux générations les plus récentes. Cette déification du mal, en opposition au génie du bien, se dresse, à n'en pouvoir douter, dans beaucoup de sociétés secrètes, de celles du moins dont le but était demeuré plutôt religieux que politique. Pour peu que l'on ait étudié les sectes gnostiques qui, durant trois siècles, désolèrent l'Eglise et firent outrage à la raison humaine, il est impossible de n'être pas convaincu qu'un dualisme absolu était le principe dominant de ces sectes extravagantes. Or, un fait encore plus indubitable, qui d'ailleurs a été mis en évidence par les travaux de M. de Hammer, c'est la filiation par laquelle on peut descendre des écoles gnostiques, et particulièrement des mythes manichéens, jusqu'aux templiers et autres sociétés mystérieuses, qui n'ont pas disparu même dans nos temps de manifestation de toute vérité.

Une chose encore qu'il est nécessaire de remarquer, c'est que le dualisme pénètre d'une manière plus ou moins explicite la philosophie antique, celle des Grecs en son meilleur temps. Sans doute, nous ne trouvons pas dans Platon et dans les plus célèbres philosophes de l'antiquité l'austérité effrayante du dogme primitif, l'annihilation de l'homme, être éphémère, incertain de son origine, perdu entre les deux infinis qu'il nomme et dont il ignore la puissance; mais prenez garde que toute la philosophie grecque nie la création; nulle part, dans aucune relation cosmogonique émanée des traditions premières et recueillie par les prêtres dans l'Orient, on ne trouve l'idée de la création, de la puissance souveraine, immatérielle, faisant sortir du néant au jour une matière, une substance distincte de lui et susceptible de prendre toutes les formes que lui imprime la volonté créatrice.

Partout, dans toutes les cosmogonies, et sans excepter celle d'Hésiode et plus tard les poétiques et légères fictions d'Ovide, vous trouvez le chaos comme élément primordial contemporain du créateur, le chaos ou l'Érèbe, existant éternellement, avant que le Destin ou Dieu intervienne pour faire jaillir la lumière du sein de ces ténèbres où subsistent et se meuvent tous les éléments opposés, qui, plus tard, deviendront la nature. Les anciens peuples nous parlent d'un Démiurge qu'ils adorent, et qui pourrait correspondre à notre Créateur; mais, en examinant de près l'idée intime cachée sous ce mythe, on est sûr de n'y pas rencontrer la conception pure de l'être absolu évoquant toute chose du néant. Kneph, Bel, Brahm, Zeus, Jupiter, sont, sous divers noms, le Démiurge reconnu par ces diverses nations. Mais Jéhovah seul est créateur, seul il parle au néant, et lui ordonne d'enfanter; tandis que le Dieu suprême chez les nations se borne à tirer de sa propre substance les races des esprits, et à convertir les éléments confus, discordants, éternels, qui forment le chaos, en cette nature universelle dont nous admirons l'harmonie. Dans la cosmogonie de Manou il est question d'une création par la puissance de Brahm, de l'Éternel; mais j'ai montré tout à l'heure que c'était par voie d'émanation et de création; j'ai réduit le système exposé dans ce préambule du code des Indiens à n'être rien de plus que l'idéalisme et le panthéisme absolu; or, il ne saurait y avoir création dans le panthéisme.

La non-création dans les systèmes grecs est

bien établie pour les écoles antérieures à Socrate ; Cicéron, ce platonicien si bien versé dans toutes les philosophies de l'ancienne Grèce, le dit clairement dans son traité de la Nature des dieux : *Esse aliquod quod ex nihilo oriatur, aut in nihilum subitò occidat, quis hoc physicus unquam dixit?* Que dire de Platon et d'Aristote ? ni l'un ni l'autre n'admettent la création. Pour tous les philosophes grecs, il y a une matière primitive, ὕλη πρώτη qui n'a point été créée. Sans doute dans Platon la matière n'est pas rebelle ; les astres qui gravitent dans les cieux ne s'écartent point de l'orbite qui leur est tracé ; même, c'est à sa voix que les corps se sont précipités dans l'espace ; mais ce n'est point à sa voix que la nature, qu'aucun atome de la nature a commencé d'exister.

Mais dans la philosophie grecque, surtout après Platon, le principe dualiste dont la formule *ex nihilo nihil* est admise d'une manière incontestée, ce principe demeure comme une racine vive mais sans fruits, comme un dogme isolé, sans conséquence, dont on n'a pas vu les résultats funestes pour l'unité et pour l'existence de Dieu.

IV.

DUALISME CONDITIONNEL.

C'est là le système de l'orthodoxie, non-seulement révélée, mais philosophique ; car nous ne pouvons douter de la vérité de ce triple argument : 1° si le monde matériel est tout, donc Dieu n'est pas ; 2° si l'esprit est tout, donc le monde n'est pas, et Dieu n'est qu'une immense abstraction ; 3° si Dieu a seulement ordonné le monde, et si les principes élémentaires qui constituent la matière sont éternels, coexistants avec Dieu, donc la puissance de Dieu n'est plus infinie ; donc son unité est détruite, et c'est comme si l'on disait qu'il n'existe pas. C'est pourquoi, cette triple difficulté bien comprise amène pour résultat la doctrine orthodoxe : Dieu est, le monde a été non-seulement formé mais créé ; donc il y a deux termes, l'un absolu, Dieu ; l'autre conditionnel, le monde éclos à la parole de Dieu, mais non pas sorti de l'essence de Dieu, selon la doctrine de l'émanation.

C'est en effet le seul point de vue que l'on puisse soutenir sans tomber dans la plus profonde aberration, sans se voir conduit à nier toute la réalité des existences. Même à part de l'autorité des livres saints, on ne saurait se maintenir sur une base ontologique de quelque solidité si l'on n'admet pour principe un Dieu créateur, infini, subsistant seul par lui-même et créant la nature matérielle, la faisant sortir de rien, et lui communiquant une vie entièrement distincte du créateur, sans pourtant limiter son infini. C'est là un problème sur lequel les lumières nous manquent; mais qu'importe ? Quelles que soient les ténèbres ontologiques qui couvrent le grand mystère de l'origine des choses, toujours est-il que quand même nous n'aurions pas le témoignage, unique dans l'histoire, de la révélation mosaïque, il faudrait toujours en venir au système du livre sacré qui reconnaît à la fois l'unité et la dualité : l'unité dans la substance infinie, éternelle, solitaire; la dualité dans la coexistence non éternelle de la matière distincte de Dieu et créée par lui.

Cela vient du grand principe que le christianisme inscrit comme le premier article de son symbole, que confirment les pressentiments de l'histoire et les inductions de la philosophie. A étudier les doctrines primitives, soit dans les sanctuaires du haut Orient, soit dans les anciennes écoles de la Grèce, nous trouvons, à n'en pouvoir douter, les traces de la chute de l'homme et de la ruine de son intelligence, lorsqu'après la confusion de Babel, point de départ de tout, il fut précipité, par un instinct inconnu, à travers les solitudes de l'univers, afin de renaître lentement à la lumière de l'intelligence et de la vérité. Ce monarque découronné qui avait été le maître du monde, et non-seulement de ce monde matériel, mais à qui Dieu avait versé tous les trésors du monde intelligible, il a perdu son héritage le jour qu'il est tombé. C'est pourquoi il faut reprendre le berceau de toute histoire humaine à l'état sauvage, un peu au-dessus de la brute, dans le fond des forêts.

Il me semble que beaucoup d'écrivains religieux, tout en revendiquant pour l'homme les priviléges d'une civilisation primitive, et s'écartant avec juste raison de l'opinion de J.-J. Rousseau sur l'origine de l'homme par l'état sauvage qui aurait été son premier point de départ, sont tombés dans une confusion contre laquelle il est nécessaire d'être prévenu. Il est très-vrai que l'état sauvage est une déchéance, une dégradation, et que la destinée de l'homme social est de remonter par la culture de lui-même aux dignités de son berceau ; c'est ce qui fait le fondement de la doctrine de la perfectibilité si en vogue de nos jours. Il est vrai cependant, et ce point d'un des philosophes du xviii° siècle n'est point opposé aux lueurs que l'histoire fournit sur son époque la plus reculée, il est vrai que toute histoire procède de l'état sauvage et du temps où l'homme errait dans les déserts de la nature bouleversée par la confusion des langues et la dispersion des peuples. L'homme est tombé, il est tombé deux fois, la première sous la morsure du serpent, la seconde longtemps après le déluge, quand les enfants de Noé, sortis de Sennaar, se furent dispersés par toute la terre inhabitée, au souffle du dieu de Babel. Alors il a fui, il a été troublé, il a couvert le monde de peuplades dispersées; il a été ramené au berceau de nature, riche seulement de quelques débris épars de traditions et d'une raison chancelante, dépossédée de la vérité; et il a fallu qu'il recomposât lentement, pièce à pièce, l'édifice de sa connaissance primitive. Voilà comment il convient de prendre l'humanité à sa première sortie des forêts, et aux retraites des troglodytes, si l'on veut la voir s'élever, grandir et monter de degré en degré toute l'échelle de la civilisation.

C'est pourquoi, tandis qu'avec tant d'efforts des peuplades isolées sur les bords de l'Euphrate ou du Tigre, sur les rivages du Nil ou aux pieds de l'Hymalaya, sortaient ainsi de l'état sauvage pour préluder à la vie civilisée, combien d'efforts encore plus douloureux, quelle lutte intérieure et cruelle ne leur fallait-il pas accomplir, afin d'arriver à la pleine possession de la vie religieuse dont la lueur première était éteinte, pareille au flambeau qui recèle dans son sein une flamme qui n'a plus la force de se produire au dehors! Voilà pourquoi des lueurs brillantes, mais encore environnées de ténèbres, apparaissent comme des sillons dans la nuit profonde; et pourquoi, durant tant de siècles, l'esprit humain, toujours avide de pénétrer l'impénétrable, toujours flottant entre le vrai et le faux, ne fit le plus souvent que changer d'erreur, se rejetant d'une extrémité à l'autre, balancé entre un double abîme, incapable d'appuyer le pied dans le sentier étroit et sûr qui l'aurait mené à son but infaillible. Ainsi nous trouvons le génie de l'humanité aspirant à renaître, passant tour à tour des deux éléments de l'unité à l'adoption du dualisme absolu, et même, tant est grande l'incohérence de l'esprit, associant ensemble ces trois doctrines si opposées, comme cela se fait remarquer avec évidence, si on parcourt le texte de leurs informes cosmogonies.

Cette dernière considération est celle qui frappe le plus lorsque l'on étudie les plus anciens monuments de l'antiquité religieuse; et c'est le grand travail de ceux qui veulent les interpréter, de reconnaître ces divers éléments. Par exemple, dans la cosmogonie de l'Inde, nous avons vu exprimés le double panthéisme ainsi que le dualisme absolu, avec une tendance très-élevée, mais imparfaite, vers l'orthodoxie, c'est-à-dire vers la conception d'un Dieu distinct du monde et supérieur au monde, d'un Dieu puissant et intelligent, père de la vérité, du juste et de la vertu. Ce tableau des variations, des efforts, des chutes et des élans sublimes de la philosophie primordiale, est très-instructif; il montre la vertu de la raison, mais aussi il décèle sa faiblesse, lorsque, sans autre appui qu'elle-même, elle s'élève, incertaine et vacillante, à la contemplation des problèmes qui regardent l'infini.

Et enfin, ce point de vue de l'éducation du monde primitif reçoit une grande clarté quand on reconnaît l'incohérence des cosmogonies. Voyez, en effet, malgré l'impuissance où sont les peuples antiques de parvenir par eux seuls à une doctrine certaine, établie sur une base solide, il y a toujours la part de l'orthodoxie dans les plus incohérentes traditions. La nature humaine est née intelligente et religieuse; il faut qu'à toutes ses époques elle respire de ce côté, du côté du ciel, malgré les nuages qui pour elle l'obscurcissent. La vie a des douleurs, il faut qu'elles soient consolées; elle a des terreurs, il faut qu'elles soient rassurées par la puissance inconnue qui soutient; elle a des faiblesses, des fautes, des chutes perpétuelles, il faut qu'elles soient expiées; il faut au genre humain un être suprême et une vie à venir. Sans ces deux trésors infinis, la nature humaine meurt incapable de respirer, de vivre; c'est pourquoi ces deux vérités primordiales se décèlent dans les ténèbres mythiques de toutes les cosmogonies. Tandis que le Dieu enseigné par le prêtre et transmis dans les sanctuaires, c'est la force cruelle et sans intelligence qui écrase l'homme, ou bien c'est l'esprit idéal et infini, dont la nature humaine est une ombre intelligente et passive; ce même prêtre, comme vous le verrez dans tous les livres de morale anciens, prêche les vertus, la récompense et l'avenir; souvent des expressions merveilleusement orthodoxes jaillissent comme une lueur soudaine du sein des ténèbres, pour attester que toute civilisation descend des sanctuaires, et que jamais la vérité ne disparaît tout entière de la terre, tant qu'il y existe un malheureux qui a besoin d'espérer, un cœur d'homme qui a besoin de croire, d'aimer et d'adorer.

Ce point de vue explique comment, auprès des systèmes les plus opposés à la raison et à la vérité, il se trouve, par une autre contradiction, cette fois plus honorable pour l'esprit humain, des vérités morales et religieuses qui décèlent une frappante affinité avec l'orthodoxie de la raison et de la religion. Ainsi, à côté des Védas, ce sont les Pouranas; à côté de l'obscure cosmogonie du Boundehesh, c'est la morale si pure et presque parfaite du Vendedad-Sadé.

Cependant il y avait un peuple qui seul avait conservé le dépôt des traditions premières, à l'aide d'une révélation qui n'appartenait qu'à lui. Si beaucoup de preuves n'attestaient l'authenticité de la mission de Moïse, je n'en voudrais pas d'autres que la conclusion de tout ce que je viens d'établir. Tandis que le monde entier était perdu dans les plus absurdes spéculations, qui expliquera autrement que par une cause surnaturelle d'où était venue au peuple hébreu, à ces fugitifs de la terre d'Egypte, d'où leur était venue cette sagesse mystérieuse qui les avait fait échapper à la triple erreur que nous venons d'exposer, à l'aide de deux mots inscrits au début de leur livre saint?

Voilà en effet ce que dit Moïse, le prophète de Dieu : AU COMMENCEMENT DIEU CRÉA LE CIEL ET LA TERRE. Tout est là : voilà bien l'orthodoxie. Considérez ces trois mots, et l'ordre dans lequel ils sont placés : *Deus*, premier énoncé de la cosmogonie; *creavit*, second énoncé : la force de Dieu se produit, il crée, et tire du néant; *cœlum et terram*, troisième énoncé : il y a un Dieu, il a créé quelque

TABLE ANALYTIQUE

DES MATIÈRES.

———

Pag.

Préface du traducteur. Analyse du livre de Schlegel, divisée en quatre points. 1° Langue des Indiens : Importance de l'étude des langues pour arriver à des résultats ethnographiques sur les affinités des peuples. Travaux sur cette matière, depuis le *Mithridates* d'Adelung. Erreurs des premiers linguistes ; ils poursuivaient la chimère d'une langue primitive, soit l'hébreu, soit le basque ou le breton. Grammairiens du xviii° siècle, Desbrosses, Court de Gébelin, Bauzée, Harris. Renouvellement de la science des langues au xix° siècle, langue indienne, hiéroglyphes. Le livre de Schlegel expose bien l'état de la science de son temps, avec le penchant à tout faire provenir de l'Inde. Deux points de vue pour établir l'affinité de certains idiomes entre eux : l'analogie des mots et celle des grammaires; famille indo-germanique. Méthode de Linné appliquée à l'étude des langues. — Système de M. de Mérian ; il poursuit l'affinité de toutes les langues, sans s'inquiéter des grammaires. Schlegel s'est placé sous le point de vue de l'affinité des familles plutôt que sous celui de la parenté universelle des langues. 1

2° *Philosophie des Indiens.* Cette partie du livre de Schlegel a été l'objet qui a fait publier ce livre. Schlegel se trompe en distinguant le système de l'émanation d'avec celui du panthéisme. Autre erreur : il place l'idéalisme, au lieu du matérialisme, au berceau de la philosophie ; la première époque a été matérialiste. Schlegel caractérise fort bien le matérialisme oriental et son influence sur l'art primitif. Il explique également le dualisme persan, mais il ne fait pas assez la part au dualisme absolu. Son chapitre sur le panthéisme est bien traité ; en général, il éveille les difficultés sans les résoudre ; la philosophie des Indiens a été explorée depuis lui.. xx

3° *Objet du 3° livre.* Sous le titre d'idées historiques, il s'attache à montrer quelle influence les migrations indiennes ont pu avoir sur la population de diverses contrées de l'ancien monde, et comment ces migrations ont pu s'opérer. Ici il faut revenir à la linguistique ; objets à découvrir sur cette matière ; question égyptienne ; opinion de Malte-Brun sur la langue albanaise et sur les Pélasges. Elément celtique en Italie. Les Étrusques ; les langues basque, bretonne, idiomes de l'Écosse et de l'Irlande ; travaux de M. Cardin. Il faut se garder du point de vue exclusif qui a égaré les devanciers. Influence de la philosophie de l'Orient sur celle de la Grèce, caractérisée par Schlegel; ce que l'on peut recueillir de ses inductions. 4° Détails sur les divers morceaux de poésie traduits par Schlegel; les indianistes sacrifient trop peu à la poésie. Travaux de W. Jones, Wilkins, Wilson, M. Langlois, M. Bopp, M. Wilhem Schlegel. Observations du traducteur sur son travail et sur les secours qu'il a rencontrés. Remarque sur l'orthographe des noms indiens. Un mot sur l'appendice. xxx-L

Préface de l'auteur. Intérêt que cet ouvrage doit avoir pour l'Allemagne. — Sources où l'auteur a puisé ses documents. — Idée d'une chrestomathie indienne, et impossibilité d'exécuter ce projet. — L'auteur prouvera seulement l'utilité de l'étude de l'indien. — Allemands qui se sont livrés à cette étude d'une manière spéciale. 1

LIVRE Ier.

Sur la langue des Indiens.

Chapitre Ier. *Généralités sur la langue indienne.* Conformité essentielle du *sanskrito* ou *gronthon* avec les langues grecque et romaine, germanique et persane. — Affinité peu considérable avec les langues arménienne, slave et celtique. — Différence de la langue indienne avec les langues hébraïque, cophte et basque. 11

Chap. II. *De l'affinité des racines.* Quelques principes sur l'étymologie des mots. — Exemples de mots indiens propres aussi à l'allemand. — Conformité de structure entre les mots grecs et les mots indiens. — Racines indiennes, nombreuses dans la langue latine, et entièrement mutilées dans le persan. — Mots de langues dérivées qui se rencontrent dans un mot indien. — Pronoms. — Noms de nombre. — Racines dont la signification a subi une déviation légère.   14

Chap. III. *De la structure grammaticale.* Importance de la comparaison des grammaires pour la généalogie des langues. — Grammaire persane comparée à la grammaire indienne; peu de rapports dans les déclinaisons, mais beaucoup plus dans les conjugaisons. — Nécessité d'une étude plus approfondie du persan. — La grammaire allemande ressemble plus aux grammaires grecque et latine qu'à la grammaire indienne. — La régularité de la langue des Indiens est un indice de son ancienneté.   34

Chap. IV. *De deux classes principales de langues d'après leur structure intérieure.* Il y a deux manières d'exprimer les significations accessoires des mots; de là deux sortes de langues, langues à affixes et langues à flexions. — Dans le chinois, les affixes sont des particules tout-à-fait séparées de la racine. — Les affixes se fondent dans les mots, dans les langues basque, cophte et américaine, mais surtout dans l'arabe. — Coup d'œil sur les langues à affixes en général, et en particulier sur les idiomes d'Amérique et d'Asie. — Les langues à affixes diffèrent beaucoup entre elles, tandis que les langues à flexions ont une grande affinité. — Avantage des langues à flexions sur les langues à affixes,

surtout pour la structure. —Imperfection des langues
américaines. 50

Chap. V. *Origine des langues.* Impossibilité d'attribuer
au langage une origine partout la même. —Les onomatopées dominent dans certaines langues et sont
nulles dans l'indien. — Hypothèses sur le développement primitif de l'intelligence humaine, par rapport
à l'origine des langues. — Formation du langage et
du premier système d'écriture. — La langue indienne est la plus ancienne de toutes celles de la
même famille ; ses rapports avec la langue primitive.
— La profondeur et la clarté sont les caractères pri-
mordiaux de la langue indienne. 66

Chap. VI. *De la différence qui existe entre les langues de
la famille indienne et quelques langues intermédiaires
fort importantes.* Règles pour apprécier l'affinité des
langues et leurs mélanges. — Importance de cette
étude pour celle de l'histoire. — Langues intermédiaires entre les langues indienne et persane, d'un
côté ; les langues allemande, grecque et latine, de
l'autre : au premier rang est la langue américaine,
puis la langue slavonne, enfin la langue celtique. —
On trouve encore dans la langue basque un faible rapport avec ces langues. — Coup d'œil sur les travaux
de William Jones. 77

LIVRE II.

Philosophie.

Chapitre Ier. *Observations préliminaires.* Réfutation par l'histoire de l'opinion qui donne la barbarie pour état primitif de l'humanité. — L'objet de ce second livre est l'étude des doctrines religieuses de l'Inde. — Nombreuses différences entre les mythologies des diverses nations. — Impossibilité de les comparer entre elles ; aussi le 2ᵉ livre sera seulement une exposition synthétique de la pensée orientale. — Gradation des systèmes, 93

Chap. II. *Système de la transmigration des âmes et de l'émanation.* Cette doctrine est consignée dans le premier livre des lois de Manou, et mieux encore dans la Mimansa. — Différence essentielle entre le système d'émanation et le panthéisme, surtout quant au problème du bien et du mal. — Poésie du système d'émanation. — Dans toutes les fictions qui se rattachent à ce système, on retrouve une loi de dégradation constante : la connaissance du vrai Dieu en la personne de Brahma, ou l'esprit éternel, et le dogme de l'immortalité de l'âme, se mêlent aux superstitions de cette doctrine. — D'où il est impossible qu'elle soit un développement de l'esprit humain. — Pour l'expliquer, il faut la considérer comme une révélation altérée : ainsi compris, le système de l'émanation est le passage de la conception de l'être parfait à celle de l'être imparfait. — Déification des grands hommes. — Doctrine du retour. — Étroite affinité entre le système et la transmigration des âmes. — Métempsycose chez les pythagoriciens et divers peuples de l'antiquité. 99

Chap. III. *De l'astrologie et du culte sauvage de la na-*

ture. Le fatalisme renfermé dans le système d'émanation se développe dans un nouveau système. — Caractère de l'astrologie orientale qui dégénère en matérialisme. — Le culte de la nature occupe le 2ᵉ rang parmi les systèmes orientaux. — Comment ce culte a succédé au système de l'émanation. — Pourquoi l'adoration de la nature matérielle est si effrayante dans l'Orient. — Dogme du culte de la nature. — Mitigé par les mœurs de la nation, il est l'esprit extérieur de la religion des Grecs et par suite des Romains. — Poésie du matérialisme oriental. 117

Chap. IV. *La doctrine de deux principes.* Opposition de ce système aux deux précédents; ses rapports avec l'idéalisme européen. — Les difficultés élevées contre ce système peuvent s'expliquer en admettant la réconciliation future des deux principes. — Supériorité de cette doctrine sur les autres systèmes orientaux; elle tient à l'action même de la vie. — Les éléments de la nature et les héros sont les objets du culte dans ce système qui fournit à la mythologie indienne sa plus belle partie : incarnation du dieu Rama. — Moralité de la doctrine des deux principes, son influence sur les mythologies de l'antiquité; elle n'est pas seulement poétique, mais encore très-philosophique. — Hypothèses sur les différents systèmes qui peuvent s'y rattacher. — Cause des erreurs et des superstitions qui en sont sorties. 126

Chap. V. *Le panthéisme.* Ce système est le dernier des systèmes orientaux, il est la transition de la philosophie orientale à celle de l'Europe. — Caractère terrible du panthéisme pris au sérieux ; son effet sur les imaginations fortes et les organisations plus faibles. — Système numéral de la Chine expliqué dans le livre antique de l'Y-King. — Création de toutes choses par la combinaison du parfait et de l'imparfait; tout provient de l'unité par la dyade et la triade. — Le panthéisme doit être aussi une combinaison de l'être et du néant. — On peut donc le considérer comme une dégénération du dualisme. — Hypothèses sur les différentes philosophies de l'Inde, telles que la Sankhya, la Mimansa et la Nyaya. — Doctrine Védanta.—Partage de la littérature indienne en quatre époques générales : la première produit les Védas et le code de Manou ; la seconde, le Ramayan et le Mahabarat; la troisième, les Pouranas; la quatrième, les œuvres de Kalidas. — Résumé du deuxième livre. — Dégénération des systèmes depuis l'émanation jusqu'au panthéisme, qui occupe le degré le plus bas. 141

LIVRE III.

Histoire.

Chapitre premier. *De l'origine de la poésie.* L'histoire des idées ne peut être séparée de celle des faits. — Objet de ce troisième livre. — Concordance des diverses mythologies. — La mythologie provient des systèmes de l'émanation, du culte de la nature, des deux principes et du panthéisme; dans ce dernier elle ne peut être qu'une fiction poétique. — Etendue de la mythologie indienne. — Classement des mythologies par rapport aux divers systèmes. — La poésie a deux origines, une origine naturelle et une origine mythique. Poésie primitive et sauvage sortie du culte de la nature, puis adoucie par une inspiration plus noble. — Véritable caractère de la poésie. — L'origine de l'art plastique est la même que celle de la poésie. 157

Chap. II. *Des plus anciennes migrations des peuples.* Causes des migrations. — Moyens de distinguer les populations d'après trois caractères principaux qui décèlent leur plus ou moins d'antiquité : le langage, l'emploi des métaux, et l'approvisionnement des animaux les plus utiles. — De ce qu'en Amérique on n'a pas trouvé les espèces d'animaux répandues dans l'ancien monde, on ne doit pas conclure que les Américains soient une race à part. — Les différences physiques sont de peu d'importance pour la question. — Mélange des peuples dans l'Asie ; le point de départ des peuples émigrants est l'Asie centrale. — Pour rendre l'histoire ancienne claire et intelligible, il faut observer comment un peuple a pu naître d'un mélange de peuples divers. 165

Chap. III. *Des colonies et de la constitution de l'Inde.* Différentes manifestations de la parenté ou de l'alliance des peuples. — Toutes les nations ne pourraient-elles pas être considérées comme des colonies indiennes, en observant que le lien entre les colonies et la métropole n'est pas toujours immédiat ? — La grande population des nations sorties de la tige indienne ne prouve rien contre cette hypothèse. — Influence exercée par les civilisations romaine et arabe, comparée à celle de la civilisation indienne ; différence entre les colonies et les migrations. — La constitution de l'Inde est le monument le plus positif de l'ancienne histoire de ce pays. — Elle n'a pu s'établir que par la force et contient de grands germes de discorde. — Guerres civiles de l'Inde. — Boudhisme. — Intolérance du polythéisme dans l'antiquité. — Influence de la langue et des idées indiennes sur la Grèce et l'Italie. — La forme monarchique domine dans l'antiquité de l'Inde. — Toutes les traditions de l'Asie ou de l'Europe commencent par le récit de la chute d'un royaume puissant. — Comment les races indiennes ont pu s'établir dans le Nord. 173

Chap. IV. *De l'étude de l'Orient et de l'Inde considérée en général; de son importance et de son but.* L'Ecriture sainte lie la pensée et la civilisation européennes à l'antiquité orientale. — Les Ecritures nous présentent l'homme créé à l'image de Dieu, et perdant, par sa propre faute, la félicité dont il jouissait; de même les écrits indiens marquent la naissance de l'erreur. — Pourquoi l'Ancien Testament ne fait que pressentir les doctrines de la trinité et de l'immortalité de l'âme. — Pourquoi les prophètes juifs ont proscrit tout autre dieu que le leur. — Ressemblance apparente, mais fausse, de la doctrine de Fô avec l'Ancien Testament. — Influence de la philosophie orientale sur la philosophie de l'Europe.

— Caractère propre et marche de la philosophie européenne ; idéalisme, scepticisme, empirisme. — L'idéalisme européen est relevé par les idées orientales. — Nécessité de la connaissance de la philosophie pour l'étude indienne. — Pour avoir une vraie notion de l'antique, il faut joindre l'étude de l'Inde à celle du peuple grec. — Caractère oriental. — Les compositions orientales se distinguent de celles de la Grèce par leur obscurité. — Nécessité de l'étude de l'indien. 193

LIVRE IV.

Poésie.

Observations préliminaires. Manuscrits d'après lesquels la traduction a été faite. — Orthographe adoptée par l'auteur. — Rapport de la métrique indienne avec celle de la langue grecque. — Distiques indiens. — Observations sur les fragments qui suivent. 217

FRAGMENTS DE POÉSIE INDIENNE.

I. *Commencement du Ramayana.* Tous les anciens livres indiens commencent par une histoire de l'origine de l'ouvrage. — Dans l'invocation introductive du Ramayana le style paraît plus récent que dans le reste. 226

II. *Cosmogonie indienne extraite du premier livre des lois de Manou.* Le livre des lois de Manou résume plusieurs ouvrages de l'antiquité. — Défaut de la

	Pag.
traduction de William Jones. — Marche des pensées dans cette cosmogonie.	257
III. *Extrait du Bhagavatgita*. Sujet du Mahabharat. — Généalogie des héros de ce poëme. — Le Bhagavatgita est un épisode du Mahabharat.	266
IV. *Extrait de l'histoire de Sakountala d'après le Mahabharat.* 1° Naissance de Sakountala ; 2° discours de Sakountala à Dusvanta.	284

APPENDICE.

Considérations sur la philosophie des temps primitifs, servant de commentaire critique au second livre de l'*Essai de Frédéric Schlegel sur la langue et la philosophie des Indiens*.	289

Causes qui ont amené à la traduction de l'ouvrage de Frédéric Schlegel. — But de cet appendice. — La première philosophie est une cosmogonie ; elle est issue des sanctuaires. — Problème de l'origine des choses. — Quatre solutions de ce problème : 1° le pancosmisme, naturalisme absolu ; 2° le panthéisme, spiritualisme universel introduit par les prêtres ; 3° dualisme absolu provenant de la raison et de l'expérience ; 4° dualisme conditionnel orthodoxe de l'Ecriture sainte. — Ces quatre solutions, à l'exception de la dernière, se trouvent chez tous les peuples. — L'étude de la philosophie primitive doit être basée sur les cosmogonies plutôt que sur les mythologies. — La méthode pour cette étude peut se ramener à deux conditions : 1° chercher par l'induction

philosophique ce qui a dû se passer au berceau de
l'homme ; 2° recueillir les documents.

1° *Pancosmisme, ou le monde est tout.* L'homme admire d'abord l'univers, puis il en est effrayé. — Ayant en lui le souvenir vague d'une puissance supérieure, il l'attribue à la nature entière. — Fétichisme. — Les systèmes de la haute antiquité ne contiennent que de l'ontologie. — Origine de la philosophie des sens. — Témoignages de l'histoire et des traditions. — Différence entre l'homme primitif et celui qui a l'idée d'une puissance vraiment divine. — Le fétichisme n'est qu'une dégradation de l'esprit humain. 312

2° *Panthéisme, ou Dieu est tout.* L'esprit humain avait conservé en lui des traces de ses premières destinées, qui l'amenèrent bientôt à ne reconnaître qu'une nature invisible. — Comment l'esprit a pu passer du matérialisme pur au panthéisme. — L'idéalisme dans les temps primitifs n'est souvent qu'un matérialisme purifié. — Le 1ᵉʳ système sortait des forêts, le 2° sort des temples et appartient au 2ᵉ degré de la civilisation. — Caractère de l'influence des prêtres en général ; *ascétisme.* — L'émanation est sortie du panthéisme : Frédéric Schlegel a donc eu tort de séparer ces deux systèmes. — Souvenirs traditionnels de l'histoire. — Débris d'une race indienne dans les montagnes de l'Himalaya. — Culte de Sivah remplacé par celui de Brahma. — La cosmogonie du livre de Manou renferme le panthéisme dans son type le plus élevé ; elle diffère de la vraie cosmogonie ce qu'au lieu d'une création elle n'admet qu'une émanation. — Ressemblance de la doctrine de Platon avec les doctrines anciennes. — Le système du panthéisme peut se résumer ainsi ; identité du néant et de l'être. — Chassé des temples, le panthéisme se réfugie dans les écoles et surtout dans les mystères. — Le panthéisme se retrouve à toutes les époques. — Perpétuelles variations de l'esprit humain. 334

3° *Dualisme absolu.* La philosophie des deux principes se retrouve dans toute l'antiquité. — Les hommes sont sortis du panthéisme par la difficulté d'expliquer le mal avec le bien. — Transition du panthéisme au dualisme, qui occupe le troisième degré de l'éducation du monde primitif. — Idée dominante du système persan. — Rigueur du dualisme absolu. — Son importance dans l'histoire des systèmes de l'antiquité. — Intervention du dualisme dans la religion des Indiens : Brahma et Sivah ; cette intervention est surtout très-sensible dans la cosmogonie de Manou. — C'est principalement en Perse que règne le dualisme, avant Zoroastre. — La doctrine chrétienne est la seule qui explique clairement l'existence du mal. — Cependant, sous le point de vue moral, la doctrine persane s'approche de la doctrine orthodoxe. — Caractère de la révolution opérée par Zoroastre. — Le dualisme domine dans les sectes extravagantes qui ont désolé les commencements de l'église chrétienne. — Le dualisme se retrouve aussi dans toutes les religions anciennes. — Tous les philosophes anciens reconnaissent une matière primitive ; nul n'admet la création. 352

4° *Dualisme conditionnel.* Triple argument d'où résulte que ce dualisme est le seul orthodoxe. — Erreur de plusieurs écrivains religieux et de Schlegel en particulier qui font débuter la pensée humaine par le spiritualisme ; inductions bibliques pour établir l'opinion contraire. — L'histoire de la pensée est l'histoire de l'éducation du genre humain. — Orthodoxie morale mêlée, dans l'enseignement des prêtres, aux erreurs du dogme ; pourquoi tant de contradictions dans les livres sacrés des anciennes religions. — Supériorité de la cosmogonie de Moïse. — Rapport parfait de l'être créé au créateur énoncé dans le premier verset de la Genèse ; appui plus solide que celui de la philosophie. — *P.-S.* Sur une circonstance qui marque la diversité des caractères de l'art chez les divers peuples de l'Orient. 370

FIN DE LA TABLE.

ERRATA.

Pag. VII. *Après* familles de peuples, *lisez* : d'un autre côté et dans une autre carrière, les Adelung, les Vater, etc.

Pag. 324. Vu qu'il est, *lisez* : pourvu qu'il est ; *et même phrase*, attendant, *lisez* : en attendant.

Pag. 325. A l'extrémité de l'autre point de vue à celui du panthéisme, *lisez* : à l'extrémité opposée, c'est-à-dire au point de vue du panthéisme.

Pag. 328. A ce point, *lisez* : ce point.

Pag. 332. Récités dans les sanctuaires et révélés par l'initiation, *lisez* : recélés dans les sanctuaires et transmis par l'initiation.

Pag. 341. Vous distinguerez la production de Brahma dans celle de Jéhovah, *lisez* : d'avec celle de Jéhovah.

Pag. 352. Fatale, *lisez* : factice.

Pag. 368. Par voie d'émanation et de création, *lisez* : et non de création.

Pag. 372. Ce point d'un des philosophes, *lisez* : ce point de vue des philosophes.

Pag. 370. *Après* il y a dans le livre de Schlegel, *lisez* : page 161 de la traduction.

www.ingramcontent.com/pod-product-compliance
Lightning Source LLC
Chambersburg PA
CBHW071100230426
43666CB00009B/1774